中法海战

陈悦 / 著

NAVAL

BATTLES

—— OF ——

SINO-FRENCH

WAR

台海出版社

图书在版编目（CIP）数据

中法海战 / 陈悦著 . -- 北京：台海出版社，
2018.3
　ISBN 978-7-5168-1761-2

　Ⅰ . ①中… Ⅱ . ①陈… Ⅲ . ①中法战争－海战－研究
Ⅳ . ① K256.204

中国版本图书馆 CIP 数据核字 (2018) 第 015879 号

中法海战

著　　者：陈　悦

责任编辑：王　萍　　　　　　　　　策划制作：指文文化
视觉设计：杨静思　　　　　　　　　责任印制：蔡　旭

出版发行：台海出版社
地　　址：北京市东城区景山东街 20 号　　　邮政编码：100009
电　　话：010 － 64041652（发行，邮购）
传　　真：010 － 84045799（总编室）
网　　址：www.taimeng.org.cn/thcbs/default.htm
E - mail：thcbs@126.com

经　　销：全国各地新华书店
印　　刷：重庆大美印刷有限公司
本书如有破损、缺页、装订错误，请与本社联系调换

开　　本：787mm×1092mm　　　　　1/16
字　　数：355 千　　　　　　　　　印　　张：23
版　　次：2018 年 3 月第 1 版　　　　印　　次：2018 年 3 月第 1 次
书　　号：ISBN 978-7-5168-1761-2

定　　价：89.80 元

版权所有　翻印必究

目录

✸

自序

隐没在时间峡谷深处的中法战争，对现代的中国人来说，算得上是一段既熟悉又陌生的历史。

但凡只要是略微了解一些中国近代史，提起那场一百多年前中国与欧洲强国法国间发生的战争，"马江之战""黑旗军""镇海大捷""镇南关大捷""中国不败而败，法国不胜而胜"等等概念、标语式的词汇，就会自然而然地涌到脑际，似是一段并不陌生的往事。但是如果要深究起这场战争的前因后果，乃至扪心叩问其详细的进程、脉络、周折关节之处，又往往会发现，中法战争，居然是一片云雾缭绕的模糊不清。我在走近中法战争史这个领域时，就经历了这样犹如坐过山车一般的认识变化。

我走近中法战争历史的系统研究，或者说是本书的创作缘起，大致是在2010年前后。

当时我刚刚初步实践了用自己的方法、模式去研究中国近代海军史的第一步目标，即重视汲取近代海军技术、舰船技术知识，以海军历史的重要载体——舰船、兵器为研究突破口，首先对舰船进行技术和舰史研究，而后在这个基础上再深入到对相关时段的海军史、海战史进行研究。类似于一种先做关键点，而后拓展到面的方法。采用这种研究顺序的好处是，对舰船史、海军技术史的研究会夯实研究海战史、海军史的基础，在熟悉了相应时代的舰船后，再去研讨、分析海军建设以及海战的成败得失，会有事半功倍的效果，很多历史疑问得到迎刃而解，得出的结论也更为客观、雄辩。按照这一路径、模式，我首先开始进行有关甲午海战的研究和写作，由北洋海军的舰船装备历史着手，而后再渐进到甲午海战，一路上获益颇多，先后成书《北洋海军舰船志》和《甲午海战》等。

初尝了这种研究方法的好处之后，我便将目光投向中国近代海军史上的另一重大事件，即中法海战，准备仍然按照先军舰、后海战的模式进行，对这场海战进行深入的再研究。

然而在开始关注马江海战的重要当事者——清末船政建造的军舰的技术历史时，随着不断深入梳理各型军舰的舰史，其中所流露出的涉及马江海战，乃至中法战争的历史片段之复杂，让我感受到了中法战争史与甲午战争史研究所存在的巨大不同。

有别于发生时间、战场地域都相对集中的中日甲午战争，中法战争不仅前因后果经过的时间极为拖沓、漫长，而且还存在着战争背后的政治、外交背景更为复杂，交战的战场过于分散，以及战争的进程中平行线条过多等特点。以至于要分析清楚中法海战，必须要牵连关照到整场中法战争中的海陆各个战场、战役。

与甲午战争历史中可以将丰岛海战、黄海海战、威海保卫战三次海军战役归纳，凝结成一个能够独立叙述的海战场的情况迥异，中法战争中的海战，如果没有足够的背景历史加以衔接，根本不足以形成独立的叙史结构，无法独立成书，纵使牵强地将诸如马江之战、镇海保卫战等涉及海军的战役内容强行捏到一起，也会给人以叙述支离破碎，缺乏逻辑性的感觉，更无从解释那场战争的前因后果。

因为认识到了中法战争历史所存在的独特性、复杂性，我首先完成了涉及中法战争参战中国军舰的舰史著作《近代国造舰船志》之后，在开始写作本书《中法海战》时，即决定内容不仅限于海战，在介绍、论述海战的同时，也用大量篇幅介绍中法战争的政治、外交以及陆上战场的情况，以求将线索多端的中法战争的全貌有所呈现。因而本书名为《中法海战》，实际上是以海战为重要切入点，兼及其他的中法战争通史。

除了内容上的复杂和不同外，中法战争的历史研究和甲午战争的历史研究还存在一处相似点。即以往国内的研究，过多关注于事件、人物，而在军事、战争本身方面趋于薄弱，尤其是在涉及诸如海军技战术的方面更是如此。同时，由于思考角度的不同，在分析中法冲突的原因问题上，流于片面，欠缺客观，大多数著作并没能很好地揭示中法战争的真正起因。归纳起来，就是在这段历史留给我们的印象中，还存在有太多似是而非的误读和不足。为了尽力避免这种问题，本书在写作时即本着中法资料互相对比，以19世纪的军事技术知识去分析相关战役细节的原则，力求对中法海战乃至中法战争能做出一些更客观的认识。

在此方面必须述及并强调的是，我除了通读和参考前辈学者倾注了大量心血编译而成的中国近代史资料丛刊《中法战争》以及丛刊续编《中法战争》等基础史料集，有两本专著对本书的写作裨益良多：一本是台湾学者龙章先生的《越南与中法战争》，该书从战略、外交层面着眼，大量使用法国档案以及其他欧洲国家的史料，揭示了一个隐秘又精彩的中法外交交涉战场，本书在处理有关中法战争的政治、外交背景时，即从中获益匪浅；另外一本是广西学者黄振南先生的《中法战争诸役考》，该书从军事、战役层面，以军事视角对中法战争中的一些战役进行严密考据，比对中法档案，同时加入对军队编制、武器装备、战地形势等分析，这种研究方法可谓是战争史研究的样板，对本书的写作启发极大。

本书最终共由十章组成，大致可以划分为越南战场、马江之战、台湾及东南沿海战场三个部分。

其中第一部分是中法战争的起因，从法国势力渗入越南，到黑旗军与法军在越南发生的冲突，乃至山西、北宁之战及观音桥事件，涉及海军、海战的内容包括法国海军南圻支队乃至东京支队在越南的作战行动。

本书第二部分是中法海战的重点战役，即马江海战，内容除叙述海战起因背景和海战过程外，还对马江之战后发生的法军退出闽江的通航战做了较大篇幅的介绍。

书中第三部分，主要是马江之战后，到中法战争结束前的战事情况。涉及海军作战的部分包括台湾的淡水、基隆之战，浙海的石浦、镇海之战等，对后两者的研究、评价，又迥异于以往的论述。

中法战争是中国近代史上重要性不弱于鸦片战争、甲午战争的重要涉外战争，但由于战争进程的断断续续，以及战争后期发生的"镇南关大捷"等事件的遮掩，实际上这场战争对于中国的启示价值并未得到很好的认识。

事实上，中法战争是清王朝开始名为洋务运动的近代化运动后，所遭遇的第一次严重的当头棒喝，这场战争的发生过程中，揭示、暴露出了洋务运动的局限性和所存在的问题。诸如清王朝外交上的笨拙，对当时国际交往规则的无知；诸如以中国为中心的传统华夷秩序已经遭到现代国际法秩序的严重挑战，急需采取为新秩序所认可的形式设法调整、修补；又诸如清王朝的军队军制落后，战斗力低下，军事报告欺上瞒下、饰败为功等严重问题，以及内部政治中存在的置国家危急于不顾，热心于党同伐异的政治斗争，地方官员间所存在的畛域之见等痼疾。

可惜的是，这一系列在战争中彻底暴露出来的严重问题，最终都在清王朝乃至当时的中国社会被"镇南关大捷"等局部战斗胜利所生发出的虚骄的迷雾所遮掩，丝毫未做反思和弥补。不到十年，中日甲午战争爆发，清王朝在中法战争中所暴露出而未修补的各种问题，在甲午战争中一一重演，酿成了更大的惨剧。

就这个意义而言，如果不能看到中法战争中清王朝事实上的大败，仍然倔强地固守"大捷"等观点，中法战争所带给中国人的历史启示就仍未被重视。本书从海战一端出发，试图对中法战争所存在的这种启示价值加以挖掘，揭露清王朝军队在战争中暴露出来的种种败象、弊端，戒虚骄，崇务实。如能使读者诸君对这场战争产生一些更深的思考，于愿已足。

本书在写作过程中，马幼垣先生无私提供了关于海战的文献材料，刘致、方禾、顾伟欣等先生给予了宝贵的建议和意见，福州马江海战纪念馆、船政文化博物馆、马尾造船股份有限公司在资料和历史现场考察方面提供了支持和便利，黄振南先生、王晓芹女士在书稿完成后给予了重要的讨论和评价，唐思先生热情推动了本书的出版。在此一并致谢！

陈悦

2017 年 12 月 27 日

于山东威海

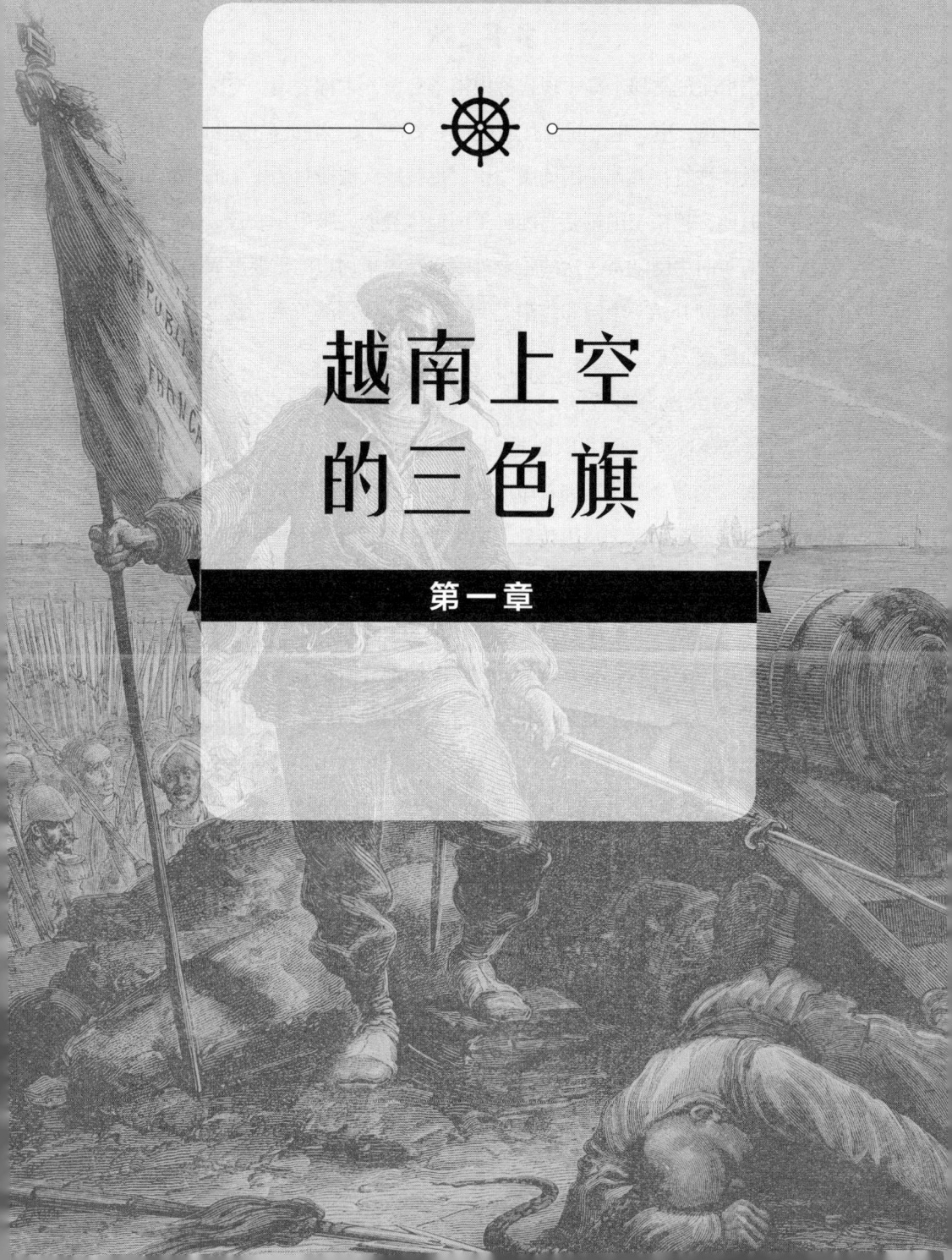

越南上空
的三色旗

第一章

多事之秋

越南位于印度支那半岛（现代称中南半岛），古称安南、交趾等。远在中国的春秋时代，中、越之间就有了互通往来的历史，在此后的漫长岁月里，越南曾经数度被直接并入中国的版图中，也曾屡次被册封为中华的藩属。到了清王朝时期，越南王国则是与朝鲜王国地位类似，服中华衣冠，崇尚中华文化，每四年向中国朝贡一次的重要外藩，是中华周边的重要藩属国。然而自清代乾隆年间开始，中国和越南之间固有的传统宗藩关系，就已开始受到欧洲国家的挑战。

在被称为大航海时代的 15 世纪，葡萄牙探险家达·伽马（Vasco da Gama）历经艰险，找到了由欧洲通往印度的航道，揭开了"西力东渐"巨变时代的序幕。受此影响，紧邻着印度的越南日益被欧风熏染，欧洲人的身影在越南大地上渐渐活跃，从事传教、通商、探险等等，不一而足，较宗主国中国更为强势的欧洲力量，逐渐在越南大地上发挥着越来越大的影响力。

1771 年，越南国内发生了规模空前的西山农民起义，西山起义军狂飙突进，建立西山王朝政权，官军在战争中一败涂地，眼见越南国的统治陷入了风雨飘摇，清王朝竟然干脆采取放弃态度，转而册封西山叛军的首领为越南国王，承认西山王朝。在这种恶劣情势的压迫下，保王军的实际统帅，黎氏越南国王的外甥广南王阮福映问计于在越南传教的法国教士百多禄（Pigneau de Béhaine），决定委托百多禄回法国向法王路易十六（Louis XVI）搬救兵。为了表达亲近法国的诚意，阮福映还将自己的长子送往法国，充当政治人质。1787 年，法国和越南黎氏王朝签署《凡尔赛条约》（Hiệp ước Versailles năm），约定由法国派出远征军帮助越南黎氏朝廷平息内乱，作为回报，越南割让昆仑岛和沱瀼（岘港）两地给法国。虽然法越条约的墨迹未干，在大革命的号角声中，法国国王路易十六人头落地，导致法越《凡尔赛条约》事实上无法履行，但是越南这块东方土地对法国的吸引力，却就此生下了牢固的根底。[1]

大革命过去的若干年里，法国的国内政局一乱再乱，革命党、保皇党，共和国、帝国，你方唱罢我登场，拿破仑帝国的问世，又挑起了欧洲大战的狂澜。在此期间，法国国内民生凋敝，苦不堪言，至于对外开拓殖民地的计划，则根本无力顾及。这种混乱的局面，随着1852年拿破仑三世（Napoléon III）复辟帝制成功、法兰西第二帝国问世后才稍稍告一段落。就在本国的国内问题刚刚初步解决后，法兰西第二帝国立刻着手向外张牙舞爪地攫取利益，其中远东地区被法国视作是重要的攫利场，除了先后侵略了中国、日本，干涉两国内部政治外，法国的另一个重要目标就是已经垂涎许久的越南。

路易十六时代由于国内动乱而错失掉的占领越南领土的大好机会，拿破仑三世决定要重新加以夺取，以此作为法国在印度支那地区站稳脚跟，与英国争夺殖民地和海外利益的重要步骤，同时也是展示自己姓氏独特价值的大好机会。1858年，法国将刚刚在中国参加完二次鸦片战争的远征军大批调向越南，借口法国传教士屡屡在越南遇害，而越南政府未能做出合理的赔偿，且不接受法国要求开放通商口岸的提议，法国开始兴师问罪，从越南沿海港口沱㶞开始，发动了大规模的侵略战争。

此时，越南黎氏王朝已经被阮氏王朝取而代之，在位的越南国王嗣德王阮福时不愿听任法国人摆布，立刻

△ 法国国王路易十六画像。越南爆发的西山叛乱，使路易十六获得了极佳的干涉越南内政的机会。然而法国大革命接踵而至，路易十六人头落地，控制越南的计划也在革命的动乱中一度销声匿迹

调兵遣将，坚决反击入侵。炽烈的战火在越南大地蔓延，战争持续了四年后，在战场上处处败北的越南阮氏王朝被迫签订城下之盟，将南部的嘉定（西贡，今越南胡志明市）、定祥、边和三省（越南王国的省份数量看似繁多，但是实际每个省的辖地并不广大）以及昆仑岛割让给法国，同时向法国开放沱㶄、吧剌、广安三个沿海通商口岸。对此并不满足的法国，此后又以邻近的永隆、安江、河仙三省"匪盗"横行，越南政府剿匪不力为由，自行出兵予以占领，最后将上述越南六省全部并入了法国版图，成为交趾支那殖民地，设置总督进行管理。[2] 为了巩固对殖民地的占领，法国不仅在越南驻扎有陆军部队，法国海军也在驻亚洲的中国、日本海支队（Division Navale des Mes de Chine et du Japon）以及大溪地兵站（Station Locale de Tahiti）之外，专门新成立了以越南殖民地为驻地的海军南圻支队（Division Naval de la Cochinchine），以适应在濒临大海，且内部河网纵横的越南执行军事任务。

红白蓝三色旗开始在越南的上空傲慢地飘扬。

红河

法国交趾支那殖民政府成立时，为快速建立政府架构，采取了类似军政府的模式，各级行政官员主要从侵略越南的法军中抽选军官充任，位于西贡附近的堤岸市，当时也很快迎来了一位走马上任的法国行政官。

形容清瘦的海军上尉安邺（Marie Joseph François Garnier），1835年7月25日出生于法国中部城市圣艾蒂安（Saint Etienne）的一个陆军军官家庭，在书卷气十足的外表之内，跳动着一颗充满了冒险精神的心灵。1856年，不顾整个家庭的反对，安邺投入海军，就读于布列斯特海军学校，毕业后，安邺得以进入当时人才奇缺的法国海军任职，并随着法国远征军到达中国，参加了第二次鸦片战争，以及后来入侵越南的战争。交趾支那总督府成立后，以文气见长的安邺被委任为西贡近郊的堤岸市行政官。

∧ 身着海军大礼服的安邺

法国从越南攫取殖民地，其最本质的目的无非是想从这片土地上赚到更多的经济利益。当时，第二次鸦片战争之后的中国，正处在对太平天国、捻军等各地起义军进行镇压的战争中，洋务运动事业也在萌芽待发状态，全国对西洋造军械、机器等物资的需求极为旺盛，对华军火贸易便成了欧洲列强的一项重要盈利之道。然而，法国以越南殖民地为基地和中转站与中国进行贸易存在着诸多的不便，由陆地与中国联络，则交通险阻难行，如果想要利用便捷的海上水路交通，则势必需要借助英国的殖民地香港作为中转站，而且得绕印度支那半岛，途经马六甲海峡，航路遥远。为了尽快寻找到一条更便捷的对华贸易路径，在19世纪60年代，法国地理学家、探险家、商人们的圈子中兴起了一股犹如淘金热般的浪潮，各色人等涌入越南，想要在越南国内探索出一条通向中国云南的可通航河流。

1866年，充满了冒险精神的安邺，也跻身这一探险领域，成为法国交趾支那探险队的队长，这个法国年轻人的命运也因此彻底改变。

安邺带领法国探险队，披荆斩棘，沿着越南境内几条和中国相通的河流进行艰苦的勘查。在首先证明了无法沿着澜沧江—湄公河直接通航中国后，法国探险队的目光聚焦向一条更为特殊的河流，即红河。

红河，在中国境内部分称作元江，是一条连接着越南和中国云南，而且直通大海，拥有出海口的河流。"法国使节的首领主张以东京的江（红河）的流域为出海口。由此道路，云南的出产可以到达海边，再向法属西贡的海口运输。"[3]安邺一行沿着红河考察，一路进入了中国境内，直接到达了当时正被杜文秀回民起义军占领的大理城，由此证明通过红河进入中国完全具有可行性，而且安邺一行还目睹了红河上实际早已有中国商船往来航行的情况。这一重要的地理发现，后来随《两世界杂志》等媒体向外界公布，安邺在欧洲很快成了著名的地理探险家。

安邺探险队离开云南大理后，继续沿中国长江流域向东考察，准备一直沿江而下到达中国的东南沿海，而后再转海路返回越南，以对中国境内的地理情况再作一番刺探和了解。当探险队途经湖北重镇汉口时，安邺与当时正在湖广一带寻找商机的法国商人堵布益（Jean Dupuis）相识，当听说安邺的红河大发现后，堵布益兴奋异常。堵布益对这一问题的热心，没有丝毫的地理学上的因素，而是出于商人天然的逐利敏感。

1856年，与席卷中国东南的太平天国战争遥相呼应，中国西南边陲省份云南突发了回民起义，起义军攻陷大理，宣布遥奉太平天国。清政府对这股西南回民起义的镇压，一直持续到19世纪，仍然未有任何重要收获。连年的战争，使清政府对近代化军火需求迫切，云南战场充满了军火商赚钱的商机。当时，如果从东南沿海的上海等通商口岸通过陆路运送军火往云南，路途艰险遥远，加上沿途各省治安情况好坏不一，耗费时间而且安全得不到切实保证。当听到发现了可以从越南直航云南的红河航道的消息后，堵布益立刻产生了一个念头，即从越南沿红河将军火输送到中国云南贩卖，再从云南装运矿产返回越南出海运回法国，一来一往必定可以赚得盆满钵满。

重利驱使之下，堵布益立刻将设想付诸实践。首先堵布益设法打通了中国官场的关节，与时任云南巡抚岑毓英、云南提督马如龙签订了军火购销协议，然后以此作为自己是云南省政府代言人的凭证，寻找法国政府对其上溯红河活动的支持。得到红河航道这一重大发现的法国政府，当时也正在盘算如何开发利用这条处在交趾支那殖民地辖区之外的黄金航道，堵布益的活动无疑可以当作一次有价值的试验，法国政府乐观其成，对堵布益的申请即刻予以批准，但特别着重地加以声明，法国政府仅仅只是表示支持，并不代表法国政府会直接介入这次行动。

　　拿到了中、法方面的双重许可证后，孱弱的越南政府就已经完全不在堵布益的眼中，一支旨在进行红河运输探险的队伍立刻开始组建起来。鉴于红河航道处于交趾支那殖民地之外的越南北方，属于越南王国境内，为了保证沿途航行的安全，堵布益于 1872 年通过上海的德商泰来洋行，买到了两艘英国海军退役的"青花鱼"级（Albacore）炮艇——"甲虫"（Cockchafer）号和"商行"（Firm）号，购得后重新在上海法国工部局登记，分别更名为"红江"（即红河）和"老街"，以此作为运输船队的武装护卫。另外还获得了一艘名为"山西"的轮船和一艘中国帆船，作为运输船。同时堵布益又招募了 27 名欧洲人，125 名来自中国、越南、菲律宾等地的亚洲人，组成了一支小规模的雇佣军，某些资料显示，其中甚至包括云南提督派出的中国军人。[4]1872 年 10 月，堵布益的船队满载着包括德商泰来洋行托运的军火在内的大批战争物资起航，从海防进入红河，经过越南的旧都河内，而后沿江上驶。本就对法国强行租借交趾支那而心存愤恨的越南政府，看到飘扬着三色旗的船队居然大摇大摆地在自己的国境之内行动，而且不缴纳任何的税厘，又要从北方重要城市河内穿城而过，自然而然地向法方提出抗议，认为此举违反了法越两国之前签署的条约。但是法国政府对此置若罔闻，堵布益依然我行我素，成功于当年年底到达了云南，为通商方便，堵布益还自说自话，在并非是对外通商城市的河内设立了自己的办事处和货栈。1873 年春，当堵布益从云南返回河内时，突然发现他在河内的一些亚裔雇员被越南政府抓捕，遂与当地的越南地方官员发生冲突，做出了诸如绑架越南官员，焚烧越南政府告示等过激举动，红河航线在越南政府的抗议声中，则依旧如故运行着。对越南官员提出的警告，堵布益当时的回复是："如果你想阻拦我的路，我会用机关炮把你们全部杀光。如果你让我通过，我们将会是最好的朋友。"[5]

按照法国从越南获得的领事裁判特权，在越南境内的法国人即使做了无法无天的举动，也轮不到越南的官府来处理。愤怒的越南政府向法国交趾支那总督及占领军总司令杜白蕾（Marie Jules Dupré）海军少将提出抗议，要求其立刻管束堵布益的活动。交趾支那总督请示法国海军和殖民地后，派遣红河航道的发现者安邺，率领一支包括炮艇"蝎子"（Scorpion）、"爱斯兵哥尔"（Espingole）和 50 名官兵的队伍，前往河内处理此事。表面上，法国人是要着手调查、解决这一纠纷，而私下里，法国政府通过堵布益蛮干的实践活动，已经看到红河航道存在的巨大经济潜力，实际是准备借机"用武力取得保障，占领河内和沿海的一个据点"，想要将红河航道也纳入到法国在越南的势力范围中。[6]

1873 年 11 月 5 日的下午，安邺率领的"宪兵队"在堵布益的欢迎下顺利到达了河内。令越南政府始料未及的是，安邺到达后，即在城内四处发布告示，宣布自己此行的目的是"驱逐海贼"，而丝毫不提约束堵布益。对此，越南河内巡抚也采取贴告示的方式宣布抗议，"（安邺之唯一任务）乃在审判并驱逐堵布益，非以干预国家之事（干涉越南内政）"。安邺得知后立刻回击，与越南政府展开了一场互贴告示的笔墨大战。"这座城的巡抚刚刚发表一张宣言给民众，歪曲了我任务的性质。"安邺称自己的使命只是调解纠纷，并不是驱逐堵布益，言下之意是要迫使越南政府默认堵布益的行动。同时安邺提出了包括"红江将被保留，以专作法国与中国船只航行之用"等五项条约，强迫越南政府接受。[7]当越南政府拒绝约文后，安邺决定干脆付诸武力，由此不难看出法国殖民政府派安邺赴河内的真实目的。

1873 年 11 月 20 日，天色破晓后，安邺率领法军和堵布益的雇佣军共计180 人，向河内城里的越南军队发起了进攻，让人咋舌不已的是，驻防河内的 7000 多名越南官军面对只有 100 多人的对手，仅仅只是稍做抵抗后就都作鸟兽散。上午 10 时，安邺率领的队伍在没有付出任何伤亡代价的情况下，就轻轻松松地控制了河内，河内巡抚阮知方被俘后绝食自杀。

站在河内城高高的城头，安邺心头不断涌起无比的自豪感，感觉自己已是法兰西的英雄，为法兰西开疆拓土的雄心就此不断膨胀。在控制了重镇河内后，安邺并不满足，以其所掌握的 100 多名法军和堵布益雇佣兵继续四面出击，越南军队闻风而逃，越南北部的海阳、宁平、南定等红河沿岸省份竟都相继陷落。不过，此时不可一世的安邺未能意识到，他的举动实际上已经触犯了一支以黑色旗帜作为标志象征的军队的利益，在越南北方茂密的热带丛林里，一头黑色的"丛林虎"被安邺激怒，安邺真正的对手即将到来。

黑旗军

安邺即将面对的，是越南政府掌握下的一支特殊的雇佣军，即黑旗军。

与外表显得颇有几分文士气的安邺相比，黑旗军的统帅中国人刘永福，则是一位不折不扣的草莽英雄。刘永福，又名刘义，出生于中国广西钦州古森洞小峰乡的一户贫苦农民家庭。因为家境极度窘困，没有获得任何接受教育的机会。1854 年，17 岁的刘永福遭遇了生命中的一次大磨难，这一年他的父母亲以及相依为命的叔叔相继撒手人寰，刘永福不仅无力为亲人购买棺椁安葬，还为了偿还父母生前的欠债，被迫将全部的家产变卖抵债，最后落入流离失所，衣食无着的悲惨境地。当时的广西，正值太平天国起义过后，清王朝的统治薄弱，各地的起义造反活动此起彼伏，为求生存，刘永福和一些穷苦乡亲投入了当地一支小股农民起义军。早年的痛苦经历，使刘永福的性格里始终存在着一种强烈的生存危机意识。此后的日子里，为了生存，为了生活得更好，刘永福开始不断地改投山头，不断地寻求新的生机。

　　1860 年，刘永福改投入另一股农民军，因该部的粮饷待遇不支，刘永福又投入农民军王士林部。当这支农民军也到了粮饷无着的地步时，刘永福毫不犹豫地弃之而去，改投入与王士林部为敌的土豪黄思宏部。刘永福 29 岁时，其所在的黄思宏部发生粮饷紧张之事，刘永福又率领 200 余人弃营而走，投到规模更大，"给钱三十千，米则任要，以食够为限"的农民起义军吴亚忠部麾下。在吴亚忠部，刘永福得到赏识，当上了小头目，管辖自己带来的 200 余人，当时起义军内各个营头都以不同的旗帜作为自己的标识，刘永福仿制驻地附近北帝庙中陈设的黑底北斗七星旗，以此作为自己所部的旗帜，黑旗军的历史即从此创始。

　　1867 年，清政府调集重兵大举围剿吴亚忠部起义军，备受吴亚忠赏识，已升至起义军左翼先锋，且吴亚忠已经准备将妹妹下嫁给其的刘永福，在吴亚忠作战受伤，清军大兵压境，起义军粮饷出现困难的时候，又做出了为图生存而不顾其他的举动，毅然抛弃起义军，率着自己的部下逃进了越南境内。[8]

　　当时与中国相邻的越南北部，聚集了不少从中国逃亡来的各种反叛武装力量。其中有的接受招安，归附越南政府，

∧ 清末《点石斋画报》上刊登的刘永福画像。让法国人咬牙切齿的黑旗军统帅刘永福，因为收获了斩杀安邺、李维业等战果，成为中法战争中的中国英雄

成为越南政府雇佣下的团练、雇佣军，有的则自行在越南攻城略地，占据地盘自立为王。越南政府依靠自身军力，根本无法彻底肃清边境，于是广泛采取招安一批、攻打一批，让境内的中国武装力量自相残杀的以毒攻毒策略。

进入越南后的黑旗军，选择了在他们看来前途较为光明的一条道路，即接受招安，依附越南政府，攻剿越南当地的反叛势力和退入越南的其他中国起义军。多年颠沛流离，刀锋刃口求生存的生活，使黑旗军锻炼成了一支身经百战，极为骁勇善战的军队，其重要特点，就是战术手段灵活多变，士卒勇猛不怕死。黑旗军为越南政府进行了几次剿匪作战，大获成功，逐渐受到越南政府重视，刘永福也获得了越南政府赐给的官职。1869 年，黑旗军击退了越南北部实力最大的一支中国流亡起义军，即刘永福当年在吴亚忠起义军中的战友，黄崇英率领的黄旗军。至此，刘永福的黑旗军在越南北部扎稳了脚跟，成为当地实力最强的一支军事力量。越南政府默认黑旗军在越南北部割据自立，黑旗军则以位于中越两国交界处的越南边境城市保胜（老街）为总据点，扼守住红河流经中越两国的重要分界点，修筑炮楼城墙，并在红河上设立关卡，对来往商船抽税。除了越南国王常例发给的粮饷外，黑旗军自行征收的税金每年可达 8 万余两银，从此过上衣食无忧的生活，越南北方成了黑旗军的安乐窝。

1873 年年底，安邺率部控制河内，法国势力全面侵入越南北方，越南朝廷为之震动，得到这一消息的黑旗军也感到极为愤怒，认为法国人侵犯了自己的固有地盘。越南国王阮福时下旨，一面准备与法国政府接洽谈判，以外交手段协商解决纠纷，一面则调兵遣将，防止法国人在越南北部发起进一步的侵略。统督北圻军务的越南驸马黄佐炎，深知越南官军腐朽不堪使用的真情，于是调动刘永福部黑旗军，打出这张战斗王牌，命黑旗军开往河内郊外，预防法军继续北犯。

1873 年 12 月，刘永福率领所部的黑旗军 1000 余人，抵达河内西门外名为罗池的地方安营，越南驸马黄佐炎统率的大批越南官军则在黑旗军的后方下寨。熟知黑旗军作战之前会先悬以赏格，以此激励士气的惯常做法后，黄佐炎即宣布，黑旗军如斩获法国兵首级一颗，赏银 150 两，如果斩杀军官，则依所杀军官的军衔高低再行增加赏银。

12 月 21 日，上午 10 时 30 分，安邺突然听到属下禀报，称河内城外有一些越南士兵在叫骂挑战，怒不可遏的安邺当即下令集合队伍出发，出

∧ 密林中的黑旗军士兵

∧ 红河边黑旗军占据的村寨

城消灭这些不知生死的越南人。由于当天正值礼拜日，很多法方官兵处于休假中，安邺在仓促之间只集中到了20余名士兵，但是拥有以180人击溃越南军队7000人经历的安邺，根本没把城下挑战的少量越南兵放在眼中。[9]

安邺与其副手海军中尉巴尼（Balny）各自带着10余名士兵气势汹汹地杀出河内城后，看到原本在城外张牙舞爪叫骂挑战的越南士兵立刻逃散，安邺怒火中烧，决定追击痛剿。当安邺率领的这支小军队一路追杀至河内城外的纸桥附近时，他突然发现自己已经陷入一个大的圈套中，其周围出现了大量手举刀矛的人，这支军队明显要比他之前遇到的对手更凶猛彪悍。让安邺更吃惊的是，这些"越南人"口中叫嚷的似乎是中国话。20多名法军被1000多名黑旗军包围逼近，陷入了被迫进行白刃战的悲惨境地。作战过程中，安邺不慎掉进一个陷坑，在射光了手枪子弹后，无助地被围上来的黑旗军官兵

∧ 法国报纸铜版画，表现的是罗池之战中，安邺被黑旗军包围，即将被割去头颅的瞬间

∧ 河内郊外的纸桥，安邺、李维业都在这里败北亡命

割下了头颅。除安邺之外，从河内出城的这批法军还阵亡了 3 名士兵，安邺的副手巴尼也在混战中丢了脑袋，剩余的法军则奋力拼杀突围而去。这一战，就是中法战争史上赫赫有名的罗池之战，又称第一次纸桥之战。

战后，安邺和几名法国官兵的头颅在越南北方诸省传递示众，显示入侵者必然遭遇可悲的下场。黑旗军统帅刘永福后来自称此战"枪毙法军无算，计共斩得首级数百颗"[10]。因为在安邺的尸身上搜得一块价值数千两的金怀表，安邺被黑旗军解读为是法国国王的驸马，由此更显战果之辉煌。

战后，法国人通过各种渠道，证实了使他们大扫颜面的这支越南军队实际上是一支特殊的中国人部队。横扫越南北方，开拓红河事业正是春风满路之时，突然杀出了安邺之死的挫折，顿时让法国方面有些手足无措，原本张狂的侵略越南北部的行为暂时停滞了下来。

保护国之争

如果换成是当时的大英帝国，遭受如同纸桥之战般的耻辱后，势必会立刻发起声势震天的报复行动，出人意料的是，法国人对此事却显得异常的"忍辱负重"。其原因非常简单，因为当时正值法兰西帝国威风不再的落魄时期。

1870 年，为了阻止德意志国家的统一，法国向普鲁士宣战，爆发了普法战争。自认为是欧洲劲旅的法国军队，在普鲁士大军面前一败再败，丧旅失地，最后连国王拿破仑三世都成了普鲁士军队的阶下囚。而普鲁士则借着战胜的东风，一举统一德意志诸邦。1871 年 5 月 10 日，德、法签署《法兰克福和约》，这一和约的屈辱程度，甚至超过了后来令中国人刻骨铭心的《马关条约》和《辛丑条约》的总和。《法兰克福和约》规定，法国的重要煤铁产地阿尔萨斯和洛林省的14800平方公里土地，以及其上繁衍生存的16万人口全部割让给德国，法国另向德国支付战争赔款50亿金法郎（相当于上百亿中国银两），同时，每天支付125万金法郎，作为德国占领军的军费。这种敲骨吸髓式的掠夺，使法国几乎从列强俱乐部里被扫地出门，差点成了无足轻重的弱国。

伴随普法战争大败，法国国内政局再度动荡，法兰西第二帝国被推翻，与德国媾结和约，又经历了巴黎公社起义，新生的法兰西第三共和国喘息未定，对远在地球那一面的越南问题，不愿意也无力投入过多的精力去过问。以至于安邺在越南北部冒险时，所调动的兵力只有区区百人，在安邺被黑旗军杀死后，法国交趾支那殖民地政府竟然纠合不到足够的兵力用于复仇。而当时的越南王国，虽然对法国侵略其国土异常痛恨，却始终没有和法国全面抗争的勇气，黑旗军斩杀安邺后，越南政府认为这场规模很小的战斗之所以能获胜，只不过是侥幸，"若堂堂正正与之角胜，想亦难持久"。最终，两个都不愿因安邺之死而发生全面战争的政府，于1874年3月15日签订了《法越和平同盟条约》。

条约中对安邺事件的善后条款包括：法国将安邺侵占的越南北部宁平等省份交还给越南政府，作为回报，越南向法国开放红河通往中国云南的航道，以及开放沿岸的东京等重要城市，允许法国在此航行通商，设立租界。

除了这些条款以外，法国政府在和约中还有一条极为险恶的条款。为了防备将来在越南境内的其他非法国控制区攫取利益时，再遇到因为事前没有条约约定而遭越南政府反对的情况，法国政府经过盘算，干脆一不做二不休，决定直接把越南变成自己的被保护国，置于法国的卵翼下。但是，刚刚经历了安邺被杀的失败，且法国又无法调动足够的军力投入越南来实施威慑，直接提出这个条文，越南政府未必就会就范，于是法国另辟蹊径，用一段文意模糊的约文来欺骗越南政府进入圈套。条约的第二条规定："法兰西共和国总统阁下，向一切外国宣布，法国承认安南王的主权和完全独立，承诺给予他帮助及救援，并约定在他要求时，将无偿给予必要的支持，以维持他国内的秩序和安定，以帮助他对抗一切攻击，并消灭蹂躏王国的海贼活动。"[11]条约看似公允，实则按照国际法标准，已经宣布了法国是越南的保护国。条约中所说的海贼，其实就是在影射杀死了安邺的黑旗军。

懵懵懂懂的越南就这样变成法国的被保护国，直到事后宗主国中国过问此事，质问越南为何擅自和法国签约时，越南政府这才觉察情形不对，追悔莫及。法国政府挖空心思引诱越南就范的保护国制度，很快就败在了中越两国的传统宗藩关系面前，尽管和法国签订了保护国条约，但越南王国事实上仍然履行着向中国朝贡称臣的义务。时至1878年，广西清军守将冯子材的旧部提督衔记名总兵李扬才发动叛乱，自称是越南李氏王朝之后，挥师侵入越南境内，想要取阮氏朝廷而代之。遭遇突然而至的巨变，越南朝廷并没有按照《法越和平同盟条约》的规定，邀请法国前来帮助，反而向中国求助，请中国派兵入越戡乱。看到越南政府不仅与中国藕断丝连，而且又引来大批中国军队进入越南，与在越的黑旗军握手言欢，这一切都使法国政府大受刺激，在他们看来，中国军队进入越南，意味着中国要和法国争夺对越南的保护权。

另一方面，越南政府承诺的开放红河航道，很快也被证明是一纸空文。从越南通过红河进入中国云南，黑旗军驻守的老街是必经之地，自从与安邺交手后，黑旗军就对法国人充满仇恨，认为法国人在红河任意航行通商，影响了黑旗军设卡抽税的利益，而且对黑旗军驻地的安全也构成威胁。刘永福宣布，根据越南国王和法国签署的条约，红河开放给法国通商，但是黑旗军只接受法国人委托中国船只上驶通商，绝对不能容忍法国船只直接穿越黑旗军的驻地：

"……既然现在法国与安南王国已有一项条约，那你们就把你们买到的货物托给中国人，他们可以自由地沿河到宝真，只是我们不同意欧洲人的轮船和外国人到那里去。假如中国商人偶然在途中遭抢，我将负责赔偿他们的损失。但是我还要重复一遍，如果欧洲船或欧洲人要来宝真的话，我声明我将以武力阻止他。我们就要看看谁能压倒谁了！"[12]

为改变这令人懊丧的局面，法国一方面不断向越南和中国抗议、声明，强调自己才是越南的保护国。然而中越两国始终不承认，令法国人无可奈何。另一方面，法国向越南政府施压，要求驱逐黑旗军，但也没有任何结果，反而接连传来法国人在红河上遭黑旗军袭击的消息。

几年过去后，从普法战争的失败中渐渐恢复过来的法国政府，决定在越南问题上采取强硬措施。1881 年，茹费理（Jules Ferry）领导的共和党左派内阁上台，主张积极改变法国的弱国地位，对外采取自强政策。针对是否应在越南采取军事行动的问题，1881 年 7 月 22 日，法国议会进行表决，以 308 人对 82 人的压倒性优势，通过了追加驻越南海军经费的议案，拨款 250 万法郎，用于驻越海军在越南采取军事行动。[13]

1881 年 9 月 7 日，法国海军和殖民地部向交趾支那总督卢眉（Le Myre de Vilers）发出指示："对顺化（当时越南王国的首都）官员要采取一种态度，使用一种语言，以便让他们明白，过去由于他们的言行不一，诡计多端，使条约的条款成为一纸空

∧ 法国共和党左派总理茹费理

文，现在是严肃对待这些条约的时候了。要让他们接受这一点，我们必须显示我们的军事力量。"[14]

随后，卢眉向新上任的法国海军南圻支队司令李维业（Henri Rivière）下达命令，由他来具体组织、执行军事行动。之所以选择海军而不是陆军，主要是普法战争中法国的陆军元气大伤，加之战后法国人口增长缓慢，百业待兴，根本无力在海外大批驻扎陆军，当时在越南的法军主力就是海军，而此举也使此后围绕越南而起的战争充满了海军作战的色彩。

法国海军上校李维业，1827 年 7 月 12 日出生于巴黎，1842 年考入布列斯特海军学校，之后进入法国海军。有着丰富的海外服役经历，但是并没有多少特别的功勋建树，倒是因为对文学的酷爱，经常舞文弄墨，在海军届颇为知名。继安邺之后，法国政府又派出了一位文气有余的军官处理越南事件。

李维业远征

1881 年年底，红河上又发生了一起法国人被黑旗军袭击的事件，已经决心开战的交趾支那总督卢眉终于等到了绝佳的口实，立刻下令李维业率军向越南北方采取行动。

李维业指挥的法国海军南圻支队，是当时法国在越南的重要武装力量。支队共有 17 艘军舰，分别是：狄尔昔（Tilsitt，南圻支队旗舰）、阿米林（Hamelin）、巴斯瓦尔（Parseval）、羚羊（Antilope）、豹子（Leopard）、德拉克（Drac）、突袭（Surprise）、土耳其弯刀（Yatagan）、马枪（Mousqueton）、标枪（Javeline）、大斧（Hache）、短枪（Carabine）、军乐（Fanfare）、马苏（Massue）、鱼叉（Harpon）、标枪（Sagaie）、锦葵（Mauve）。

南圻支队所辖的这些舰只，大都舰龄较老，而且支队的职责中除了负责越南、柬埔寨等殖民地的内河巡逻外，还要承担整个交趾支那半岛沿海的警戒，因而支队中吃水浅，能够用于到内河航行作战的舰只，实际只占一部分，

∧ 法国海军南圻支队司令李维业

支队事实上并无法倾巢而出。另外较为重要的是，法国海军当时没有近代意义的海军陆战队编制，而交趾支那殖民地也没有多少陆军可以调用，要完成对越南北方的攻击，只能在南圻支队内自行寻找解决办法。

经过四方筹划，李维业终于拼凑出了他的远征军。远征军的舰艇部队，包括南圻支队的"军乐""马苏""短枪"共3艘军舰，以及从西贡和岘港港务局征用来的2艘汽艇"海防"与"沥门"号。[15]

19世纪的法国海军的炮艇，以排水量250吨为标志，分为上下两类。排水量超过250吨的炮艇，主要定位为能执行巡洋行动，称为远洋炮艇，可以单独或者跟随其他军舰开赴远海作战。250吨以下的炮艇，定位为在内河或海岸活动，称为近岸炮艇。

"军乐"号是李维业远征军中最大的一艘舰艇，属于远洋炮艇，建造于1868年，属于"旗帜"（étendard）级木壳炮舰。这种双桅杆单烟囱的小军舰，外观上看起来非常像是普通的蒸汽货船，军舰采用首尾楼布局，排水量445吨，舰长只有43.43米，宽7.39米，吃水2.51至2.74米，动力方面装备两座蒸汽机，双轴推进，航速8.4至9.6节。舰上的武备相对比较简单，主炮是1门5.5英寸口径的后膛炮，安装在首楼顶部甲板上，副炮是1门4.7英寸口径后膛炮，安装于尾楼顶部甲板上。[16] 比较特别的是，"军乐"部署在越南后曾对桅杆进行过改造，其前桅仍然保留帆装，后桅则改成带有桅盘的军桅，桅盘中安装哈乞开司五管机关炮，便于居高临下进行射击。"军乐"由于是远洋炮艇，

∧ 法国海军南圻支队炮舰"军乐"

2米多的吃水对于红河来说已经太深，受命进入红河时，为了到达河内，舰长嘉多（Gadaud）海军上尉颇费周折，"他改变了船的吃水深度，寻找航道，利用一切涨水的机会，通过这条未经勘查的水道"。[17]

远征军里的"马苏"和"短枪"，都属于250吨以下级炮艇，均为铁壳军舰。"马苏"建造于1862年，属于"大斧"级（法国海军有用兵器的名称为炮艇命名的做法，南圻支队的"马枪""标枪""土耳其弯刀"等，也都属于"大斧"级），这类型军舰排水量仅有93吨，舰长26.31米，宽4.93米，吃水1.4米，航速5至6节，装备1门6.4英寸口径火炮。

"短枪"号的舰龄比"马苏"更久，建造于1860年，属于No.12级，排水量89吨，舰长24.7米，宽4.9米，吃水1.5米，装备1门160毫米口径火炮。这两艘船都采用的是小船扛大炮的做法，非常类似蚊子船。[18]

获取对越南北方作战的胜利，尤其是实现教训和驱逐黑旗军的目的，仅靠这3艘炮艇显然是难以实现的，必须要有一支陆上作战军队。在陆军兵力紧张的现实困难面前，李维业想出了使用海军登陆队的办法。在18、19世纪的海军中，经常有一种做法，即必要时将军舰上的水手临时加以编组，组成登陆队，上岸抓壮丁、征集补给、收集情报等，这样的登陆队和近代意义上的海军陆战队有着本质区别，因为他的成员都是水手，属于兼职，以这样缺乏陆战经验的兵力投入陆战，可靠性无疑也令人担忧。

与安邺当年率领的50人远征队相比，李维业拼凑的陆上作战兵力要壮大许多，其中包括从南圻支队各舰抽取水手组成的450人的登陆连，由海军上尉费阿希（Fiaschi）指挥，另外还有20名越南雇佣军。为了加强这支军队的火力，专门从南圻支队旗舰"狄尔昔"上拆了2门40毫米口径舰炮，另从河内的法租界调用了120毫米和40毫米口径火炮各一门，调用50名海军士兵，组成了一支随行炮队。[19]

∧ 法国海军南圻支队炮舰"土耳其弯刀"

李维业军事行动的目标，首先选择了对控制红河航道有重要意义的河内。在这座城市里，设有法国的货栈、航运代理处，城市外还有法国的租界区，而日益增强的河内城防务，无疑是对法国利益的威胁。

1882年4月25日，河内笼罩在大战将至的紧张气氛中。清晨5时，河内北门外的情形就已显得很不正常，"军乐""马苏""短枪"3艘炮舰抵达了北门外的红河河面，舰上的法国官兵开始调整火炮射角，黑洞洞的炮口对准河内城。与此同时，一队队头戴红色绒球小帽，身着蓝色水兵服的士兵也向这里聚集。李维业向越南河内总督黄耀发出最后通牒，要求越南当局必须在3小时内就法国提出的越南放弃在河内构筑工事，撤除所有工事的要求做出明确答复。时间到了上午8时，河内总督没有回复，

∧ 中法战争时代法国海军陆战队的典型形象

法军立刻开始进攻河内。

8 时 15 分，"军乐""马苏""短枪"3 艘炮舰的火炮相继鸣响，对准河内城的北门及附近城墙开始猛烈炮击。8 时 30 分，法军炮队将从租界调用的 1 门 120 毫米口径火炮推至紧邻租界的河内东门，加入战斗。9 时 15 分，炮击向城内延伸，装备 3 门 40 毫米口径山炮的海军炮队在城外寻找到一处高地以架设炮位，也投入战斗，很快就击中了越南军队的一座火药库。面对近代化炮火的打击，河内城里的越南守军主要依靠能够施放火焰的喷筒予以还击，虽然给法军造成一定的阻滞，但最终还是败在近代化武器的面前。11 时 15 分，李维业的军队攻进了河内城，数千越南守军弃城而逃，总督黄耀上吊自杀。[20]

控制河内的法军，立刻拆毁河内的城墙等各种防御工事，于一周后将河

∧ 驻守河内的法军

内城交还给越南，李维业则率领军队在河内附近的要地构筑堡垒驻扎。法国这一出奇举动，使原本准备大举抗法的越南朝廷手足无措，双方又转回到了谈判桌上。因为追剿李扬才叛军而驻扎在越南北方的中国桂军，原本听闻法军攻占河内，准备起兵支援，现在也只得停顿了下来。

越南局势在静默中过了将近一年，1883 年年初，茹费理内阁再度上任，通过了扩大入侵规模，控制整个越南北方的军费预算，计划通过这次战争，逼迫越南政府正式承认其是法国的被保护国。率军驻扎在越南北方的李维业首先采取行动，于 1883 年 3 月 25 日率炮艇"军乐""短枪""土耳其弯刀""大斧""突袭"以及新编入南圻支队的"雎鸠"号，拖曳着 7 艘载运着登陆队的小帆船，开赴越南北方第二大城市南定。依照法国人的通例，李维业首先

∧ 法军攻陷越南南定城

向南定总督发去最后通牒，限期交出城市，在得到明确的拒绝后，法军于3月27日早晨对南定发起进攻。

整个作战行动几乎是攻打河内城的翻版。法军首先是采用炮艇进行猛烈的炮火准备，摧毁南定城的炮台等防御工事，接着登陆队采用架云梯、炸城门等方式冲入城内，之后就是数千名越南守军弃城而逃，三色旗在南定城头升起。[21]

第二次纸桥之战

回到李维业开始向越南北部发起军事行动的几个月前，1883年的1月4日，中越边境上出现了一支特殊的旅行队伍，为首的是一名皮肤黝黑，身材瘦削，但是眼神中流露出精干之气的中年人，在他身后，跟着200余名挑着木箱、扛着火枪的随从。黑旗军首领刘永福带着十万两银子悄悄回到了阔别多年的祖国。[22]

刘永福此行，公开的目的是因为自己在越南已经出人头地，要回乡祭扫父母的坟墓，光宗耀祖，实际上，则是想与中国官员接触，进而能够将自己的一些设想上达京城朝廷，表示归依母邦之志。自从阵斩安邺，越南政府仅仅是给予微薄的奖赏后，刘永福就已越发感觉自己和黑旗军在越南所处地位之低下，随着法国对越南政府施压，越南政府也屡屡下令，要求黑旗军迁移驻地，离开红河沿岸。此令虽然因为越南国内对法交涉形势的阴晴不定，并没有真正落地执行，然而刘永福已经深深明白，黑旗军的前途遇到了危机，必须要重新寻找一条出路。

回到祖国后，在与广西地方官员的交涉中，刘永福反复做出表态："愿为中国千把（千总、把总），不愿为越南提镇。"[23] 对这样一支处在异域的中国人军队，究竟应当持何种态度来对待，清政府内部当时大致分作两派意见，以都察院左副都御史张佩纶为代表的一派，认为刘永福部黑旗军骁勇善战，应当令其继续留扎在越南境内，充当中国解决越南问题的先锋部队，不仅要对黑旗军加以支持，必要时候还应增派中国军队入越，加强中国在越实力。[24] 以北洋大臣李鸿章为代表的另一派则认为，刘永福部黑旗军兵力仅3000 余人，所能发挥的实际军事、政治价值有限，而且至关重要的是，越南政府每每遇到对外交涉问题，大都不事先通报中国，如果交涉有利，则视为摆脱和中国宗藩关系的契机，如果交涉不利，又要来找中国帮助解决。为了这样一个三心二意的属国，而不惜与一个欧洲国家进行前途莫测的战争，白白耗费中国的国力，在李鸿章看来，是极为不智的举动。[25]

没有得到清政府方面任何公开的表态回应，刘永福又重新回到了位于越南老街的驻地。此时，越南国内局势已经大变，正是李维业在越南北部大动兵戈的时候。对法国侵入越南北部一事，中国朝内的主战派反应强烈，认为应该尽快予以干涉。1882 年年底，吏部候补主事唐景崧自请进入越南，联络黑旗军抗法，清政府高层官员亲临鼓励，在黑旗军看来，意味着自己已不再是母国眼中的叛军，已经得到祖国的承认，如此一来，即使越南政府万一倒向法国，黑旗军也不用担心将来的出路。

北方重要城市南定陷入法军之手后不久，得知李维业率少量部队驻扎在河内城，1883 年 4 月 25 日，刘永福率军祭旗，尽起黑旗军精锐，开往河内。沿用攻击安邺时的故技，刘永福一面派兵在河内城墙上张贴檄文告示，一面不断骚扰、攻击河内城外的法国教堂，以此举引诱李维业出战。最后则开始围攻河内，向城内法军施加压力。

5 月 19 日凌晨 4 时 30 分，李维业率领 400 余名法军，携带 3 门 65 毫米口径行营炮开出河内城，搜索黑旗军。在李维业看来，当年安邺的失败，主要是因为所带的兵力过少，仅仅只有几十人，而自己此次率领数百大军，应该是胜券在握了。

上午 8 时 30 分，法军走上河内城外的纸桥（le Pont de Papier）。细心的

∧ 纸桥之战中正在试图拖曳火炮的李维业

人会发现，纸桥的对岸是一大片水田，水田远处则是竹林、树丛。泥泞的水田可以用来迟滞敌军，茂密的竹林、树丛又是设下伏兵的好地方，这片地域无疑是打伏击战的好地方。果不其然，就当李维业和法军炮队走上高高的纸桥时，四处突然传来密集的枪声，几名炮手当场毙命，法军营长韦鹭（Villers）少校被击中腹部，旋即手臂又中弹，送回河内后伤重不治身亡。

遭到突然袭击，李维业立刻命令部下展开还击，经过一轮激战，纸桥附近设伏的黑旗军杨著恩部被击退，营官杨著恩阵亡。李维业遂率军追击逃散的黑旗军，由此又落入黑旗军设下的另一个包围圈。追击不久，法军与黄守忠率领的黑旗军前营遭遇，更为可怕的是，黑旗军竟然使用了侧翼包抄合围的战术，吴凤典率领的黑旗军左营很快出现在法军侧翼。见到黑旗军人数众多，李维业为了不步安邺后尘，他决定停止进攻，后撤整队后再做决策。撤退的军号声很快响起，法军开始狼狈地向纸桥方向沿原路后撤。当时，法军的1门65毫米口径行营炮可能是因为准备射击，火炮和骡马拖曳的弹药车失散，为了不让这门火炮落入黑旗军之手，李维业竟亲自上阵，在几名士兵掩护下和一些官兵去拖曳这门火炮。也就在此时，李维业肩头突然中弹，立刻倒地，旁边的海军上尉雅关（Jacquin）用身体掩护李维业，被当场击毙。剩余的法军显得惊恐万分，仓促地通过纸桥，撤回了河内附近的法租界，黑旗军则一直追至河内，"全城被黑旗军抢劫一空，半城被焚"[26]。

此战，法军阵亡30人，黑旗军阵亡50人，刘永福向清政府报告称杀法兵数百人。令撤退的法国军队意想不到的是，战斗中中枪倒地的李维业实际并未立刻毙命，只是受伤而已，后来在黑旗军清理战场时被发现，被绑在竹竿上抬回黑旗军营地后砍去手和头颅。"他（李维业）被用竹竿抬走，当时他神昏气喘，失去知觉，走两公里之远，直抬至刘永福所在的庙中。到了那里，似乎神志清醒，明白过来，说了几句没有人懂的法国话……李维业司令的头和被砍下的手，单独放在一个漆盒里，埋在离大路中心不过数分米远的地方，使凡过路的人都得在上面践踏，以示轻蔑与侮辱。" 27

最近发生的事件和李维业之死，都促使我们强烈要求赔礼道歉，不管愿意与否，都要迫使嗣德帝同意修改以前的条约和订立保护国条款。河内失败后，必须坚定不移，抛掉幻想，靠谈判一无所获。对方只有在遭受到开始执行处罚的后果，在压力和威胁下才会让步。我们的一切行动手段均已具备。

——交趾支那总督致海军和殖民地部部长电报 28

注释:

1.《安南通史摘译》，中国近代史资料丛刊《中法战争1》，新知识出版社1955年版，第318—319页。

2. 同上，第325—333页。

3. 安邺：《东京问题》，见中国近代史资料丛刊续编《中法战争1》，新知识出版社1955年版，第412—413页。

4. 堵布益：《东京问题的由来》。见中国近代史资料丛刊续编《中法战争1》，新知识出版社1955年版，第391—395页。《驻上海领事夏普德莱纳致外交部长雷茂萨》，中国近代史资料丛刊续编《中法战争3》，中华书局1999年版，第2—3页。

5. 堵布益：《东京问题的由来》，中国近代史资料丛刊《中法战争1》，新知识出版社1955年版，第406页。

6.《交趾支那总督游悲黎致海军及殖民地部长》，中国近代史资料丛刊续编《中法战争3》，中华书局1999年版，第18页。

7.《安邺书简》，中国近代史资料丛刊《中法战争1》，新知识出版社1955年版，第431—433页。

8.《刘永福历史草》，《钦州文史4》，1997年版。

9.《"德克雷"号船长帖斯塔尔致交趾支那总督》，中国近代史资料丛刊续编《中法战争3》，中华书局1999年版，第67页。

10.《刘永福历史草》，《钦州文史4》，1997年版。

11.《一八七四年越法和平同盟条约》，中国近代史资料丛刊《中法战争1》，新知识出版社1955年版，第380页。

12.《中国黑旗军首领刘先生致堵布益的"红河"号船长乔治》，中国近代史资料丛刊续编《中法战争3》，中华书局1999年版，第86—87页。

13. 龙章：《越南与中法战争》，台湾商务印书馆1996年版，第71页。

14.《海军及殖民地部长致交趾支那总督》，中国近代史资料丛刊续编《中法战争3》，中华书局1999年版，第436页。

15.《交趾支那海域分舰队司令李维业致交趾支那总督》，中国近代史资料丛刊续编《中法战争3》，中华书局1999年版，第513页。

16. *All The World's Fighting Ships 1860-1905*，Conway Maritime Press 1979，p322.

17.《交趾支那海域分舰队司令李维业致交趾支那总督》，中国近代史资料丛刊续编《中法战争3》，中华书局1999年版，第507页。

18.*All The World's Fighting Ships 1860-1905*，Conway Maritime Press 1979，p322.

19.《交趾支那海域分舰队司令李维业致交趾支那总督》，中国近代史资料丛刊续编《中法战争3》，中华书局1999年版，第507页。

20.《交趾支那总督致海军及殖民地部长》，中国近代史资料丛刊续编《中法战争3》，中华书局1999年版，第540页。

21.《李维业致海军及殖民地部长》《海军陆战队巴当营长关于3月27日进攻和夺取南定城堡的报告》，中国近代史资料丛刊续编《中法战争4》，中华书局2002年版，第205—211、255—261页。

22.《刘永福历史草》，《钦州文史4》，1997年版，第201页。

23.同上，第202页。

24.《统筹法越全局折》，中国近代史资料丛刊《中法战争4》，新知识出版社1955年版，第343-344页。

25.《复张黄斋署副宪》，中国近代史资料丛刊《中法战争4》，新知识出版社1955年版，第2—3页。

26.《梅伊致海军及殖民地部长》，中国近代史资料丛刊续编《中法战争4》，中华书局2002年版，第394—402页。

27.《李维业远征记》，中国近代史资料丛刊《中法战争》，新知识出版社1955年版，第345—346页。

28.《交趾支那总督致海军及殖民地部长》，中国近代史资料丛刊续编《中法战争4》，中华书局2002年版，第406页。

孤拔
到来

第二章

1883 年的夏天，海天湛蓝的南中国海上，一艘远道而来的大型军舰正张满风帆，顶着烈烈骄阳，朝向越南海岸高速航行。高大的干舷、密布的炮门、飞快的航速，这艘军舰仿佛周身都在散发着腾腾杀气，舰尾旗杆上高扬的红白蓝三色旗，更显出这艘军舰的不同寻常。此时此刻，这样的一艘军舰来到这里，将会带来怎样的事情？一位形容干瘦的军人，伫立在位于军舰中部烟囱前方的飞桥甲板上，从周遭的人们向他投射出的敬畏目光中，很容易看出他是这艘船上的主宰。在他那张因为口、鼻伤残，显得十分狰狞难看的脸上，呈现出一副冷静沉思的表情，深邃如鹰一般的目光正在死死盯着前方的海岸线。

和平努力

自从安邺被黑旗军杀死，越、法关系复杂化之后，距离越南千里之遥的中国朝廷内，在对如何干预西南这个弱小藩国命运的讨论中，以清流言官为主的主战派已经越来越占据上风。以清流健将张佩纶为首，各种主战的奏章连篇不绝，其观点主要是从保护传统封藩制度这一祖宗旧制出发，强调不能向欧洲的弱国法国低头，强调要防范西方势力渗入中国的西南地区，围绕这些进行了广泛的论述。在主战的大氛围笼罩中，清政府中枢显得深受影响。自 1882 年开始，接连做出了一系列重要的人事调动，主张对法开战的两广总督张树声被调任代理直隶总督要职。在西南边陲上，以曾国荃接任两广总督。另外以曾经在镇压回民起义时手段泼辣的岑毓英出任云贵总督，由号称"唐拼命"的唐炯出任云南布政使。同时，清政府在西南边陲的驻军，也借着剿匪之名，越境进入越南北部，暗中联络、接济黑旗军。

与主战派强势的情形相比，主和派的声音几乎到了快被完全淹没的境地。当时主张以和平手段化解越南危机的重臣，仅有恭亲王奕訢和北洋大臣李鸿章而已。主和的这一派认为，中国自己国内的洋务事业百废待举，实力尚不足以和一个曾经的欧洲强国发生战争。而且因为刚刚发生和正在发生着的中

∧ 《点石斋画报》刊登的新闻画：中国军队进入越南

日朝鲜矛盾、中俄西北矛盾、中英教案等风波，中国自顾尚且不暇，在这样一种外寇环伺、纷乱不绝的局面下，再发生一场大规模的与欧洲列强的战争，后果莫测。"道光咸丰年间，海疆一再尝试，而盟约所要愈趋愈下。近二十年与彼族补苴掇拾，虽未遽转弱为强，尚得坚守藩篱，与斯民休养生息。一朝决裂，全局动摇，战而胜，则人才磨砺而出，国势以奋发而强；战而不胜，则后日之要盟弥甚，各国之窥伺愈多，其贻患更不可言也。盖使越为法并，则边患于将来；我与法争，则兵端开于俄顷，其利害轻重皎然可睹。"[1] 至于如何解决眼前的危局，主和派主张应该持重，万不得已宁可舍弃属国越南，

∧ 恭亲王奕䜣。与慈禧联合发动祺祥政变成功后，恭亲王和慈禧围绕政治权力的争斗日益激烈，最终恭亲王在中法战争期间被慈禧扳倒

∧ 北洋大臣李鸿章。中法战争时代，李鸿章始终持外交解决争端的主和态度，也因此多遭诟病

换取中国自己和平发展的空间和时间，做好自己的事情，观实效于他日。

不过此时恭亲王虽然名列于军机大臣班内，但是和慈禧太后追逐政权的矛盾日益激化，使得恭亲王的意见根本起不到任何积极作用，北洋大臣李鸿章就此成了朝中唯一一位重要的主和派，显得另类和势孤。

徘徊在主战、主和两种声调中，隐操清廷军国大权的慈禧太后显得犹豫不决，最后选择了一条首鼠两端的策略，既不肯放弃保护属国的强硬态度，要求随时做好与法国开战的准备，同时又不放弃外交解决的尝试，继续保持和法国的外交谈判。由此，主战派不断调兵遣将，陈兵西南地区，鼓励黑旗军继续与在越南的法国势力进行争斗。而同一时间，主和派代表人物李鸿章则在天津四处游说，寻求其他列强势力干预，试图与法国驻华外交使节直接谈判，以求达成和平转圜，化解危机。

令朝野内外多少有点出乎意料的是，为主战派所瞧不起，清政府中央也并不抱太大希望的外交谈判活动，居然获得了极大的成效，在1882年的年末至1883年年初，中法两国间的外交形势突然峰回路转。

1883年年初，北洋大臣、直隶总督李鸿章因为母亲去世，按例要回籍守制，正值国家多事之秋，清政府下令夺情，要求李鸿章继续留任一段时间。而就在这段时间里，李鸿章经过与法国驻华公使宝海（F. A. Bouree）的反复面晤、谈判，达成了一个在后世看来足称为中法争端最佳解决办法的草约——《李宝和约》。

李鸿章与宝海签订的草约共有三条约文，首先，中国将进入越南的军队撤回国内，作为对等的回应和条件，法国向中国做出不侵犯越南土地和越南主权的保证声明；其次，中国向法国开放红河进行通商，但是不准在中国境内设立开放口岸，而是将口岸设在越南的边境城市保胜，将保胜视作为中国城市，中国负责肃清保胜、红河上影响通商的盗匪和征收私税的关卡（黑旗军）；最后，中法两国以红河为界，红河以南的越南南方治安由法国负责巡查，红河以北的越南北部则归中国保护，法国保证永不再进行北侵。[2]

得到这一重要的外交捷报，虽然清流派以及西南的督抚"尚嫌不足"[3]，纷纷上奏表示反对，声称这些和平条件还不够优越，还是应当和法国打一仗，但清廷中枢实际对这些条件非常满意，准备默认签约。"中国国内虽常有主战派的叫嚣，仍予完全接受。"

最终，法国政府的主战派达成了中国朝廷主战派的愿望。宝海将《李宝和约》草案送达法国国内后，当时执政的共和党温和派总理法理叶（Armand Fallieres）政府即进行讨论。孰料这时法国的政坛风云突起，茹费理取代法理叶组阁，出任总理。再度出山的茹费理将过于温和的法理叶驱逐下台后，重新拣拾起当初要将越南变为法国的被保护国的计划，此时的茹费理可能预料不到，多年以后历史将会异常讽刺地重演，不过那时因为对越南过于温和而被轰下台的将是他自己。

在共和党左派强烈主战的气氛下，认为应当与中国和平相处的驻华公使宝海四处呼吁，向内阁、外交部、议会动议接受和约：

"如果今天的中国只是我军 1860 年打击过的滑稽的摇旗呐喊者的可笑后裔，显然像我所说的那样去同他们和解就会使我们上当，何况我们的威信和我们的尊严都要求我们不屑一顾地拒绝那些没有道理的要求。但是如果中国 20 年来，特别是最近的 3 年以来，懂得了改变它的军事状况，它有力量以武力跟我们争夺我们想要的与它毗邻的地区，那么在我看来，完全应当担心这样一种纠纷的后果，并考虑是否应该谨慎行事设法避免冲突。"[4]

就在李鸿章一心等待宝海好消息的时候，1883 年 5 月 19 日，突然发生了李维业被黑旗军斩首的事件，法国政府批准《李宝和约》变得彻底没有可能，战争已经不可避免。被李鸿章称为法国崇厚的宝海黯然离职回国，已经回到原籍安徽守制的李鸿章则被清政府派往上海总统西南军务外交，进而又在朝中主战派的鼓动下，差点被派往广西前线统兵打仗。

"您在中国逗留的 3 年中，在对所有我们共同讨论的问题上，都始终以和平和友好的精神来处理，因此，获悉阁下接到召回命令后，我觉得万分震惊。您今后有机会再来北京时，我们两国之间的关系可能变得更加密切了。"

——恭亲王致宝海[5]

"法之蓄志图越已数十年，中朝向置不问，至上年，形象大著，始与力争，其何能及？今又仓促而起不才于礼庐，只手空拳，不知所以为计。若以淮部尚有两万，则现驻要防，岂易抽调？若以鄙人素尚知兵，则白头戍边，未免以珠弹雀，枢府调度如此轻率，殊为寒心！闻有请恪靖（左宗棠）南征者，此老模糊颠倒，为江左官民所厌苦，移置散地固得矣，然夷情大局懵然，必有能发不能收之日！"

——李鸿章书信[6]

三头政治

　　普法战争的惨败，使法国在这场战争结束后的很多年中都无法真正地挺起腰杆。不过随着时间的慢慢推移，战争造成的创伤正在一点点地愈合，由李维业远征事件所代表的法国海外政策向强硬方向的明显转变，此时正是法国政府追求自强，谋求重回列强俱乐部的表现。还是在越南的纸桥，法国海军南圻支队司令李维业和当年时运不济的安邺一样命丧在黑旗军之手，成了法国对外扩张自强政策的殉难者。但是，和安邺死后政府所表现的沉默反应不同，这次，法国政府决定借势大动干戈。1883 年的法国已经不再是 10 年前那个刚刚从普法战场上惨败下来的遍体鳞伤的法国，李维业之死恰好给了法国政府一个彻底征服越南，向世界证明自己实力的机会。

　　李维业战死的信息传回法国国内时，刚好是二度上任的茹费理内阁追加交趾支那殖民地军事经费的议案在议会获得通过，正准备调兵遣将扩大侵略越南北部的时候。突然遭遇的第二次纸桥战败，使法国政府下定决心重新检讨在越南的行动，短短的时间内，法国对在越南的军事、行政部署做出了翻天覆地的调整。

　　距离东京河内比较遥远，位于越南南部的交趾支那殖民地政府，被认为对处理越南北部事务鞭长莫及，极不得力，法国政府不再赋予其指挥北侵的权力，而只作为接济源源不断到来的法国军队的总后勤部。

　　为了扩大在越南的侵略战争规模，在原设的殖民地管理机构——交趾支那殖民地政府之外，法国政府直接在靠近越北前敌的河内设立一套不受交趾支那总督控制的"前进指挥部"，从而近距离直接指挥在越南北部地区作战和控制占领区。这套前进指挥部由于是由民政、军事、海军三方面力量共同组成，又被称为是越南北部的三头政治（Triumvirat）。

　　富有殖民地工作经验，当时正在暹罗担任法国驻曼谷领事的何罗怅（Jules Harmand），于 1883 年 5 月 27 日从驻新加坡领事处得到了法国外交部发给他的特别电报，预告其将可能会被派往西贡接受新的任务。[7] 紧接着，6 月 7 日，法国总理茹费理正式签署任命状，委任何罗恎为法国驻东京（河内）总特派员。[8] 权限包括负责法国在越南北部采取军事行动时的民政工作，以及对在越南北方的法国远征军进行一定的管辖。

6 月 8 日，交趾支那殖民地政府占领军司令——陆军少将波滑（Alexandre-Eugène Bouët）得到任命的消息，受命出任东京远征军总司令，具体指挥在越南北部的法国及殖民地陆海军，事实上成了侵越行动的总司令。此时，法国政府正在竭尽所能，四处调集军队开来越南。除了已经驻扎在河内及周围地域的 1500 多名陆军和 1 个海军陆战连外[9]，另外还包括 3 个法国人营（每营 600 人），4 个从阿尔及利亚殖民地征调的外籍连（每连 125 人）等陆军部队，也已登船踏上征途，这些兵力都将成为波滑手头的王牌。[10]

除了行政和军事以外，法国在越南北部的三头政治中的另外一支重要力量就是海军，关于海军在越南的布置以及任务设定，要比前两者特殊得多。

∧ 法国政府东京民政专员何罗恎　　　∧ 法国东京远征军总司令波滑少将

在李维业被杀前，法国在越南的海军力量主要就是南圻支队、部分海军步兵，以及从中国、日本海支队临时调用的部分舰只。为了适应在越南扩大战争的需要，法国海军及殖民地部做出了将南圻支队拆分降格、一分为二的决策，将南圻支队分解为南圻分队（Flottilie du Cochinchine）和东京分队（Flottilie du Tonkin）①。其中的南圻分队只分到了4艘军舰，配置于交趾支那殖民地，接受殖民地总督的指挥，主要负责对交趾支那殖民地的河流实施巡逻警戒。而东京支队则继承了南圻支队的大部分家产，一共拥有12艘军舰，由海军中校莫列波约（Morel Beaulieu）出任司令，驻扎至越南北部的海防、河内一带，直接听从东京远征军总司令波滑少将的指挥，配合陆军在越南北方开展军事行动。

既然驻扎在越南的海军舰艇已经大部分并归给东京远征军总司令波滑少将统一指挥，按照常理，完全没有必要在东京分队之上再设立专门的海军司令，三头政治理应精简为二头政治才更合理。但是，一抹挥之不去的阴影，迫使法国政府一定要另外设置专门的侵越海军司令。

普法战争后，尽管当时的清政府对世界大事不甚了了，但也仍然得出了德国军事实力较强，法国军力不堪的大致印象，因而在处理中法交涉的很多时候，朝中的清议声音大多援引普法战争为前例，对法国持小视的态度。与中国政府中央大部分人瞧不起法国的情况恰恰相反，在法国政府高层眼中，地域辽阔，人口众多，凭借着洋务运动近代化渐有起色的中国，俨然是远东一只声势吓人的猛虎。介入越南事务以来，法国对中国的陆军一直并不是很重视，但是在欧洲名声不小的中国海军，却是法国的一块心病。一些法国海军军官因为参与到中国建造近代化军舰的事业中，通过述职报告等形式，将

---

① 又称北圻分队。当时法国的海军舰艇部队编制，按照级别的高低依次为：舰队、支队、分队、兵站。

大量有关中国海军的情报不断送到法国决策层的面前，曾任船政洋员监督的日意格（Prosper Marie Giquel）等法国军官，就是其中十分典型的例子。

由于预先得到日意格等人的汇报与提醒，法国政府采取外交行动，初步消除了中国在德国订购的一等铁甲舰"定远""镇远"于短时间内交付给中国的可能性。但是当时中国的近代化海军舰队已经初具雏形，在沿海地区已经存在的几支近代化舰队，在法国看来也都不是可以轻视之辈。其中北洋水师拥有最新式的英国造撞击巡洋舰"超勇""扬威"，以及多艘伦道尔式蚊子船，南洋水师拥有火力很强的"开济"级巡洋舰，船政水师在1874年发生的"中日台湾事件"的折冲中已崭露过头角，麾下舰只数量众多，广东水师的近代化军舰实力虽然不如前三者，但早在安邺被杀事件发生后，就已有舰船在越南沿海活动，刺探关于法军行动的情报。至于中国海关属下的海关缉私舰队舰船，则更是出没越南沿海的常客。

一旦发起针对越南北部的大规模军事入侵行动，谁也无法保证中国是否会采取激烈的反应。在法国海军及殖民地部等决策机构看来，如果真的彻底激怒了中国，中国极有可能大量调动海军力量到达越南海域，届时在越南沿海来往运送军队、补给的船只，将会遭到中国军舰的攻击。而东京分队的小炮艇，甚至中国、日本海支队的军舰，在与明显占据优势的中国军舰发生对抗时，自身能有多大的胜算，也是个令法国决策层担忧的难题。

法国在越南北部建立的三头政治中，之所以特别加入海军司令这一环，正是为了彻底解决这一问题。为了防备中国军舰的攻击，保证东京远征军在进攻越南北部的行动期间，不受到来自外海上的威胁，法国政府实际上下定决心在东京分队（北圻分队）之外，再专门组建一支具有足够的实力，能用于遮护越南外海的舰队。为此，就有必要设置专门的侵越海军司令来统辖参与越北军事行动的海军部队。

东京支队

1883年5月27日，法国国会以全票通过表决："法国将为其光荣健儿复仇。"[11] 同一天，海军和殖民地部部长签发的一份电报，来到了濒临英吉利海峡的法国西北部重要军港城市瑟堡（Cherbourg）。

法兰西第三共和国当时为了重新恢复大国地位，除了改造普法战争中表现得软弱无用的陆军之外，同时积极谋求建设一支更为强大的海军，以此弥补陆军不足的缺陷，运用海军来重振大国雄风。为实现这一宏愿，法国海军专门在瑟堡组建了海军实验支队（Division du Essai），编入新式军舰，试验新的兵器和新的战术。此次，海军和殖民地部部长发至瑟堡的电报，并没有任何指导海军新技术的内容，而是下令实验支队的司令官孤拔海军少将（Amédée Anatole Prosper Courbet）做好准备，着手选调军舰，组建一支全新的舰艇编队——东京支队（Division Navale du Tonkin）前往遥远的越南。[12]

位于法国北部的阿布维尔市（Abbeville），地处索姆河的入海口处，濒临英吉利海峡，景色十分宜人，小城所产的蛋糕以香甜可口闻名，是现代前往该地旅游的背包客们不愿错过的美味。1827年6月26日，孤拔就出生在这座城市。在省城亚眠的公立中学毕业后，孤拔凭优异成绩入读当时人人称羡的法国理工学院（Ecole Polytechnique），浸浴在拿破仑一世

∧海军尉官时代的孤拔

皇帝定下的"Pour la Patrie，les Sciences et la Gloire"（为了祖国、荣誉和科学）著名校训中，汲取近代军事、工业科学知识。如果仅仅从字面上看，法国理工学校似乎与军事教育并没有多大的关系，然而这所学校历史上被拿破仑一世钦定为军校，实际是当时法国极为重要的军官摇篮，丝毫不逊色于其他军校。时至今日，该校学生身着的礼服依然保持着19世纪海军大礼服的风采，其特殊的历史由此可见一斑。孤拔和理工学院的很多校友一样，毕业后即投身军伍，由于所学专业的关系，1849年10月1日孤拔成为法国海军的军官，被授予海军少尉军衔。

此后孤拔的仕途可谓一帆风顺，1852年12月2日晋升为中尉，第二次鸦片战争爆发时，随32门炮军舰——"加比斯"（Capricieuse）号参加了侵华战争，逐次晋升至海军少校。战后，1866年孤拔以海军中校军衔荣任英吉利海峡分队参谋长。普法战争时，因为在安地列斯群岛执行海外殖民地服务，并没有参与到战事之中。1874年以海军上校军衔担任奥莱龙岛水雷学校校长，

∧ 法国理工学院校旗，红白蓝三色国旗作底，用金线绣有拿破仑钦定的校训

〈 为法国培养造就了大量军事人才，至今仍是法国理工学院引以为傲的光荣。图为身着寓意深厚的校服游行的理工学院学生

主持有关水雷、杆雷、拖雷等新型水中兵器的研究和教学。1880 年 9 月，孤拔被擢升为海军少将，兼任法国新喀里多尼亚殖民地的总督。几年后，因为资历深厚，经验丰富，又被命令组建对法国海军意义重大的实验支队。

因为中法战争，尤其是其中的马江之战的关系，孤拔从中法战争起，在中国人的印象中始终是一派青面獠牙的好战妖魔形象。不过调派孤拔前往越南赴任，对当时的法国海军和殖民地部而言，实在是极为无奈的举动，因为孤拔是个对殖民战争并没有什么好感的将领。针对这场对越南的殖民侵略战争，孤拔的态度非常明显，即属于海军中的反战一派，对这场战争表示不感兴趣，也不支持，但如果非要让他去参加，出于军人服从命令的职业操守，肯定会被动地接受这个任务。面对这种情况，任何一位决策者可能都会改派一位比孤拔态度更积极的将领才对，然而当时法国海军没有做这种决策的余地，因为法兰西海军正面临着一场空前的"将官荒"。

和很多西方国家的海军不一样的是，当时法国海军的最高军衔是海军中将，为数不多的海军中将大都担任着重要部门的长官，自然不可能轻易调换职位，尤其是调任到一线的舰队担任主官。而次一级的海军少将虽然人数众多，但是除去只会应付公文的"办公室少将"之后，真正具有海军作战经验资历的资深少将实际屈指可数，又因为海军少将级的军官大都被四处调用，常年的海外殖民地服务，导致其中很多人都已身体状况不佳，难以再重涉风涛，执行海外任务。初步汰选后，能够备选派往越南的，只剩下了孤拔和另外一位海军少将皮埃尔两人 [13]，推论起能力优长来，就只剩下了孤拔这个唯一人选。

令法国政府并不称心如意的孤拔司令，将要带往越南的东京支队是一支颇具实力的舰队。法国海军和殖民地部向孤拔下达开拔命令，要求其组建的是一支负责越南外海防务的主力舰队时，首先被选入列的军舰，就是孤拔在实验支队的旗舰——装甲巡洋舰"巴雅"（Bayard），该军舰将仍然跟着孤

∧ 法国海军东京支队旗舰"巴雅"。1882 年建造于布列斯特，舰型上属于装甲巡洋舰，在法国海军中又属于一类特殊的类型——驻外军舰。这种军舰主要用于担任法国各驻外海军支队的旗舰，战力上要求不落后于所在地区的英国驻外军舰，同时要求舰上保留全帆装，以便在缺乏海外补给点的情况下，也能照样远航

拔到新舰队继续充当旗舰。其后，孤拔从其他各舰队、支队又陆续抽调了一批军舰，包括"阿尔玛"（Alma）级装甲巡洋舰"阿达郎德"（Atalante），二等巡洋舰"雷诺堡"（Chateaurenault）、"凯圣"（Kersaint）、"阿米林"（Hamelin），通报舰"巴斯瓦尔"（Parseval），"鳄鱼"级炮舰"野猫"（Lynx）、"蝮蛇"（Vipere）、"益士弼"（Aspic），运输舰"德拉克"（Drac）、"梭尼"（Saone）。

除了这些大型舰船之外，曾经担任水雷学校校长的经历，使得孤拔对杆雷等新式兵器情有独钟，和中国的北洋大臣李鸿章一样，孤拔也对鱼雷兵器十分痴迷。为此，东京支队内还特别编入了两艘27米型杆雷艇"45"号和"46"号，这种杆雷艇当时在法国海军中还属于新鲜事物。小小的杆雷艇自身载煤

有限，无法实现远距离自航，经过安排，由一等运输舰"美萩"（Mytho）和"安南人"（Annamite）从法国土伦军港（Toulon）直接载运往越南。此外，为了增强对中国沿海实施警戒的力量，装甲巡洋舰"凯旋"（Triomphante）、一等巡洋舰"杜居土路因"（Duguay Trouin）也从欧洲被派往远东，加入到中国、日本海支队中，加大对中国沿海的威慑，以便策应、配合孤拔的东京支队。

1883 年 5 月末至 6 月初，计划编入东京支队的各艘舰船，从旗舰"巴雅"开始，陆陆续续地从原停泊港口分别开向越南集结。6 月 8 日，海军及殖民地部部长向东京官员通报，孤拔作为越北三头政治中的海军司令官，与行政长官何罗怅、军事长官波滑平级，东京支队负责单独执行监视北部湾直到中国海南岛一带的海域，保证法军在向越南北部采取军事行动时，不用担心会遇到任何来自海上的威胁，"他（孤拔）要做好准备，以便与'天朝'宣战时，好击退中国人的进攻，严密封锁北部湾"[14]。

1883 年的夏季，一艘艘三色旗飘扬的法国军舰从各地纷纷开往亚洲，远东的海洋上，法国将要聚集起一支比其他任何列强的远东海军都更强大的海上力量，越南乃至中国都将面临一场来自海上的"风暴"。

怀德之战

与上任后大加整饬军律，积极准备筹措后勤补给，以及组织修筑炮台工事等，显得极具职业素养的东京远征军总司令波滑少将不同，三头政治中的民政长官何罗怅更多在考虑全盘战略性的问题，就怎样采取报复性的战争行动进行盘算。

到任不久，何罗怅就向法国海军和殖民地部部长提出了一份绝密的作战方案。在这个方案中，何罗怅计划按照外交传统先礼后兵，先向越南政府提交最后通牒，要求其自行驱逐黑旗军，以及承认法国对越南的保护事实。倘若越南政府对此予以回绝，则暂且不管黑旗军以及征服越南北方等计划，干脆集中军事力量，出其不意一举直击越南王国的心脏——国都顺化，迫使越南朝廷降服就范。由于顺化处在越南狭长国土的蜂腰部位，距离法国在越南驻有大支军队的南部交趾支那殖民地和北部的河内、海防等地都较远，显然没有办法直接通过陆路调动军队向顺化发起进攻，最佳方案无疑是采取海上登陆奇袭的办法。法国政府对何罗怅提出的这一方案采取了慎重态度，决定等待海军将领孤拔到达越南作实地查看以后，再就从海上进攻顺化的可行性进行讨论。

1883 年的 7 月末，孤拔调度的东京支队舰只大部分已经陆续到达了越南，主要集中在风景如画的下龙湾锚地。经过实地查看顺化沿岸的地形，孤拔完全同意采取海上奇袭顺化的计划，海军及殖民地部于是顺水推舟予以批准，并决定由孤拔直接指挥这次作战，不过强调孤拔此次只许胜不许败，将所有的责任堆压到了孤拔一人的肩上。

7 月 30 日下午 1 时，侵越三头政治的头号人物何罗怅、波滑和孤拔齐聚到海防，召开了第一次三头政治会议，讨论的中心内容就是顺化行动。会议首先选读何罗怅草拟的暂时在越南北部保持守势的部署计划备忘录，而后孤拔介绍了进攻顺化的具体进攻构想，并提出了对登陆兵力、装备、补给的需求，即共需要 600 名步兵和 2 个炮兵连，携带 15 天的食物补给。令何罗怅和孤拔都未能料到的是，东京远征军总司令波滑虽然表示赞同这一行动计划，但却称无法从东京远征军中抽调兵力参加此战，不得已，何罗怅表态将从交趾支那殖民地抽调兵力，由于从交趾支那殖民地调兵海运困难，2 个炮兵连实在是无法及时运输，波滑这才极为不情愿地同意从河内抽调 1 个装备 4 门山炮的炮兵连给孤拔用于进攻顺化。[15]

波滑这种消极不配合的做法，表面的理由是因为河内驻军本来兵力就不多，无法再拆分调拨，实际上则是在打自己的小算盘，想抢在孤拔的东京支

^ 南定法军出击

队进攻顺化之前先有所表现。

就在海防会议之前不久，波滑属下的东京远征军已经开始对骚扰法军占领区的越南军队实施进攻。

自从李维业抢占越南北部的宁平、南定等城池后，惊惶不已的越南政府专门派出特使前往北京求援，同时，越南各地的官军也被调动起来，像黑旗军一样骚扰法军侵占的城市，加强己方的要塞工事。7月19日，南定的法军首先告捷，当天驻军司令巴当率部出城，攻向城外一个连日来不断炮击南定的越南军队阵地，经过短短数小时的战斗，法军以阵亡法国兵1人、越南雇佣兵2人，受伤法国兵2人、越南雇佣兵3人的微小代价，打死了包括提督级军官在内的1000多名越南官兵，完全占领并拆毁了越南军队的驻地。[16]

显然是受到这一胜利的鼓舞，海防会议过去后刚好半个月，就在孤拔为进攻顺化忙于先期准备时，8月15日，东京远征军总司令波滑调动包括陆军和海军东京分队的军舰，水陆并进，准备抢先向黑旗军发动一次大规模的报复性进攻，以此一举成名。

陆地方面，波滑的军队分作左、中、右3个纵队，右侧纵队由比硕上校指挥，左侧纵队的指挥是雷维龙中校，中路纵队由东京远征军参谋长科罗纳少校指挥，总兵力2000余人。波滑本人率领宪兵、后备军以及越南雇佣军——黄旗军跟随着左翼纵队前进。水路方面，海军东京分队派出炮舰"睢鸠""短枪""闪电""飓风""豹子"以及汽艇"海防"号配合作战。法军这次大举北犯的目标，就是安邺、李维业当年想要扑灭的对象，河内城北方的黑旗军营地。波滑制订的作战方法为水陆配合，意图以左翼和中路纵队从陆地直捣怀德府周围，负责攻占怀德府，右翼纵队在东京分队的炮舰配合下，水陆

∧ 在越南城市游行的法国外籍部队中的越南人部队。法国在越南南方建立交趾支那殖民地后，按照外籍部队的传统，专门成立了越南雇佣军部队，称为"黄旗军"。这支军队采用法式装备和法式训练，中高级军官由法军担任，在中法战争期间，是法军在越的重要兵力

并举，沿红河而上，攻击红河岸边的黑旗军四柱庙据点。

按照波滑的计划，法军原本应该在 15 日的凌晨开始行动，以便趁着月亮没有落下，借着月光行军，向黑旗军营地所在的怀德府方向潜行，以达成袭击的突然性。结果天意弄人，当天凌晨 2 时起天降大雨，根本没有月光，四周漆黑一片，不仅陆军裹足难前，水中的炮艇也因为难以辨清航道而不敢行动。法军一直拖延到拂晓 4 时左右，大雨渐歇，天际露出晨曦，东京分队才以"军乐"为首，逐次开航，陆军则在海军舰艇出发后迈动脚步，将海军的炮艇当成了为他们开路的先锋。

清晨 6 时 10 分，东京分队的军舰除"豹子"号因为机械故障而掉队之外，

其余均顺利抵达四柱庙附近，立即开始向黑旗军的炮垒要塞猛烈射击。受命攻占四柱庙的东京远征军的右翼纵队遂发起进攻，在接连占领两座黑旗军工事后，于四柱庙前被黑旗军的炮火阻住。此时，红河上的东京分队陷入了十分狼狈的境地："飓风"号的舰体连续受到两次炮击，之后煤舱竟然被黑旗军击穿，导致军舰进水；"闪电"号舰首的火炮防盾被击穿，两名炮手受伤。法国海军东京分队的军舰，多属于防护薄弱的小型炮舰，虽然这类军舰装备了高射速的多管机关炮等兵器，在航道狭窄的内河上对沿海的敌方步兵能起到极大的威慑作用，但是以这种军舰直接和设在河岸边的炮台进行炮战，危险性非常之大。在近似短兵相接的距离上，炮舰处在难以周旋回避的河道中，倘若被岸上的多个炮台轰击，无异于自投樊笼。遇到这种境况，通常的解决办法是，由陆军攻击敌方的岸上炮台，当陆军吸引了敌方火力时，炮舰作为

∧ 严阵以待的黑旗军士兵。在这张图中，可以清楚地看到黑旗军工事的典型构成情况，图中从左至右，依次是竹签拒马、胸墙、壕沟。怀德之战中，波滑左翼纵队在山西公路上遇到的就是这样的工事

辅助手段策应陆军实施开火。这样既能保证炮舰的安全，同时也可以为陆军提供必要的重火力支援。但是怀德之战中，法军竟然本末倒置，以炮舰与炮台单独决斗，不得不说法军的水陆配合协同存在很大的问题。

∧ 黑旗军在红河边的丛林中伏击法军炮艇

东京分队军舰在万般危险的环境中，与红河畔的黑旗军炮台激烈对战至下午4时，近代化的武器最终压倒了黑旗军旺盛的斗志，以黑旗军炮台的哑火宣布战斗的结束。此后法军陆军的右翼纵队迅即扫清四柱庙外围的黑旗军工事，再经过一夜休息等待后，于8月16日的早晨占领了已被黑旗军放弃的四柱庙。

法军的左翼和中路纵队，相比起和东京分队的军舰配合行动的右翼纵队来，最初阶段的战斗可谓是出乎意料的顺利。行军速度飞快的中路纵队最先抵达怀德府炮台，结果发现黑旗军早已从当地撤离，波滑亲自督阵的左翼纵队从安邺、李维业先后陨命的纸桥经过后，见到怀德炮台已经被轻松占领，于是"得意扬扬，以为至少可以轻易地抵达山西"，忘乎所以地下令沿山西公路开进，准备直接攻向更北方的重镇山西。以为黑旗军成了惊弓之鸟的波滑，犯了安邺、李维业当年同样的错误，即过于低估了他的对手。

法军当时没有想到的是，黑旗军统帅刘永福那天就坐镇在怀德府附近，听到怀德府方向的剧烈炮声后，刘永福立刻做出一番颇具奇谋的部署。刘永福认为法军这次进攻"锐气有如潮涌，几欲灭此朝食"，于是选择了避敌锋芒、先行示弱的战法，主动撤出怀德府，而将重兵埋伏在怀德通向山西的道路上。15日中午11时，波滑落入刘永福布下的圈套，当波滑监督着左翼纵队沿山西公路开进到一座名叫望村（Village de Vong）的村落，看到村落的前方构筑有一道横亘公路，以及由棱堡、胸墙、梅花坑等构成的工事防线时，仍然丝毫没有引起重视，以为还是黑旗军布下的空城计，从而放心大胆地继续进军。

就当法军以3个连的兵力正面展开，向这道看似空空如也的工事前进时，工事那面的壕沟、树丛中，早已充满了一张张怒目圆睁的面孔，黑旗军事实上正在此处设伏待机。当法军快要接近望村工事时，突然听到一声炮响，接着四处开始响起密集的枪声，黑旗军以中国传统的号炮为令，从四面八方向法军展开了攻击。大惊失色的法军这时才发现，自己原来正身处在开阔的平

∧ 攻占四柱庙的法军，正在泥泞中设法拖曳黑旗军丢弃的火炮，以加强临时工事

58

地，完全成了前方设伏的黑旗军的靶子。

以哈乞开司五管机关炮的凶猛炮火为掩护，法军一面阻挡黑旗军的攻势，一面开始后撤，同时波滑派出传令兵前往中路纵队，要求其火速赶来从侧翼发起进攻，意图两路合作，扭转颓势。令波滑没有想到的是，刚刚在怀德府附近一个村落和小股黑旗军交完火的中路纵队，竟然称出发时该部队的任务就是攻占怀德炮台，现在他们的任务早已完成，除非接到司令官正式的战斗计划，否则"不能重新开始行动"[17]。

听到令人丧气的消息，望着越聚越多的黑旗军，波滑开始担心自己可能会重蹈李维业的覆辙，为了不让自己的头颅也成为黑旗军的战利品，于是立即下令左翼纵队全面撤退，领先于其他两个纵队，率先逃回了河内。16日早晨，中路纵队因为听不到左翼和右翼有战斗的声音，司令官估计大家都已经回去了，于是也率部先后退往附近的村落，后来接到波滑从河内发来的命令而全部撤回河内。最先与黑旗军交手的右翼纵队成了法军最后一支撤退的部队，这支军队同样因为得不到中路和右翼纵队的消息，16日一度处于茫然中。16日晚上9时，红河水位突然上涨，肆虐的洪水使四柱庙变成了一片泽国。17日凌晨1时30分，在水中坚持到最后一刻的右翼纵队才在东京分队军舰的帮助下登船撤出。波滑贸然发动的怀德之战，就这样狼狈收场。[18]

这场实际战斗时间不足一天的战事，虽然法军只阵亡了12人（军官2人、士兵10人。一说法军阵亡8人），而黑旗军阵亡多达300人（一说900人）[19]，看似是法军占有优势，但是法方大多数参战军官都认为这是一场丢人的失败。各种失败原因中，首推波滑的指挥失误，如果不是左翼纵队一路冒进，原本可以稳稳守住经占领的怀德府。而在冒进遇挫后，波滑居然不顾属下其他两支军队，自己率部先逃跑，差一点让左翼纵队葬身在洪水中，更是无法否认的巨大过失。同时，战斗中法军中路纵队在得到友军的增援请求后，竟然无动于衷，也足见当时法军的配合默契程度。由怀德这场战事中的表现，不难找出一点普法战争战场上法国陆军兵败如山倒的原因。

其有戏剧化色彩的是，怀德之战吓跑法军的黑旗军，原本当天重新收复了丢失的怀德府，但是 17 日凌晨突发的洪水，将黑旗军的营地完全淹没，刘永福被迫率军退出当地，撤往更北方的丹凤。法军的枪炮未能达成的目的，竟靠着大自然的威力达成了。

顺化条约

越南阮氏王朝的国都顺化，位于越南国土的中部，濒临南海，城市附近有一条入海的河流顺化河。就在顺化河的入海口外，有一群环礁沙丘屏护着河口，仿佛上天赐给这座城市的一面盾牌。这些沙丘环绕形成了一面环礁湖，成了顺化河与大海之间的缓冲地带，船只想要进入顺化，首先必须驶过这个水深很浅的湖泊。为了拱卫首都，越南政府利用天然地形，在顺化外海的这些环礁上修筑了多个炮台，称为顺安要塞。

1883 年 8 月 18 日，礼拜六，天气晴朗。顺化外海东北风大作，海水如沸腾般波涛汹涌，驻守在顺安要塞中的越南士兵突然发现，远处的海面上开来了一支大舰队。波滑想抢功而没有占到任何便宜后不久，孤拔开始他的行动了。

当天下午 2 时 40 分，东京支队军舰到达顺化外海，孤拔下令各舰占取合适阵位，要求在水深允许的情况下，尽量靠近顺安炮台下锚作战，以提高火炮的射击命中率。在敌方的炮台要塞前，竟然逼近并下锚停泊，足见法军此时的不可一世。东京支队中，以旗舰"巴雅"的火力最为凶猛，被配置在对着顺安炮台群中央的位置，可以随时用火力增援其他军舰。"雷诺堡""阿达郎德"分别停在"巴雅"的左右，瞄准顺安要塞中位于南、北的两座大炮台。运输舰"德拉克"停泊在"阿达郎德"身旁，负责攻击顺安炮台群的其他辅助小炮台。东京支队的其余军舰，炮舰"野猫""蝮蛇"，因为吃水浅，

∧ 进攻顺安要塞的法国海军东京支队军舰。左起第三艘军舰是旗舰"巴雅"

∧ 停泊在顺安要塞外海的法国军舰

则负责必要时抵近陆地，直接火力支援登陆部队。整个东京支队呈一字排开，以右舷对准顺安要塞的姿态。

得知法国人兵临京城，早已乱作一团的越南朝廷更是六神无主。

就在刘永福黑旗军斩杀李维业，法越关系异常凶险时，越南嗣德帝阮福

时于 1883 年 7 月在内忧外患中去世。国家新丧，又正值国难当头之际，越南中枢官员并没有讨论应对之策，而是竟然闹起了一场宫廷内斗。阮福时死后，按制由嫡长子太子应禛继位，但是权臣阮文祥、尊室说等与应禛有隙，奏请皇太后废嗣，另立旁支郎国公洪佚为帝，称为绍治帝。绍治帝刚刚即位，就遇到了法国进攻顺化这桩大变故。

为了防止京城有失，下午 3 时 30 分，越南国王派出特使登上"巴雅"舰准备谈判，结果被孤拔毫不客气地遣回陆地，法国人已经不愿意再与越南进行任何形式的外交磋商。

下午 5 时 40 分，看到各舰都已进入阵位做好战斗准备，孤拔从"巴雅"舰上传达作战命令，法国参战各舰纷纷在主桅桅顶升起巨大的国旗，以示开战。由"巴雅"开始，隆隆的炮声顿时响彻顺化外海。法军炮击 15 分钟后，孤拔惊讶地看到，弱小的顺安要塞，竟然不屈不挠地开始还击了，停泊位置过于靠近炮台的炮舰"蝮蛇"已经被炮火包围，一些支索很快被打断。更不可思议的是，一些炮弹已经飞到了"巴雅"头上。"他们抗击得相当顽强，同时，他们的防御工事也很坚固，维修得很好。但由于我们所处的距离较远，他们的土炮几乎没有作用，不过却有几发炮弹飞过'巴雅'号。"

炮战进行到下午 6 点以后，顺安要塞的好几座炮台都已燃起致命的大火，有一座炮台已经被彻底摧毁，火力完全被法舰压制住。但只要法舰射击一停止，越南人又纷纷跑回自己的炮位继续瞄准射击，显得极为顽强。晚上 7 时 10 分，看到夜幕降临，孤拔于是下令结束当天的战斗。尽管越南当时根本不可能拥有杆雷艇一类的武器，孤拔仍然十分谨慎，命令各舰彻夜用电灯照亮周边海域和顺化河道，以防偷袭。

8 月 19 日，是孤拔预定将发起登陆的作战日。这次行动，孤拔的登陆兵力主要都装在运送舰"安南人"号上，包括从交趾支那殖民地获得的法国海军登陆队第 1 团的 27、31 连（分别由上尉莫尼欧（Monniot）、索兰 (Sorin) 指挥，每连 250 人），中尉文森特利（Vincentelli）和 2 名越南少尉杨文宁、阮文隘率领的越南雇佣军 100 人，加上中尉拉飞（Laffaix）指挥的一个携带 4 门山炮的炮连（37 人）[20]，另外还有从东京远征军要到的一个炮兵连。除这些以外，"巴雅""阿达郎德"和"雷诺堡"还能凑出 100 人的登陆连，总计孤拔可以掌握的登陆兵力将近 1000 人。凌晨 3 时 30 分，所有的登陆部队都做好了准备，紧张不安地等待转乘舢板上陆作战，然而根据事前派出侦察登陆点水文情况的军官回来报告，海滩的潮涌过大，无法实施登陆，孤拔被迫取消了当天的登陆行动。

此后，东京支队仍然继续实施对顺安要塞的炮击，至中午 11 时 50 分结束。舰队中的"雷诺堡"号因为前一天的战斗，一门 140 毫米口径的舰炮炸膛损坏，既然 19 日没有大的军事行动，孤拔遂命令从运输舰"德拉克"上拆卸了一门同口径的舰炮交给"雷诺堡"更换使用，大海之上无法进行拆卸、过驳火炮的作业，两艘军舰离开大队，开往岘港完成了换装，"雷诺堡"于当天傍晚重新归队，"德拉克"则延迟到第二天凌晨返回。[21]

8 月 20 日凌晨 2 时，孤拔就派出军官早早去侦察登陆点水文，得悉潮水已落，能够实施登陆后，他立刻命令登陆部队开始转乘。清晨 5 时 30 分，东京支队开始实施炮火准备，"巴雅"桅杆顶端升起巨幅战旗，率领各舰驶近并集中火力猛轰顺安要塞。令法国人十分意外的是，前一天似乎已经完全被打哑的越南炮台，又恢复了还击能力，由于法舰驶得过近，越南人的旧式火炮甚至也击中了"巴雅"的军官舱。

5时40分，天色完全破晓，孤拔下令由东京支队全部的登陆水兵和交趾支那登陆队的2个排组成的先锋登陆队出发。炮火隆隆中，一艘艘小舢板卖命地划向越南海岸，在他们身后，激昂的《马赛曲》于5时45分从"巴雅"等军舰上奏响，"Allons enfants de la Patrie, Le jour de gloire est arrive！"（前进，祖国的儿女，光荣的日子已经到来！）6时20分，当到达距离顺安海滩15米的地方，"巴雅"舰派出的登陆水兵率先跳出舢板，在奥利维埃利中尉的率领下趟过齐腰深的海水，冲上了越南的土地。[22]

∧ 法军登陆进攻顺安要塞

此后，顺安岛上陷入全面的混战。驻守要塞的越南官兵极力阻滞法军的行动，或冲出炮台白刃相接，或在村寨中利用步枪和喷筒进行巷战，还有的

∧ 法军进攻顺安越南军队阵地

在军官指挥下坚守在炮位上进行最后的战斗。法军方面，登陆队在全岛战斗、推进，同时军舰贴着顺安岛开始试图越过浅水，进入顺化河口，直扑顺化。当法军登陆队的行营炮经过泥泞的海滩，终于运上顺安岛时，一切都已成了定局。

8月20日上午9时10分，法国三色旗在顺安要塞的北侧大炮台的旗杆上升起，9时12分，攻占炮台的法国军队在马赛曲的伴奏中欢呼，标志着法军事实上已经控制了越南国都的屏障，顺化的大门已经被敲开。外海中停泊着的"巴雅"舰，用旗语信号向岸上的官兵传达孤拔的命令，"司令对支队、登陆队以及越南人部队的表现十分满意"[23]。当天在顺安要塞的一些小堡垒中，抵抗还顽强地一直持续到下午3时30分，最后越南守军全军覆没。顺安要塞的越南守将黎仕、黎准、林宏、阮忠全部在激战中殉国。纵观整个越法交争期间，守卫顺安要塞的这支军队，可谓是与法军作战最为英勇，战事最为壮烈的越南政府军队。

得悉顺化已经处在法国军舰的炮口下，东京民政长官何罗恺于22日匆匆赶到顺化，威逼越南签署一份"和平条约"，提出了承认法国是越南的保护国；将平顺省割让给法国；撤回所有驻扎在河内附近的越南军队；承认法国可以在越南的顺安等地永久驻扎军队等27条万般苛刻的条件：

"我给你48小时考虑全盘接受或是拒绝我向你们提出的条件，而毫无讨论余地……如果你们拒绝，那么就将会造成极大的灾难。你们应设想

∧法军占领顺安要塞炮台

∧ 法、越《顺化条约》签约会场

一切极其可怕的后果，可是你们却仍然无视现实：安南王国、安南亲王和朝廷将给自己宣判死刑，越南这个名字将在历史上消失！"[24]

在内无良策，外无救兵的局面下，刚刚即位未久的越南绍治帝六神无主，被迫选择了接受和约这一条异常屈辱的道路。

1883 年 8 月 25 日，越南协办大学士陈廷肃、商舶大臣阮仲合代表越南国王在顺化条约上签字，茹费理提出的将越南变为法国被保护国的政策就此变为了现实。条约签订现场，在法国特使何罗恺的监视下，代表中、越传统藩属关系的信物——清政府册封颁发给越南国王的越南国玺被当众销毁。越南王国就这样倒在了西方侵略者脚下，古老的中华帝国从此失去了一个重要的属国。

"七月十六日法国兵船八艘突来下国都城之顺安汛，下国经派官就船接话，答以惟有战耳。随即开炮轰射，下国力拒待援，业经具情飞禀。嗣十七、十八连日攻迫，射破诸屯垒，下国官兵多被伤毙，沿汛诸屯皆为所据，势极险危，下国方退回江防诸屯扼守。适于十八夜，接法国钦差大臣何罗恠书来议和，其中条款多系万难遵从之事。而下国先王兄在殡，王母老疾悲痛，骤遇此变，不得不权以图存，遂派礼部臣陈廷肃、吏部臣阮仲合出延该使，就馆商订条约二十七款，虽未经两国画押互交，亦既订约无异。下国久隶藩封，万不得已之情，敢用备因陈告……"

——越南绍治帝致清廷呈文[25]

注释:

1.《署理北洋通商大臣李鸿章奏法越交涉事端重大遵旨妥筹全局折》，中国近代史资料丛刊《中法战争5》，新知识出版社1955年版，第158页。

2.《总理各国事务衙门奏法越交涉一事法人现欲中国会商亟应先事豫筹善法折》，中国近代史资料丛刊《中法战争5》，新知识出版社1955年版，第133页。

3.《述法议顿变》，中国近代史资料丛刊《中法战争4》，新知识出版社1955年版，第42页。

4.《宝海致外交部长》，中国近代史资料丛刊续编《中法战争4》，中华书局2002年版，第351—352页。

5.《恭亲王致宝海》，中国近代史资料丛刊续编《中法战争4》，中华书局2002年版，第417页。

6.《复张蒉斋署副宪》，中国近代史资料丛刊《中法战争4》，新知识出版社1955年版，第8页。

7.《驻曼谷领事何罗恌致外交部长沙梅拉库》，中国近代史资料丛刊续编《中法战争4》，中华书局2002年版，第414页。

8.《法兰西共和国总统委任状》，中国近代史资料丛刊续编《中法战争4》，中华书局2002年版，第451页。

9.《交趾支那总督致海军及殖民地部电》，中国近代史资料丛刊续编《中法战争4》，中华书局2002年版，第467页。

10.《东京驻军最高司令波滑将军致海军及殖民地部长》，中国近代史资料丛刊编《中法战争4》，中华书局2002年版，第557页。

11.《海军及殖民地部长致交趾支那总督电》，中国近代史资料丛刊编《中法战争4》，中华书局2002年版，第412页。

12.《海军及殖民地部长致海军试航分舰队总司令孤拔》，中国近代史资料丛刊编《中法战争4》，中华书局2002年版，第412—413页。

13.*The development of a modern navy:french navy policy 1874—1904*，P46

14.《海军及殖民地部长致东京驻军最高司令波滑》，中国近代史资料丛刊编《中法战争4》，中华书局2002年版，第470页。

15.《海防会议纪要》，中国近代史资料丛刊续编《中法战争4》，中华书局2002年版，第692—696页。

16.《南定驻军司令巴当关于嘉桥战斗的报告》，中国近代史资料丛刊续编《中法战争4》，中华书局2002年版，第633页。

17.《关于东京远征军8月15日和16日战斗的报告》，中国近代史资料丛刊续编《中法战争4》，中华书局 2002 年版，第 802 页。

18. 同上，第 804 页。

19.《东京驻军最高司令波滑致海军及殖民地部电》，中国近代史资料丛刊续编《中法战争 4》，中华书局 2002 年版，第 789 页。

20.《众议员布朗书贝致内阁总理》，中国近代史资料丛刊续编《中法战争 5》，中华书局 2006 年版，第 791—792 页。

21.《孤拔致海军及殖民地部长》，中国近代史资料丛刊续编《中法战争 4》，中华书局 2002 年版，第 784 页。

22. 同上，第 784—785 页。

23.《炮击和夺占顺化河口堡垒日记》，中国近代史资料丛刊续编《中法战争 4》，中华书局 2002 年版，第 860 页。

24.《何罗恾致海军及殖民地部长转外交部长》，中国近代史资料丛刊续编《中法战争 4》，中华书局 2002 年版，第 833 页。

25.《广西巡抚倪文蔚奏报法越已订和约折》，中国近代史资料丛刊《中法战争 5》，新知识出版社 1955 年版，第 204—205 页。

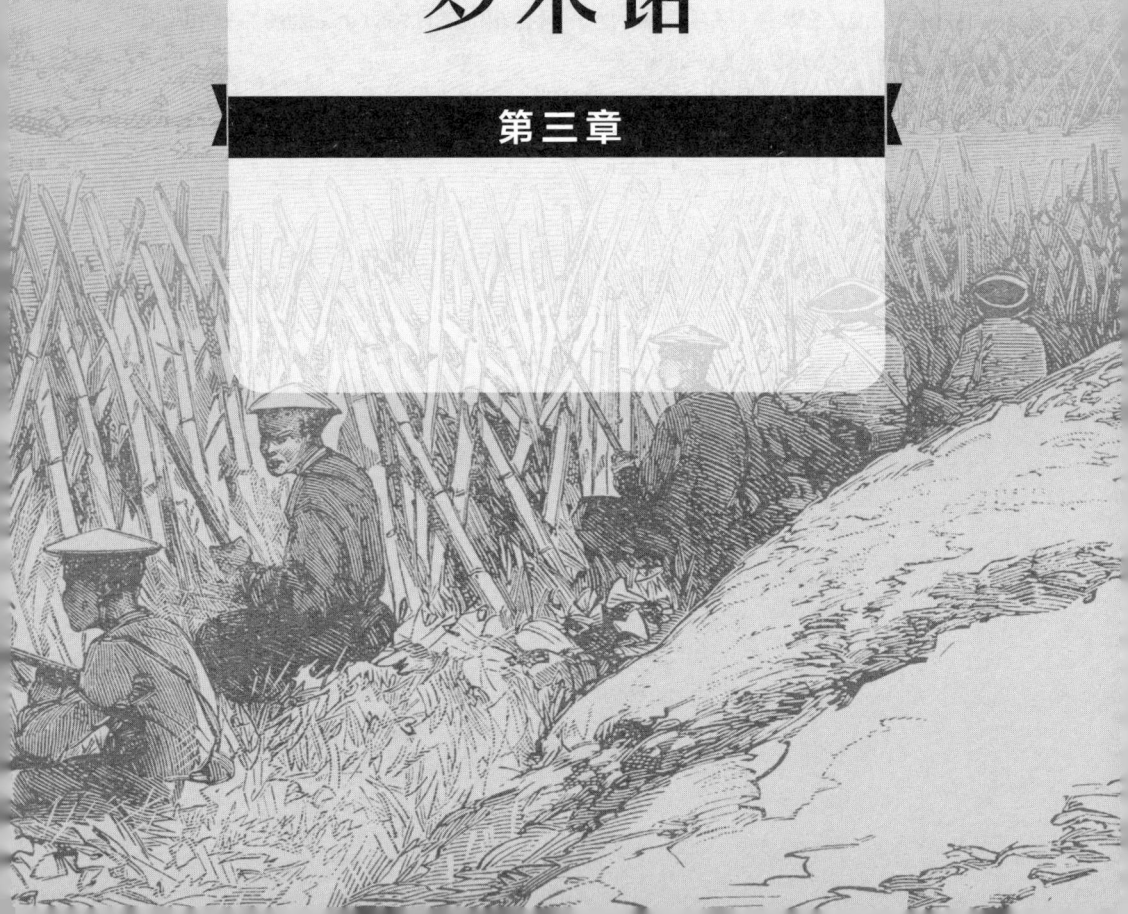

越南
多米诺

第三章

丹凤铁壁

法国政府针对越南盘算了几十年的野心图谋，终于在孤拔与何罗怅的合力下，一朝得以实现。得知《顺化条约》签署的消息，几乎所有在越的法国人都为之欢欣鼓舞，唯独妒火中烧的波滑少将对此感到万分不快。《顺化条约》签署后，越南阮氏王朝正式命令其军队不得再与法军为敌，同时要求各地官民断绝一切对黑旗军的支援供应。蒙受怀德之战耻辱的波滑，至此决定要自行其是，利用这一大好的时机，单独向在越南已处于孤立境地的黑旗军发起攻势。

波滑的作战目标仍然是想要扫清从河内通向山西道路上的各个黑旗军据点，8月中旬的怀德之战，虽然法军没有占到丝毫的便宜，但是天降的洪水却帮法国人荡平了怀德一带。8月28日，东京远征军参谋长科罗纳少校，即在怀德之战中坚持称在没有接到完整的战斗计划前，不能重新开始任何战斗行动的中路纵队指挥官，受命率所部乘船前往洪水过后的四柱庙实施侦察。几天的行动中，侦察队确认四柱庙一带已经根本没有黑旗军的踪影，于是在留下一个连的兵力就地驻守后，便一鼓作气继续沿着红河探路挺进到更北方的巴兰村，终于在巴兰村北部的丹凤县附近发现了黑旗军的踪迹。

丹凤是越南北部山西省的一个小小县城，其规模仅类似于当时中国的乡镇，只是因为梗扼在河内通往山西的红河要道上，因而成了山西城南方的重要门户，战略地位格外重要。丹凤县所处地区的地形十分特别，县城四面环水，绕境的红河水犹如是天然的护城河一般屏护着丹凤。以往为了防范红河发洪水殃及城市，丹凤全城四周都修筑有高高的河堤，这些河堤同时也兼具着城墙的功能。

因为遭遇暴雨洪水，被迫从怀德撤退后，刘永福就看中了丹凤城的险要地势，率领黑旗军在丹凤及周边的村寨安营布防，计划在此地阻扼法军继续北侵。虽然越南政府与法国签署完《顺化条约》后，已经下令驱逐黑旗军，

∧ 在越南雨季艰难行进的法国军队

然而当时越南境内的通讯方式十分落后，山水阻隔间，驻守在越南北方的黑旗军乃至这一地区的越南政府官员都对此尚浑然不知。

得悉丹凤有黑旗军在驻守这一重要的军情后，波滑随即决定调兵遣将前往扫荡。8月31日，被波滑调动进攻丹凤黑旗军的部队陆续由海军东京分队军舰直接载运到巴兰村，共计6个法军连（第2团第26、27、29连；第4团第25、26、27连），3个越南雇佣军步兵连（土著步兵第1、2、3连）。[1]

9月1日的清晨5时30分，东京分队的炮舰"马枪""大斧""闪电"跟在向导小轮船"鹈鹕""海防"身后，最先出发，计划航行到丹凤附近红河河段以北的底河水域，与停泊在丹凤附近红河河段以南的东京分队剩余舰只两端呼应，共同封锁住整个丹凤城周边的红河河段，以便用火力阻断黑旗军获得北援或者北撤的通道，配合陆军作战，一举歼灭黑旗军。

早晨 7 时，夏天的越南北方已经是闷热不堪，东京远征军部队开始出动。由于怀德之战失手的经历，波滑心里似乎对黑旗军有了某种莫名的畏惧，远征军陆军此次的行进布置比较特别，全军被分成为两个纵队，其中危险性相对较高的左翼纵队，完全由越南雇佣军组成，剩余的法国部队全部组成右翼纵队，如此一来，沿着红河江岸行军的法国部队，实际处在越南雇佣军和海军东京分队炮舰的左右保护中。波滑仿佛是觉得这样的安排还不够保险，又在右翼的法国纵队前方，增派了一支越南人部队充当前哨盾牌。

7 时 45 分，东京分队的炮舰行抵丹凤北方的底河河段，但是法国水兵怎么也分辨不出树木葱郁的河岸上究竟哪里是村镇。炮舰"闪电"对准一处疑似是庙宇的地方胡乱开了几炮，结果一无所获。正在这时，抵近河岸侦察的小火轮"海防""鹈鹕"突然遭到来自岸上的炮击。5 艘隐蔽在岸上港汊里的黑旗军帆船，一直观察着法国军舰的动向，看到两艘小轮船已经进入射程范围，在管带李唐、庞振云等指挥下，帆船甲板上的伪装全部被撤除，水勇们填装火炮，架起抬枪开始作战。猝然遇袭的法国军舰顿时手忙脚乱进行回避和还击，"马枪"号竟然还在红河里搁了浅，最终法军凭借优势火力占据了上风，压制住了黑旗军设伏的炮船。[2]

东京分队开火的同时，东京远征军部队也与黑旗军交上了火。法军右翼纵队正在红河堤坝下向丹凤方向行进时，8 时 30 分，堤坝上居高临下射来了密集的弹雨，据守在此的黑旗军开始作战，丹凤之战正式打响。

匆匆观察了战场形势，法军决定将左右两纵队的兵力集结，再以分为左中右三路的战斗队形向丹凤合围，其中重点以中路进攻正面的堤坝。在随行火炮支援下，由越南雇佣军为先锋，法军跟随在后，以图不断压迫黑旗军阵地，泅渡过江，攻上了丹凤正面的制高点——大堤。但就在这原本应当一鼓作气争取更大胜利的时刻，波滑却做出了一个多少有点昏头昏脑的决定，以天气

∧ 法军与黑旗军的白刃战。谁也未能想到,这种采用冷兵器的残酷战斗中,法军竟占了完全的上风,成了法军对付黑旗军的一大法宝

炎热和弹药消耗过快为由,下令全军立刻停止追击,后撤休整后再图进攻。此时,法军的前锋实际距离丹凤外围的村寨仅仅只有 100 米。[3]

在丹凤外围右翼包抄的法军指挥官贝杰少校对此感到万分不解,立刻提出异议,要求司令部不仅不该撤退,还应加强正面的兵力,继续进攻。在贝杰少校的坚持下,当天的作战经过片刻的暂停后重新恢复。与波滑等军官的作风大有不同,贝杰少校表现出了十分凶悍的一面,在其指挥下,法军竟然停止了射击,改为在步枪头上安上明晃晃的刺刀。随着号兵吹响冲锋号,包括越南雇佣兵连在内,丹凤正面的法军端起刺刀,冲过堤坝内淤积的雨水,向丹凤外围村寨中的黑旗军发起了残酷的白刃战。仅仅只过了几分钟的时间,驻守在该处的黑旗军完全无法抵挡法军的猛烈攻势，兵败如山倒，幸亏有一些暗堡提供炮火掩护，才最终迟滞住了法军当天的进攻行动。这场惨烈的白刃战，似乎预示着黑旗军不可战胜的神话即将消逝。

9月2日拂晓，前一天搁浅的东京分队炮舰"马枪"号在"大斧"号的帮助下终于脱险，然而该舰的锅炉又突然出现了问题，以致再度抛锚在红河里动弹不得，法国驻外海军缺乏必要的海外维修基地，其技术装备的维护状况可见一斑。清晨6时，"大斧"号独自在丹凤上游的红河河段巡逻，突然发现岸上有一支近2000人规模的黑旗军正在从山西城方向往丹凤行军，虽然法国军舰进行炮击拦阻，这支军队还是大部分到达了丹凤。得到加强的黑旗军与法军继续在丹凤大堤内进行拉锯战，仍然是法军占据了上风。但是波滑不合时宜的命令再度到来，似乎得上战地焦虑症的波滑将军，认为在雨季进攻躲藏在村寨、沼泽中的黑旗军极为冒险，"出河堤范围后不可能有效地追击他们"[4]，下令全军撤退，放弃这次战斗。

9月3日，所有在丹凤外围作战的法军又都撤回了出发地巴兰村，丹凤之战就此莫名其妙地宣告结束。虽然战后波滑将军宣称自己获得了空前胜利，在报告中大肆吹嘘："总之，这场战斗是在极短的时间内迅速计划、部署和进行的，我军以少胜多，大败敌军的事迹已远近闻名"，大量申请嘉奖参战人员，而且骄傲地要求国内继续派遣援军到越南，以彻底扫清越北的黑旗军[5]，然而在同辈将领中，对这场奇怪战斗的评价，似乎并没有人认同波滑的见解。不仅如此，波滑的举动还彻底激怒了一个人。

东京民政专员何罗忾自上任伊始，就感受到了来自波滑的傲慢和无视。"听到我被任命的消息，波滑将军先生从第一天起就以一种毫无分寸的坦率暴露出了他的不满。"[6]当时性格自负的波滑认为，对付黑旗军应该只是军人的事情，自己才是东京军事行动的主宰，民政专员何罗忾只是个无足轻重的文官而已。"我达到东京之前，已经事先告诉了波滑将军，可是他不来接我。"

此后，波滑对何罗恎极度不配合，做出了诸如消极抵制顺化作战，自作主张发起怀德之战等事，都令何罗恎感到恼火不已。在怀德之战后，何罗恎曾致信波滑直接表达自己的不满看法，结果波滑将军认为"这封信中有含沙射影的中伤"，并表明了有波滑就不能有何罗恎的态度。

当听到波滑又无视自己的存在，自作主张发起了丹凤之战后，何罗恎终于忍无可忍，连番致信波滑，措辞严厉地进行抗议和威吓：

"我听说您在当日的总命令中赞扬了军队和舰队在 9 月 1 日和 2 日战斗中的良好表现，无疑，您会懂得我对甚至没有得到通报而感到惊讶。

我提醒您：'您和部里不能直接联系，您根本不处于法国兵团首长通常的地位，是我而不是您代表政府，应该由我一个人和海军部长直接联系……如果您存心继续有步骤地反对我的权威，并为此目的采取一系列不符合您的性格，也不符合您身份的做法，我将考虑是否有必要对您立即做出处理决定……事实上，这种能够危害我们事业取得成功的状况要是继续下去，那是很危险的，而我对此将不会承担任何责任。'"

何罗恎[7]

最终，波滑和何罗恎的笔墨官司一直打到了法国海军及殖民地部，根据波滑少将在怀德和丹凤之战中的拙劣表现，法国政府按照波滑自己提出的有波滑无何罗恎的要求，直接下令波滑回国述职，由东京远征军陆军上校比硕（Bichot）暂时代理司令一职。

决定性打击

丹凤之战结束后，雨季到来的越南北部局势骤然一变，进入一种不同寻常的静谧状态。

越南阮氏朝廷发出的驱逐黑旗军的上谕经过辗转，终于送抵黑旗军营地，看到"刘某如不退兵，朕亦不认尔为越国之臣"的文字[8]，刘永福大惊失色，

∧ 丹凤之战后，因为雨季的关系，越南北部的法军进入了休憩

为保住在越南的生存空间，刘永福选择了遵照越南朝廷的命令，率领部众离开河内的周边，撤往越南北方山西省的省城山西城，就此偃旗息鼓，暂时停止与法军的正面对抗。法军方面则乘机控制了整个河内三角洲，同时决定要继续追剿黑旗军，直至其全军覆没或者彻底离开越南。因为越南北部的道路在雨季中泥泞难行，不利于行军作战，东京远征军经过会商，决定采取海军首长孤拔提出的意见，耐心等到天气干燥，道路比较坚实时，再进行决定性的作战行动。同时，正好利用这段空闲时间，继续从各处调集军队，继续增强在越的法国军队实力。

与越法交争相伴始终的另外一个奇特现象此时仍在进行着，中国与法国的外交接触还在继续。当"法国崇厚"宝海被召回国后，德理固（Arthur

Tricou）接任驻华公使，就在赴任的路上，为了摸清中国清政府对越南问题的真实底牌，德理固首先到了上海，与受命总督西南军务的李鸿章接触沟通。会谈中，李鸿章表示中方的态度是应该以《李宝和约》作为基础来就中法越南问题进行和谈，为了加强自己话语的分量，深谙"洋人论势不论理"道理的李鸿章，使用虚声恫吓的招数，一度将北洋水师的新锐军舰"超勇""扬威"号撞击巡洋舰调到上海停泊，同时还在江南一带摆出一副兵马云集、剑拔弩张，准备和法国大动干戈的模样。

法军逼迫越南朝廷签订《顺化条约》后，为了保障《顺化条约》的履行，以及以最低的成本巩固住越南保护国这个胜利果实，茹费理政府认为必须要与中国达成某种外交协议，保证中国不再介入越南问题，以外交方式避免中法发生直接冲突，于是命令德理固与已经返回直隶总督本任的李鸿章在天津继续已中断多日的商谈。

德理固和李鸿章连日的谈判，主要的议题是中国方面提出的中越宗藩关系问题，法方提出的黑旗军撤出越南的问题，以及依据《李宝条约》议定的中法对越南实施划分保护的问题。会谈当中，李鸿章坚持中国依然拥有越南的宗主权，在对越南的划界保护方面，李鸿章提议整个越南北部都应当归入中国的保护范围。面对李鸿章寸步不让的态度，原本以为《顺化条约》会使中国退缩让步的法国公使德理固显得越发没有耐心，从舆论里听到的清政府朝廷内喊杀一片的清流主战议论，又使德理固认为中国政府其实毫无和谈的诚意，完全是在耍弄法国。

1883年10月6日，德理固以及随同德理固一起参加会谈的法国海军中国、日本海支队巡洋舰"窝尔达"舰舰长福禄诺（Fournier），分别致电外交部以及海军和殖民地部，建议以一场对黑旗军的"决定性的打击"展示法国在越南的绝对军事优势，以此来彻底震动中国朝廷，迫使清王朝在外交谈判上做出让步，从而能以和平方式最终解决中法越南问题。[9]

4 天后，1883 年 10 月 10 日，法国海军东京支队司令孤拔接到海军和殖民地部的急电，授权孤拔接管波滑留下的东京远征军司令一职，组织序次发动进攻越南北部重镇山西和北宁的作战，同时告知孤拔此战的重要性，"与'天朝'进行公开谈判要取得成功，就取决于一次迅速、辉煌的军事胜利。"[10] 就此，孤拔同时掌握了海军东京支队、东京分队以及整个东京远征军。

此事之后不久，曾与波滑闹出有你无我冲突的何罗怅，又与孤拔发生了激烈的冲突。原因起自波滑被赶回国后，志得意满的何罗怅完全没有料到，他原以为站在自己一边的海军和殖民地部竟然同时也给了他一记当头棒喝。海军和殖民地部长认为在顺化作战时，完全可以由孤拔直接和越南政府谈判签约，质问何罗怅为何要匆匆赶去抢夺胜利果实。感觉受到侮辱的何罗怅犹如当初的波滑一样，向部里抗议，威胁称有何罗怅就没有孤拔。当孤拔被任命兼管东京远征军，而且将何罗怅对东京远征军的监督权收走后，何罗怅更为恼怒，这场官司打到最后，何罗怅落得了跟波滑一样的下场。三头政治一变而为孤拔独行天下。

孤拔当时之所以会受到法国政府的偏爱，与顺安登陆战胜利后，其在法国政府内赢得的普遍赞誉大有关系。多少有点出人意料的是，这位性格冷静、善于思考的海军将领，当正式掌管越南北部的法国海陆军大权后，他在陆军方面做出的工作远比鲁莽的波滑将军更为专业。

顺安之战崭露出指挥陆上作战能力的冰山一角后，孤拔针对当时黑旗军退缩回山西等地闭门不出的情况，决定采取独到的对付策略，显示了自己的老谋深算。孤拔设法顶住法国国内主战派的激昂叫嚣，没有贸然采取进攻，而是和黑旗军一样偃旗息鼓，表面上摆出一副到此为止、不思进取的情状。除了派出少量部队前往山西大路进行侦察外，再无大的军事行动，以此举动来麻痹、欺骗对手。但是在黑旗军的视线外，孤拔则一再催促法国国内向越南继续加派军队和补给，法国议会连续通过巨额的军费拨款，越来越多的运输船从法国和非洲到达越南，军队、装备、补给塞满了越南的港口城市，完全是一幅战云腾腾的景象。

法军的表面静止、暗中积聚实力的状态一直持续了将近三个月之久，到了1883年的12月，越南北部的军力天平已经彻底倾向了法军。仅仅在陆军方面，东京远征军就已经聚集起了近万人规模的兵力，这在普法战争之后法国海外用兵史上是罕见的特例，一切表明，孤拔的铁拳就要挥动了。

危城孤军

越南北部著名的重镇山西城，就坐落在红河之畔。全城的防御建筑十分完备，城市的周围先有一圈土质外城墙，之内还有高达5米的内城墙，按照越南城墙防御设计的通例，城墙顶部向外密布着竹签拒马，以防备敌军攀城。在城墙的外面，环绕着宽20米、深3米的宽阔护城河，与中国传统的城防工事体系中习惯在护城河上设置吊桥的方式有所不同的是，越南山西护城河上修筑了称为象道的固定石拱桥，只是通过限制桥梁的宽度，增大桥拱的坡度来提高过桥的难度，另外在正对石拱桥的城墙上增设箭楼，以便能够直接威胁、控制住桥面交通。为了便于对远处进行瞭望侦察，山西城里还特地修

∧ 越南北部重镇山西城远眺

建了一座高达 18 米的巨大瞭望塔，这座漂亮的高塔同时也成了山西城的标志性建筑。河内通往山西的大道直接穿城而过，有坚固的城墙防守着这条陆上要道。对于从城外流过的红河水路，山西城外在邻近红河名为浮沙的村子一带，又修筑了大量炮台工事，扼守着水上交通，山西城于是成了越南北方一个异常坚固的要塞。

丹凤之战后，大批黑旗军进入这座红河重镇，终日筹备防务。望着四周的城墙和高高的瞭望塔，刘永福突然感觉，他和他的军队其实是陷入了一个进退两难的大陷坑。

与法国签订完《顺化条约》后，越南政府下令各地的官军停止与法军对抗，最主要的目的，其实是想履行《顺化条约》的重要条款——将激怒法国人的黑旗军逐出越南。曾经为越南政府抗法立功的黑旗军，此时则成了越南朝廷眼中的一块绊脚石，唯恐黑旗军再惹出什么事端，让越南政府无法收局。尽管山西城内原先就有 7000 多名越南官军防守，随黑旗军一起退到山西的越南北圻督监黄佐炎手下也有 2000 多名官军，但如果法军来袭，这些越南军队根本不可能与黑旗军并肩作战，在山西城内的作用只是形同虚设，仅仅能指望的是他们不要与法军联手，内外夹击黑旗军。

对刘永福的黑旗军而言，他们最初只是被中国官军痛剿的广西土匪，经过多年厮杀拼搏，逐渐在越南得到了一块相对稳定的生存之地，如果让他们在尚未得到中国政府任何保证的前提下，就这样离开越南重回把他们当作土匪的故里，能不能比在越南生存得更好，是个严峻的问题。前路莫

∧ 在工事内严阵以待的黑旗军战士

测，刘永福和他的黑旗军没有其他选择余地，注定只能在越南坚持到底。

听到《顺化条约》签署，唯恐越南政府完全倒向法国，导致云南、广西边陲门户洞开，清政府既想加以干涉，又担心会引起中、法两国的正面冲突，于是越南境内的黑旗军则被认为是可以利用的一块实力砝码。抱着驱虎吞狼，让法国人陷入和黑旗军作战泥沼的算计，为了坚定刘永福部留在越南拖住法军的决心，驻扎在中越边境的唐景崧、唐炯等一线主政官员才用尽威逼利诱的方法，将刘永福和黑旗军拒之于中国的国门之外：

> "越南已全归彼族，阁下若不奋发大举，趁此时割据山西，号召北圻各省以为根本站脚之地，若山西不守，退回兴化、保胜，则部下将弁士卒众心涣散，大势一去，不须彼族用兵，但逼越王下诏一纸，或要挟中国追究，则后悔无及矣……为阁下今日计，有进无退，建功立业，大富大贵，为王为霸，在此一举。"[11]

尽管清政府下令要求接济黑旗军，加强刘永福与法军周旋的实力，但相关省份的督抚对这支没有任何派系背景，而且曾是国内土匪，现在又隶属越南的军队显得没有多少好感，既找借口截留发给黑旗军的粮饷军火，又不愿意增兵驰援，完全采取令其自生自灭的态度。至1883年的12月，到达山西支援黑旗军的清军实际兵力仅有1000余人。而且为了将法军的矛头锁定在黑旗军身上，以防引火烧身，入越支援的清军都伪装成了黑旗军。

∧ 进入越南的清军

处在中、越、法三方力量角逐之间的刘永福，此时突然有了一种被人抛弃的悲凉感，眼下的山西城里，中越军队都不可靠，而自己手下只有 2000 多黑旗老营兄弟，以及 1000 多名刚刚征募而来，未经训练、武备不齐的新兵。望着远处的天空，与自己有血海深仇的法国人，将会如何对付自己呢？

1883 年 12 月 11 日，黑旗军在山西城内四处张贴出一张悬赏布告，刘永福想用这种屡试不爽的办法来鼓舞已经越来越低迷的士气。

三宣提督军务义良男刘（刘永福），兹将在阵斩获匪党首级每一颗赏银分别开列于后：

一、在阵斩获正法匪首级，每一颗赏银一百两正，有画（袖章）者每一画加赏银二十两正；

二、在阵斩获金边及阿利加各国等匪首级，每一颗赏银五十两正；

三、在阵斩获嘉定鬼首级，每一颗赏银四十两正；

四、在阵斩获左民首级，每一颗赏银十两正。[12]

就在山西城的军民百姓纷纷议论这份布告的当天，几十公里外的河内城里，孤拔率领大军出征了。

黑旗铩羽

12 月 11 日清早，河内城被马赛曲和军鼓、军号声惊醒。在红白蓝三色旗引导下，东京远征军进攻山西部队的第一纵队从河内浩荡出发。由陆军上校贝兰（Belin）指挥的这支军队，具体包括：外籍部队的一个步兵团（包括一个阿尔及利亚营，一个柬埔寨、暹罗、华人外籍营，一个越南人连），一个海军登陆营，一个 800 人的河内新募越南雇佣军部队，两个 40 毫米口径行营炮连，一个 65 毫米口径海军舢板炮登陆连，随行还配置了电报队和救护队。按照孤拔的计划，这支军队将沿河内至山西的公路开进，以确保沿途没有黑旗军势力存在，最后于 12 月 12 日渡过山西城附近的红河支流底河。

为保证第一纵队到达底河时能够安全渡河，孤拔将远征军的另一部编为第二纵队，交给曾代理东京远征军司令的陆军上校比硕指挥，直接乘坐海军东京分队的炮舰，于当天溯红河而上。第二纵队利用蒸汽船的速度，赶在第一纵队前到达底河河口，首先登陆控制底河渡河点的对岸区域，等待第一纵队安全渡河后会合。第二纵队的兵力基本上由海军部队组成，包括 4 个海军登陆营，1 个 80 毫米口径行营炮连，1 个 65 毫米口径海军舢板炮登陆连，以及电报和救护队，另外还编入 1 个准备充当前哨的越南雇佣兵连。为了执行这次作战任务，海军东京分队几乎精锐全出，共动用了"雎鸠""飓风""闪电""大斧""马枪""土耳其弯刀""军乐"7 艘炮舰。为了突出自己的海军军官身份，孤拔选择了"雎鸠"作为他在此战的旗舰，亲自乘坐"雎鸠"号随行监督、指挥作战行动。[13]

11 日下午的 3 时，搭载第二纵队的东京分队军舰顺利抵达底河河口，随即开始迅速登陆，因为没有遇到任何袭扰，至傍晚 6 时就全部登陆完毕。孤拔也随着陆军一起登岸，设立好临时指挥部后，即下令第二纵队正面展开，朝向山西城方向推进 2 至 3 公里后，再在所控制的各个村落里宿营。当天深夜，东京分队军舰上的哨兵观察到南方远处有灯光闪烁，法军设在巴兰村的哨所用灯光信号对准底河方向通信，报告陆路开进的第一纵队一路顺利，已经通过了巴兰村，抵达底河河岸。

第二纵队享受酣睡的深夜里，贝兰上校正在底河岸边忙于指挥架设军桥，忙碌了一整夜，一座横亘在底河上的简易军桥终于架设成功。12 日上午，第二纵队向山西城方向缓慢推进，等待第一纵队渡河后赶来会合。

弃舟登岸，指挥山西之战的孤拔

∧ 法军在越南河流上架设军桥

未能想到的是，就在第一纵队踏上军桥后不久，这座连夜架设的桥梁竟轰然崩塌，望着可悲的施工成果，满脸怒气的贝兰上校不愿意再浪费时间，就近拘寻了一些帆船，来回摆渡军队过河。整整忙碌到了第二天中午，第一纵队才全部登上了底河的对岸。由于从法军驻地到山西城尚有五六公里距离，孤拔考虑到第一纵队已经疲劳不堪，于是下令当天就地休息，准备次日再进军山西。[14]

14日清晨6时30分，散布在底河沿线的法军集合出发，与波滑之前进军怀德、丹凤时的行军方式极为相似。第二纵队沿着红河边的堤岸前进，位于第二纵队左侧的第一纵队沿河内山西公路前进，东京分队军舰在第二纵队右侧，以最低航速顺红河开进。

上午9时30分，第二纵队到达山西城浮沙要塞外围的天禄村。9时45分，第一纵队也赶到会合。经过实地观察地形，孤拔下令由2个海军陆战队营作为先锋，首先开始攻取浮沙要塞的前沿哨所，同时展开行营炮连，直接炮击浮沙要塞的各个工事。战至下午1时，浮沙要塞的外围哨所大部被法军攻占，要塞工事也遭到了极大破坏。此时，孤拔才下令海军东京分队军舰投入战斗，保持在浮沙要塞的炮火射程外，使用哈乞开司37毫米口径5管机关炮扫射浮沙村的黑旗军，用中大口径舰炮轰击浮沙工事以及岸边的黑旗军炮船。相比怀德、丹凤之战时波滑的指挥情况，孤拔对陆、海军的指挥调度显得极有章法。

从法军逼近浮沙要塞开始，就已摄入山西城瞭望塔上黑旗军的视线。此刻，这座高高的瞭望塔不再是单纯的侦察工事，而成了黑旗军直观掌握整个战场态势的绝佳司令指挥场所，刘永福与唐景嵩等正在高塔上观战指挥。从瞭望塔向下俯瞰，战场局势一目了然，布置在北门外以及浮沙要塞的黑旗军右营（营官韩再勋）、武烈营（营官胡昆山），以及四营七星营（营官刘荣瑁）和清军桂军李应章营已经与法军展开激战，在法军水陆火炮的攻势下，已露出几分颓势。猛然间，刘永福发现法军的阵列存在一个巨大漏洞。

当时在山西城的东门外驻守待命的黑旗军吴凤典部左营、黄守忠部右营、朱冰清部武炜副营都是黑旗军中战斗力极强的老营头，两次纸桥之战以及丹凤、怀德之战中，都有这些部队的战斗身影。14日下午1时过后不久，山西城内的高塔上突然传下命令，这3支黑旗军的老部队迅即奉令从东门外出击，"一支坚强的队伍，据说是云南的军队，从东门走出来，隐藏着他们的旗帜，巧妙地利用当地的掩护物，不受对方注意向前推进"[15]。刘永福选择了一招极具眼光的计略，三营黑旗军从东北绕道北门，沿河岸直插法军第二纵队的

∧浮沙要塞争夺战

右翼。如此，这支黑旗军身后有浮沙工事火力掩护，而顺法军第二纵队右翼攻击，又使得哈乞开司炮火极为威猛的东京分队军舰有投鼠忌器的困扰。乘此情势下，猛冲法军第二纵队，将其压迫进红河大堤两股分堤交错间的一个三角形绝地中加以歼灭。

注意到这支半路杀出的黑旗军，并分析判断出他们的作战意图后，孤拔惊出了一身冷汗，他从来没有想到，在他们眼中视如土匪的黑旗军，竟然会有此等的作战机略。与身边那些大喊"完了"，惊慌失色的法国官兵不同，孤拔瞬间表现出了自己身经百战的独特气质，镇定自若地左右调度，一面组织士兵排列成战列线进行防御，一面将行营炮调整到右翼方向，足足等了15分钟，当三营黑旗军冲至距离法军第二纵队侧翼仅仅300米左右的位置时，随着孤拔的命令，法军的排枪、火炮一起鸣响，黑旗军顿时惊惶后退。而当这些黑旗军试图退回山西城，离开了法军第二纵队侧翼的范围时，东京分队军舰上的哈乞开司机关炮立刻开始对准他们疯狂射击，3个营的黑旗军就此完全土崩瓦解。

本来兵力就很有限的黑旗军又损失了3个营的精锐老部队，仿佛这场战役的结局已经有了答案。战至下午4时左右，看到浮沙要塞的黑旗军火力渐渐趋弱，经前敌指挥贝兰上校请示，孤拔下令东京分队停止射击，同意由陆军冲锋出击，直接夺取浮沙要塞。

"Marche ou crève！"（不前进，毋宁死）

浮沙要塞里坚守着的黑旗军，不久就听到一阵声势动天的咆哮，紧接着一群模样古怪的军人出现在他们的眼前。

由指挥官儒诺（Jouneau）率领的外籍部队阿尔及利亚营，冲在整个法军队伍的最前列。头戴小红帽，身着颇具民族特色制服的这支非洲部队，被黑旗军称为"红衣大裤裆兵"，是法国外籍部队中最为剽悍的军队之一。浮沙要塞的猛烈射击未能挡住法军的冲锋，阿尔及利亚部队为首，冲进了浮沙要

∧ 与黑旗军短兵相接的法军阿尔及利亚部队

塞，此后是一场为时将近 20 分钟，被法军形容为"非洲狮对亚洲虎"的残酷白刃相接，黑旗军虽然顽强抵御，但是面对经过近代正规军事训练的敌手，显得有心无力。战至下午 5 时许，浮沙要塞被法军攻陷。

14 日的晚上，法军阵地处处充满狂欢的气氛，司令官破例允许配发葡萄酒。直到凌晨，还有一些意犹未尽的法军在互相交谈，讲述自己在战斗中的故事。在山西城内，大战受挫的刘永福怒火中烧，几乎失去了冷静判断，对诸将痛骂不已，先是把责任归为清军部队的先退，后又责骂黄守忠等营官包抄不力。看到黑旗军已经乱作一团，唐景嵩单独召集城中的清军守将，开出奖励 20 万两银，以及先登者保守备、花翎的重赏，决定派清军独自夺回山西城的门户浮沙要塞。

15 日凌晨，由李应章、贾文贵、张永清等率领的 1000 多人的清军滇、桂军部队从山西城冲出，连续向浮沙要塞的法军发动偷袭，枪炮、火箭、大刀无所不用。驻守在浮沙要塞的法军不愿意进行夜战，坚守不出，接连打退了清军的三次进攻。战斗至凌晨 4 时，天色破晓，已不具备偷袭的条件，清军被迫放弃了夺回浮沙要塞的企图。这次夜袭，清军共损失五六十人，虽然没能攻克浮沙要塞，但却生俘了 20 名阿尔及利亚兵以及 5 名法国海军登陆队，可谓十分惊人和难得的战果。天明之后，25 名战俘按照当时中国军队对待俘虏的习惯做法，全部被斩首。

15 日天色破晓后，山西城下进入了一段奇怪的停火休整状态，双方都在各自清扫战场。直到 16 日上午，刘永福仍试图采用 14 日迂回攻击法军第二纵队的方法，集中黑旗军的剩余兵力冲出城外，向法军第二纵队的右翼迂回进攻。已经熟悉了黑旗军这种打法的法军，采取水陆配合，阿尔及利亚兵与"雎鸠"号的哈乞开司机关炮轻松打退了黑旗军。与此同时，法军全线开始向山西城前进，所有的行营炮连都重新开设阵地，与东京分队的军舰一起向山西城发起猛烈炮击，"细弹雨落，遍撒内城"。

当天下午 5 时许，夕阳西下，法军阿尔及利亚营挺进至距山西城的外城门仅 100 米处。随着孤拔一声令下，冲锋号四处响起，以阿尔及利亚营为首，首先攻破了山西城的西城门。出于报复心理，对城内所有的活人，阿尔及利亚部队采取了格杀勿论的态度，一路屠杀进了山西城，"他们把所遇见的男人、女人、小孩——一切生物全都杀死"[16]。在城内督战的唐景嵩原本计划依托内城继续抵御，但发现黑旗军已经弃城逃走，驻防山西城的越南官军则已经竖起了白旗，遂被迫率领残余的清军匆匆逃亡。当控

∧ 正在开火射击的法国炮舰"睢鸠"桅盘上的哈乞开司机关炮

制了山西城的外城之后，孤拔见到天色已晚，觉得"在一片漆黑之中深入一个陌生城市紧追穷寇，未免失之轻率"，下令全军就地驻守，防止黑旗军乘夜色反扑，准备第二天再进攻山西的内城。

1883 年 12 月 17 日清早，几名阿尔及利亚兵和越南雇佣兵，冒冒失失地走近内城墙根，推了推山西城内城的北门，未能想到，城门竟应声而开，这时才发现内城里面已经是空空荡荡，只剩下一些小声哭泣的妇孺老弱。丝毫没有准备的法国兵们顿时感到手足无措，但谁都不愿错失首先攻进山西内城的光荣，于是用一条阿尔及利亚兵的红腰带，一条越南雇佣兵的蓝色腰带，以及一名法国军官贡献出来的白手帕，编成了特殊的三色旗。上午 9 时，在这面旗帜的注视下，孤拔在全军官兵的欢呼中进入山西内城，自安邺被杀以来，法国人终于在越南获得了一场真正的军事大胜利。[17] 安邺被杀开始，黑

旗军在法国人心中造成的阴影，至此一扫而空。

整场山西之战中，法军共阵亡 83 人，黑旗军和伪装成黑旗军的清政府军队阵亡超过 900 人。

∧ 法军进攻山西城

越境崩溃

12月中旬，正当山西大战之时，月初发生在顺化宫廷里的一桩大事，摆到了法国政府的议事桌上。

当月5日，即位不久的越南协和帝被当初扶他上宝座的重臣阮文祥、尊室说毒死，改立新帝建福。消息传出后，顺化城内陷入混乱，法国当局根据他们获得的信息进行判断，认为这是一次中国煽动下的反法国革命，目的在于否认《顺化条约》，向法国开战，重新恢复越南与中国的宗藩关系。面对这一局势突变，法国政府对在越的人事安排做出了一项重要变动，正在山西前线的孤拔被解除指挥陆军和海军东京分队的权力，仍然只担任海军东京支队司令，负责紧急赶往顺化处理顺化事变。空出的东京远征军总司令一职，由在普法战争中表现卓著的陆军中将米乐（Charles–Théodore Millot）接任，为了照顾孤拔的情绪，同时也是为了对米乐的权力施加一定程度的制约，法国海军和殖民地部随即下令，晋升孤拔为海军中将。

按照法国方面制定的决定性打击的安排，在攻占了黑旗军的重要据点山西城之后，接续的攻打目标就是北宁城。为此，随同米乐启程前赴越南的，还有新的一批法国军队，共计6000余人，就此法国在越南的军队人数上升到15000余人。12月18日，对这批增兵所需的2000万法郎军费预算，法国议会表决时以327票对154票的优势通过。内心里仍然保持着想要和清政府以和谈来解决争端态度的茹费理，为此特别指示法国驻华使节："这一表决并不

△ 法国第三任东京远征军司令，陆军中将米乐

意味着我们改变了对中国的和解态度，而只是给了我们绥靖红河三角洲的手段而已。"[18]

相比起山西城，北宁城对法国政府其实更为棘手，因为这座城池中当时光明正大地驻扎着大批中国军队。从1873年安邺被杀事件之后，清政府陆续派出军队进入越南，观察越南局势，追击逃入越南的起义军，其根据地就是北宁城。

因为原驻华公使德理固被调赴顺化处理越南宫廷政变遗留的外交问题，法国驻华代办谢满禄就越南境内的中国军队问题直接拜会了总理衙门大臣，进行会谈磋商。此前福禄诺和李鸿章谈判时，法国人指责中国军队进入越南支援黑旗军，而李鸿章为了不扩大中法矛盾，对此坚决予以否认。然而当谢满禄与总理衙门大臣会谈时，上述的情况发生了完全的转变，此时变成了法国人担心在进攻北宁等城市时会与中国军队交火，从而导致中法直接战争，于是坚持宣称在越南境内没有发现中国军队。而总理衙门大臣则担心法国继续吞并越南北部，态度转变为坚持称中国有军队在越南驻扎："谁攻击驻有中国军队的城市，谁就应负冲突的责任。"[19]

会谈的结局仍然是各执一词，毫无结果。借口中国驻法公使曾纪泽在8月间的一次谈话中保证越南境内没有中国军队，谢满禄据此向总理衙门宣布，法国军队将对北宁城采取军事行动，倘若遇到中国军队发生了交火，那将与法军无关："曾侯曾说在东京一些城市里没有中国军队，因此如果两国军队在上述城市相遇后发生冲突，法国将不承担任何责任。"

12月23日，法国土伦港人潮涌动，4艘满载首批法国增援军队的轮船在岸上人们的欢呼中鸣笛远航。至1884年2月，法国新增的远征军部队陆续抵达了越南，新任东京远征军总司令米乐中将与孤拔进行交接之后，立刻着手远征军的重组以及进攻北宁的准备。人数大大增加的东京远征军，此时编制发生了较大的变动，其主要作战部队被整编为第1、第2两个旅，分别由

∧ 从土伦港出发的法军运兵船

∧ 法国东京远征军旅长波里叶（右）、尼格里的肖像

资历深厚的陆军少将波里叶（Louis-Alexandre-Esprit-Gaston Brière de l'Isle）和尼格里（Francois Oscar de Négrier）指挥，从部队编制的升格，以及指挥官级别的提高，已经能够明显感受到法国扩大战争规模的野心。

早在得到法国军队将要大举进攻山西、北宁的情报之后，清政府就立即采取了加强北宁驻军的方案，希望以大张旗鼓地向外展露出事实上有中国军队驻在越南北宁的迹象，来阻止北犯的法军。

当时驻守在北宁城的中国军队，计有广西桂军的28个营，以及临时招募增编的数十个营，共约50营兵力，分别由淮系铭军出身的广西提督黄桂兰

∧ 北宁城外的黑旗军要塞

和湘系出身的道员赵沃二人统领。当山西战败后，刘永福和唐景嵩部经过扩充组成的 12 个营，也辗转退入了北宁城中，总计驻守北宁的中国军队兵力达到近两万人。

尽管从人数看，这是在越南境内规模空前的一支中国军团，但是各军的装备、训练参差不齐，实际无异于乌合之众。虽然当时清廷已经下令清流主战派极力推荐的广西巡抚徐延旭出关统一指挥各军，但是徐延旭迟迟驻足在中越边境观望不前，又导致北宁城里出现了黄桂兰、赵沃、刘永福 3 支军队互不统属、缺乏统一指挥的混乱局面。

1884 年 3 月 6 日，法国东京远征军第 1、2 旅分别从河内和海阳出征，经过了近 6 天的行军和进攻行动，法军一路扫清了从陆路通往北宁途中的各清军、黑旗军据点，于 3 月 11 日下午 2 时在北宁城的附近集结。眼见一场大战难以避免，北宁守军选择了在北宁城的外围组织防御的方略。黄桂兰、

^ 法军在北宁城内缴获的清军武器

赵沃、刘永福率领主力防御正当北宁城来路的中山高地、春和村等阵地，另派出9营兵力，防御北宁城濒临红河支流的沿岸要地拉保水坝要塞。

3月12日中午11时，尼格里少将率领的远征军第2旅在东京分队炮舰的配合下，首先向驻守拉保水坝要塞的中国守军发起进攻。12时50分，米乐中将直接督阵第1旅，向北宁外围正面的清军发起攻势，北宁之战在两个战线上同时打响，为了全面掌握局势以便更好地实施指挥，法军阵地的上空甚至升起了几个巨大的热气球，载着侦察兵到空中俯瞰全局。战至下午的4时，守军兵力单薄的拉保水坝要塞首先被法军第2旅攻陷，与法军第1旅作战节节败退的正面清军和黑旗军，看到拉保水坝失守，即将陷入被法军合围的境地，于是一哄而散，全线败退。至下午5时50分，法军兵不血刃，完全占领了北宁城，当天的战斗中，法军总共只阵亡5人。

如此轻松的胜利使得米乐将军热血沸腾，决心不等向上级进行汇报请示，直接继续向越南北部地域挺进。经过仅仅2天的短暂休整，波里叶和尼格里少将受命分别率军向太原和谅山方向追击。

犹如一副快速崩塌的多米诺骨牌，沿途的黑旗军和清军毫无斗志，望风而逃。16日，清军在越南的军火囤积中心郎甲被尼格里的第2旅占领。19日，波里叶的第1旅攻陷越南北部重镇太原，同一天，尼格里的第2旅又逼近了中越边境的越南重镇谅山。

法军燃起的战火，至此已经逼近中国的国境线。

本日奉旨："据李鸿章电报，北宁已失，官军退至太原，曷胜愤懑！著岑毓英激励诸军，设法进取。徐延旭株守谅山，毫无布置，殊堪痛恨！"[20]

注释：

1.《东京远征军最高司令波滑关于 8 月底和 9 月初在巴兰村及丰村四周出击的战情报告》，中国近代史资料丛刊续编《中法战争 5》，中华书局 2006 年版，第 33—34 页。

2.《广西布政使徐延旭奏报刘团击败法军现拟规复河内折》，中国近代史资料丛刊《中法战争 5》，新知识出版社 1955 年版，第 211 页。《东京小舰队司令关于该舰队 8 月 31 日及 9 月 1—4 日战况的报告》，中国近代史资料丛刊续编《中法战争 5》，中华书局 2006 年版，第 45—46 页。

3.《东京远征军最高司令波滑关于 8 月底和 9 月初在巴兰村及丰村四周出击的战情报告》，中国近代史资料丛刊续编《中法战争 5》，中华书局 2006 年版，第 36 页。

4. 同上，第 38 页。

5. 同上，第 38—39 页。

6.《何罗怿致外交部长》，中国近代史资料丛刊续编《中法战争 5》，中华书局 2006 年版，第 86 页。

7.《何罗怿致波滑》，中国近代史资料丛刊续编《中法战争 5》，中华书局 2006 年版，第 95 页。

8.《刘永福历史草》，《钦州文史 4》，广西钦州市政协文史委 1997 年版。

9.《"伏尔达"号舰长福禄诺致海军及殖民地部长电》，中国近代史资料丛刊续编《中法战争 5》，中华书局 2006 年版，第 200—201 页。

10.《海军及殖民地部长致东京分舰队总司令孤拔》，中国近代史资料丛刊续编《中法战争 5》，中华书局 2006 年版，第 214—215 页。

11《云南记名提督周万顺致刘永福》，中国近代史资料丛刊续编《中法战争 5》，中华书局 2006 年版，第 605—606 页。

12.《黑旗军奖赏文告》，中国近代史资料丛刊续编《中法战争 5》，中华书局 2006 年版，第 609 页。

13.《孤拔致海军及殖民地部长》，中国近代史资料丛刊续编《中法战争 5》，中华书局 2006 年版，第 642—643 页。

14. 同上，第 645 页。

15.《1884 年法国进军越南记》，中国近代史资料丛刊《中法战争 3》，新知识出版社 1955 年版，第 360 页。

16. 同上，第 363 页。

17. 同上。

18.《内阁总理兼外交部长茹费理致驻华代办谢满禄电》，中国近代史资料丛刊续编《中法战争 5》，中华书局 2006 年版，第 514 页。

19.《恭亲王致谢满禄》，中国近代史资料丛刊续编《中法战争 5》，中华书局 2006 年版，第 535 页。

20.《广西巡抚徐延旭奏收集败军扼扎要路并请将各将弁分别恤惩折》，中国近代史资料丛刊《中法战争5》，新知识出版社1955年版，第316—317页。

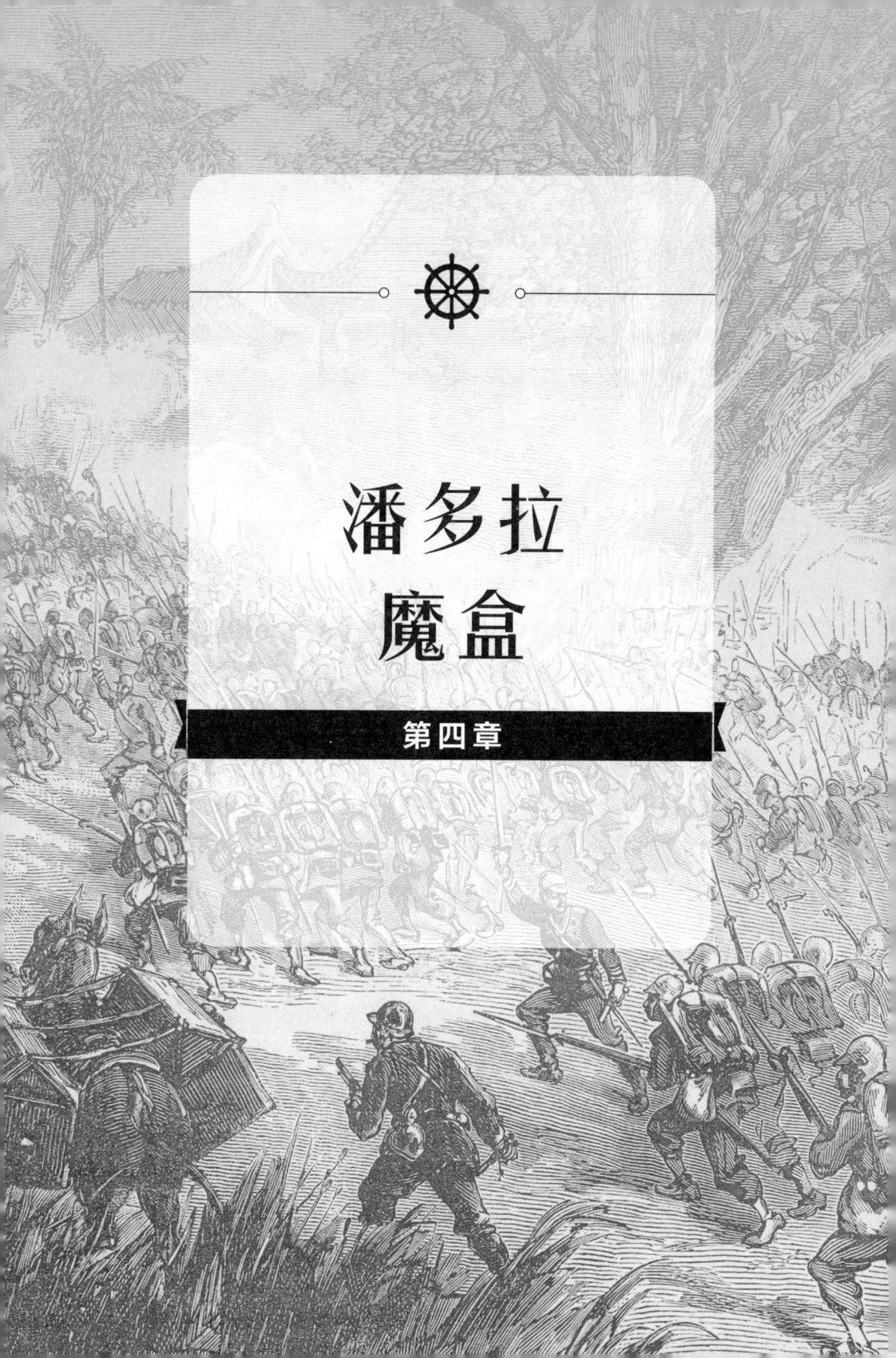

潘多拉
魔盒

第四章

朝政巨变

清末太平天国战争和捻军战争之后，自战火中成长壮大的淮军，成为被当时清政府倚为长城柱石的重要国防力量。可是因为出身背景、文化修养等种种原因的局限，大多数驰骋沙场、纵横捭阖的淮军将领，一旦进入和平年代，在文人为主导的官场上却往往不是那么左右逢源，至多不过是能晋升到武职的最高巅峰——提督而已。在那个武人社会地位低下的时代里，武职被文职所轻是自然而然的事情，也由此很多淮军将领纷纷寻求弃武从文的途径，但得意者寥寥。诸多想要在仕途上更进一步的淮军将领中，与李鸿章有同乡之谊的张树声是难得的成功典范。

从随着李鸿章父子办理团练开始，到担任淮军营官、统领，可能是拜早年有过读书功底之赐，廪生出身的张树声在武将群体里逐渐崭露头角，深受重臣曾国藩赏识，很快跻身入官场并迅速上升至巡抚要职。1882年李鸿章回籍守制时，张树声被任命署理直隶总督，任内正逢朝鲜发生壬午兵变，张树声处理手段果断泼辣，将朝鲜太上皇大院君拘捕回国，尽管此举恰当与否、效果如何见仁见智，但是其政声在各省督抚中脱颖而出。当时官场上，有个不成文的通例现象，外官为了联络和中枢要员的关系，常常派自己的子弟驻京办事，打通关节，张树声在外放要任的同时，也派出儿子张华奎驻京"专意结纳清流，为乃翁博声誉"[1]。

1884年，张树声坐镇两广，正值越南山西、北宁局面崩溃的时候，以帮清流跑腿出名，得到"清流腿子"绰号的儿子张华奎在京城惹出了一桩大事。1882年处理朝鲜事变后，张树声名声鹊起，动起了直接取代李鸿章的心思。为了结交奥援，由张华奎在京出面，试图拉清流健将张佩纶入伙。不料，李鸿章与张佩纶的父亲是生死之交，张佩纶也与李鸿章过从甚密，张树声的举动最终只招来了疆臣不得奏调京官的弹劾。为报此一箭之仇，趁越南局势恶化，1884年4月3日张华奎说服以善于参劾出名的清流言官盛昱，上奏弹劾当时位处总理衙门内的张佩纶，为了不使目的形迹过于显露，奏折中又顺带了对中枢军机处的几句批评作为铺垫掩护。[2]

完全出乎张华奎、盛昱意料的是，这份奏折竟然会被垂帘听政的慈禧太后加以发挥利用，就此引发了紫禁城内的一场高层政治地震。

4月8日，光绪皇帝的师傅翁同龢如往常一般首先到军机值房报到，随后前往上书房去教习皇帝功课。当天北京城晴热无风，身穿绒领棉袍，头戴暖帽，感觉"甚热"的翁同龢走到上书房以后，并没有看到自己的学生，竟听到了一道顿时令他如坠冰窟的懿旨。慈禧以盛昱的参奏为由大做文章，一股脑将以清流党为主的军机大臣撤职（包括清流领袖李鸿藻、翁同龢等），对军机处全面洗牌，一泄因越南战局大败而对清流党用人、谋略不当的怒火，占据军机处多年的清流党竟然一朝被自己人误射下马。政略与清流党有所不同的恭亲王奕䜣也未能幸免，早在辛酉政变之后，恭亲王即与慈禧转入对立状态，互相争夺权力，使得慈禧早就定下打压恭亲王的决心，盛昱的奏参给了慈禧一个大好机会。[3]异常讽刺的是，张华奎眼巴巴望着能被处分的主角张佩纶，却根本没有被触及。

恭亲王领班的军机大臣集体被罢后，由性格胆小庸懦的礼亲王世铎为首，包括额勒和布、阎敬铭、张之万、孙毓汶、许庚身等人的新一届军机处班子立刻组成。作为夺去恭亲王权力的一招撒手锏，慈禧于第二天专门下旨，新军机处遇到重要大事，需要与光绪皇帝的生父醇亲王奕譞会商[4]，没有入值军机处的醇亲王事实上成了新一届军机处的核心人物，慈禧用醇亲王压制恭亲王的布局初步成型。眼见清流被逐出军机，惹了大祸的盛昱大梦初醒，急忙上奏企图挽回，但落花已去。

越南北部突发巨变的同时，中国中枢高层发生这场重大人事变动，已经显示了对越政策可能即将出现转变。

∧《点石斋画报》刊登的新闻画：恭亲王被黜

李福和谈

越洋万里之外，法国政府对中国官场上发生的这一幕却是另外的理解判断。

山西、北宁大战后，清政府中央严厉追究相关官员的责任，徐延旭、唐炯被革职解京治罪[5]，广西提督黄桂兰在驻地羞愧自杀[6]，道员赵沃被判秋后处斩[7]，总兵陈得贵、副将党敏等一线有责将领被判军前正法。[8]淮军宿将潘鼎新被任命为广西巡抚，负责整顿边防。一连串的大刀阔斧整顿军务的动作，加上清政府改组军机处，使得在法国政府眼中，中国仿佛将要采取更加强硬的政策了。

尽管当时法国国内舆论受越北胜利的鼓舞，认为中国不堪一击："华人在北宁之失败，将使清廷了解自1882年以来所采取之对抗政策已毫无所获。"冒出了要占领台湾、海南岛、舟山群岛等作为质押，以此向中国勒索巨额赔偿金的声调。可是受清政府摆出的一副严阵以待的强硬态度的影响，法国政府从北宁之战的胜利中，还是无法准确估计出清政府的战争实力和决心，因为在法国政府看来，北宁城的守军仍然是以近似草寇的黑旗军为主，并没有多少中国政府的正规军在其中。基于这些考虑，茹费理内阁显得瞻前顾后，在对中国交涉的问题上态度保守，仍然想用外交途径尽快了结争端，保住既得果实，避免与中国发生结果难料的全面战争。

1884年3月，与李鸿章私交甚好的德籍海关雇员德璀琳（Von Detring Gustav）从欧洲休假期满返华，赶赴粤海关税务司任职。在途经香港时，德璀琳与正停泊在香港的法国海军中国、日本海支队不期而遇，支队司令海军少将利士比（Sebastien Nicolas Joachim Lespes）以及"窝尔达"舰舰长福禄诺利用这一机会与德璀琳进行了别有意义的长谈。法国海军的中国、日本海支队军舰此前经常活跃在中国沿海，早年停泊天津期间，支队里的很多军官就与李鸿章、德璀琳等中国政府官员相识。"窝尔达"舰舰长福禄诺就是李鸿章的"旧识"，更为重要的是，福禄诺还是时任法国总理茹费理的好友。法国政府关于和平解决冲突的意见，以福禄诺密函的形式悄悄提交给了德璀琳，委托德璀琳转达至中国主政者的案头。[9]

得到这一重要消息，德璀琳急忙赶往天津告知李鸿章，李鸿章旋即向总理衙门进行转报。福禄诺的密函里，开宗明义地要求清政府首先撤换驻法公使曾纪泽，因为曾纪泽在法国态度强硬，"屡以用兵相吓"，而且花钱收买英国等国的报纸媒体，在欧洲制造反法舆论，甚至还撰文揭法国的伤疤，用普法战争一事大加讥讽法国，有伤法国的自尊。福禄诺另外特别提醒清政府方面，法国主动和中国接触进行谈判，并不表示是法国示弱，"巴黎大臣亦

∧ 德国人德璀琳自 1864 年进入中国海关，逐渐与李鸿章接近，受到信任。曾受命为修建北洋水师大沽船坞采办材料、雇佣洋员。1884 年，休假回华的德璀琳通过联络李福谈判，出现在中国外交舞台。对其异常忌妒的海关总税务司赫德，此后通过英国办事处主任金登干，也介入了中法交涉中

∧ 北洋大臣李鸿章。身处洋务建设前沿的重臣李鸿章，对于中法越南问题交涉，始终持外交解决态度，以此换取中国和平发展空间。也因此，不愿意放过任何和平机会的李鸿章，在李福会谈中匆匆成议，酿成了此后的中法争执

有主战者，与北京无异，所不同者，法国已得胜仗，中国未得胜仗，不应藐视法国"。并警告"中国南边三省素有内匪，现在既与法国交界，法国如肯接济乱党，中国之边疆必永无肃清之日矣"。最后密函中提出了一连串的解决方法。

作为新一届军机处遇到的第一桩重大外交事件，受山西、北宁惨败的影响，接到福禄诺密函后，清政府立刻做出了以和为贵的态度。首先下令李鸿章赶紧与福禄诺设法详细会谈，接着宣布撤销曾纪泽的驻法公使职务，改由驻德公使李凤苞兼理。对此，法国方面也立刻做出了积极的回应，利士比，

福禄诺乘坐中国、日本海支队的舰只到达上海，与李鸿章的法文秘书马建忠初步会晤后，经向法国内阁申请获得授权，由福禄诺前往天津负责与李鸿章直接进行谈判。

1884 年 5 月 6 日的下午，法国驻天津领事法兰亭（Frandin）陪同福禄诺到达北洋大臣衙门，与李鸿章正式开始谈判。法方共提出了三项和谈条件，首先是法国保证中国西南边疆的安全，其次要求中国撤出在越南北部的军队，不再过问法越之间的条约签署等问题，最后要求中国开放广

中国驻法公使曾纪泽。中法因越南问题进行外交交涉时，曾纪泽对法国采取强硬态度，同时动用手段，影响英、德等国媒体舆论，孤立法国，被法国视为大敌

西、云南的边境贸易，并向法国支付战争赔款。对此，李鸿章立即对有关赔款的部分加以反对，对其他条款则与法方逐一讨论，并要求加入强调中越之间宗藩关系不可动摇的内容，最终于当天达成了草约。5 月 10 日，清政府批准李鸿章正式签约。法国方面，原计划由职位较高的中国、日本海舰队司令利士比到天津签字，可是福禄诺急于揽功，自行发电报向海军和殖民地部要求签约的权力，经法国政府批准后，福禄诺在 5 月 11 日与李鸿章于天津正式签署了《中法简明条款》。[10]

中法因越南问题而引申的矛盾冲突看似已经烟消云散。

然而当时法国政府做梦也想不到的是，《中法简明条款》的中文本和法文本的内容竟然是不一样的。

从表面上看，为了急于订定条约，恢复和平，北洋大臣李鸿章似乎是对法国方面提出的谈判条件照单全收，但实际上并不是如此简单。与法文相比，

措辞简明扼要的中文语意则更为丰富，由此在中文本中的很多词句别有深意。

诸如《中法简明条款》的第二条约定，中国同意将所有驻防在越南北部的军队"即行调回边界"。按照字面来理解，显然是指中国将军队退回本国，但是中文中的"调回边界"一词含义广泛，既可理解为调入边界以内，也可解释为是调到边界地带。北洋大臣李鸿章后来解释称，此处的"调回边界"是指将中国军队调到中越两国的边境地区，据这一理解，由于中国在越南的军队本来就"皆近边界"，李鸿章便认为只要保持原状即算遵守了条约，"勿再进攻生事，便能相安，亦不背约"。

∧《点石斋画报》刊登的新闻画，《中法简明条款》签约

《中法简明条款》的第三条规定中国开放边境贸易，按照法国人的理解，法国可以借此从中国的云南、广西边境将货物运入中国内地贸易。但是中方的理解完全不同，认为文本中写的是"以毗连越南北圻之边界"进行贸易，即只准法国人在边境地区进行贸易，并没有答应法国人可以据此越过边界进入中国的内地。

条约的第四条规定法国与越南签订各种外交文件时，不得加入伤害中国威望体面的文字。就法国方面的理解而言，认为只是不要在条约中提及中国就万事大吉，而中方理解的"威望体面"其实是指中越间的宗藩关系，即法国和越南签订外交条约时，至少要在文字上体现出承认越南是中国的属国。

整个条约中最为致命的是第五条，根据法文本的约定，对条约内容的执行以及进一步订立详细条约等工作应该在"三个月内"完成，而中文本上写的居然是"三个月后"。尽管中文本最后注明该条约"以法文为正"，但是这五个汉字又能衍生出多少种不同的解释，恐怕连当时的中国人自己也解释不清。[11]

得悉中法条约终于签署，法国政府方面欢天喜地，立刻着手准备减少驻扎在越南的军队规模，从而节省军费开销，同时派出没有获得签约荣誉的中国、日本海舰队司令利士比乘坐旗舰"拉加利桑尼亚"（La Galissonniere）专程赶到天津，会晤李鸿章，表示中法两国的友好。

听说中法两国订立和平条约一事，欧洲的舆论除了英国之外，均祝贺法国获得胜利，视法国为"天主教卫道长女"的罗马教廷也发来祝贺，教宗利奥十三称"法兰西共和国政府已实行良好而卓越之政策，并以能干之手段提高法国之声望，法政府放弃赔款，实为合理"。倒是一些旁观者从中看出了门道，英国《泰晤士报》发表评论："条款既然是和中国人签订的，应该加入更烦琐的规定才对。"而中国海关总税务司英国人赫德则认为，法国人也耍弄了小聪明，条约关于法国保护中国西南边疆安全的约文，似乎带着要把中国变为法国的被保护国的阴谋。

（《中法简明条款》）为最奇特之文件，书写于纸面者并不真实，而真正之含义，并不在纸面。

赫德[12]

祸起观音桥

为了尽快促成定议，对于《中法简明条款》中可以用文字游戏来慢慢切磋的条款内容，李鸿章并没有向清廷全部解释清楚，而是想待简明条款签订之后，在进行后续的详细条约谈判时，再作具体的上奏。然而这一想法，很快就造成了无法挽回的严重后果。

1884年6月16日，已经平静多日的广西边境上，突然传出十万火急的电报。广西巡抚潘鼎新向北洋大臣李鸿章通报，称驻扎在越南屯梅、谷松等地的清军均在附近发现了法军活动的踪迹，请示下一步的应对举措。

《中法简明条款》签署时，福禄诺曾向李鸿章询问越南北部的中国军队驻扎位置，李鸿章根据前敌的汇报，告知在越南的中国军队已经退至谅山、老街一带，福禄诺于是通报将于20至40天之内派法国军队前往两地之外的地区"巡查越境"，李鸿章则告诫"越本我属国，我军分扎北圻边境，防范土匪，均近中国边界，与法何涉？法兵不必深入谅山、保胜（老街）等处，致启嫌疑。倘必派队往巡，现既议和，切勿与我军接战生衅。"[13]接到潘鼎新的告急电报时，李鸿章这才突然发现，越南境内的清军在谈判期间实际并没有保持在驻地不动，实际上清军在这一时间里竟把防线前推到了谅山以南一百多里以外的地方。

对这一突然发生的意外情况，李鸿章建议军机处请旨，将已经向越南境内前出得过远的清军调回到中越边境地带。令李鸿章感到意外的是，军机处的态度在此时突然发生了转变，显得异常强硬。1884年6月13日，在越南问题上主张对法采取强硬态度的重臣左宗棠到达北京，入值军机处，左宗棠的影响，可能与军机处的态度变化大有关系。军机处接连请下谕旨，命令驻扎在越南境内的清军："仍扎原处，不准稍退示弱，亦不必先发接仗，倘法兵竟来扑犯，则衅自彼开，惟有与之决战。"[14] 另外严厉责问李鸿章，为什么事前没有将与福禄诺商讨巡边的事上奏："福酋既与李鸿章言及拟派队巡查越境，何以该督并未告知总理各国事务衙门，殊属疏忽！"[15] 要求李鸿章尽快照会法国，解决事端。

6 月 21 日，军机处传旨给李鸿章，命令李鸿章不用就此事再向法国照会通知，如果法军胆敢前往越南清军防线寻衅，即与之决战。左宗棠在中枢显然发挥了极大的影响力，此时距离山西、北宁之战为时已久，战败的疼痛在清廷中已被渐渐忘却。在清政府中枢看来，战败的责任并不是军队落后，只是前敌将领无能而已，只要撤换几个无能的将领就能击败法酋，而且法国主动前来谈判求和，更显出法国人的心虚。天朝大国的虚骄气，又在紫禁城大内升腾起来。

和平，似乎不会来得这么容易。

越南境内的清军在屯梅附近发现的法国军队，正是根据福禄诺的通报，由法国东京远征军派出的。和李鸿章理解的有所不同，这支法军前来的目的并不是巡视越南边境，福禄诺认为他和李鸿章所定下的方案是由法军接管越南清军的营地。

1884 年 6 月 22 日，东京远征军的杜然（Dugenne）中校率领 1 个海军登陆营、1 个阿尔及利亚连以及 2 个越南雇佣兵连和其他辅助部队，带着越南人组成的运输粮食的骡马队伍，到达了谅山南方 100 多里处的沧江岸边。当时正值越南的夏季，军队在越北的丛林中行进得十分艰苦，杜然中校又是一位著名的冷血苛酷的军官，一路上不仅有大量的越南民夫逃亡，法军中也出现了将近 200 人的疾病减员，但是杜然中校根本没有预料到前路的险恶，满心以为自己只是率部去接管清军的防地而已，为了加快前进速度，在路上又丢下了被他视为累赘的 1 个炮兵连。

23 日早晨，这支法军开始准备渡过沧江，以便继续向谅山方向前进。在沧江边名为观音桥的这一地带，当时正有大批中国军队在此驻守，包括万重暄、黄玉贤、王洪顺等部在内的广西军队 3000 余人。

法军渡河时，由海军陆战营最先下河，喧喧嚷嚷中，河对岸的树林里突然传出一阵枪声，但又不像是真要发起袭击。杜然中校没有理会这一明显的警告，仍然继续组织所部过河，渡过河岸的法军很快就在丛林中发现了中国军队，自从山西、北宁之战后，中国军队已经不再伪装成黑旗军模样。看到大批法军到来，原本在河边警戒的清军很快散去，不久法军营地前来了名中国信使。

杜然中校接到了观音桥守将发来的照会，从中得知，此地的中国守军事前的确已经知道应当撤退到中越的边境地区，即李鸿章在与福禄诺商谈后，已经将法军计划派兵巡边的消息通报了越南的中国驻军。然而驻军仅仅凭李鸿章的一纸通报还并不能立刻撤军，必须要等待军机处、总理衙门下发正式的官方命令。中国守将们在照会中向杜然中校提议，希望由杜然中校帮助发电报给总理衙门，催促总理衙门向他们下达明确的撤退命令：

"贵国人福禄诺于返法前，

∧法国东京远征军中校杜然

∧ 行进到中法边境的法军先头部队

曾在天津声言，将在二十日后派法军巡查北圻，粤西军应回扎至若干地点，吾等所知与贵带兵官相同，贵带兵官欲吾等撤至边境，然吾等须获得总理衙门知照始能撤退。吾等无意破坏天津简明条款，该条款规定我军向边界撤退，然吾等需要一纸命令以为吾等行动之依据，是以不应以无谓之战斗破坏和平。吾等特请贵带兵官设法发电报至北京，要求总理衙门发出指示。提出要求及获得答复均不费时，我军一旦接获总理衙门通知，即整队拔营撤出越南返回镇南关，中法两国业已媾和，吾等不应促发新冲突也，特此照会法国带兵官，须至照者。中国官军营官李、王、卫。"[16]

从法军渡河之后，仅在短短的时间里清军方面就撰写和递交出如此的长篇照会来看，这份照会极有可能是潘鼎新在得到李鸿章通报后，预先下发给前敌军队的。不过十分不幸的是，这份言辞十分通情达理的照会，遇到的却是一位蛮横不通情理的法国人。杜然中校对照会置之不顾，坚决要继续向谅山方向进军，观音桥的中国军队统领、革职提督万重喧亲自来到法军营地外劝说，表示如果法国人实在不愿意发电报的话，他可以向上级汇报请示，不过中方通信手段落后，需要法国人耐心等待6天时间。[17]

23日下午3点，观音桥阵前谈判结束，前往送达照会的中国信使被遣回（清军后来指控称4名信使有3人被法军杀害），杜然中校显然没有把中国军队放在眼中，让信使通知中方将领，法军将于1小时后继续前进。既然李鸿章、潘鼎新部署的外交交涉行动失败，法国人根本不买照会的账，那就只有执行军机处"倘法兵竟来扑犯，惟有与之决战"的命令了。

下午4时，杜然率部按时准备通过观音桥，满以为在自己的恐吓下，中国军队应该乖乖让出了道路，但是未曾想到，实际是给了中国守军1个小时的设防时间。扣去减员等因素，杜然中校属下的军队还有800人左右，正当以行进队列开进时，四周的子弹劈头盖脸射来，3000名多清军设下了伏击阵地，观音桥之战就此爆发。

∧ 西方铜版画：《观音桥之战》

∧ 西方铜版画：《观音桥之战》

遭遇突然袭击，法军顿时晕头转向，早已不堪忍受在杜然统领下艰苦行军的 2 个越南雇佣兵连四散逃跑，帮助驮运粮食辎重的越南民夫也都作鸟兽散，由海军水兵拼凑的海军登陆营显得不知所措，仅有 1 个连的阿尔及利亚部队在苦苦支撑，才避免了遭遇灭顶之灾。激战进行到当天的入夜时停止，第二天清晨再启战端。法军在乱军中抢出了 8 天的粮食后（作战时，法军辎重队共携带有 70 天的补给），扔掉所有的军械辎重，全面后撤，仅用了 36 小时跑完了当初出发时走了 6 天的路程，逃回了法军据点。

∧ 在观音桥遭受袭击后的法军

观音桥之战，法军阵亡 24 人，清军伤亡 300 余人。[18]

中法决裂

"……中国人是龌龊爱开玩笑的小丑，他们一手签约，另一手又把它划掉。听说，福禄诺长官签了天津条约，那么战争应该结束了，大家也应该彼此拥吻左眼，然后回各自的家园……不过，中国人更厉害，我们已经签了，你知道是什么吗？和平条约。当我们呆呆地以为平安无事的时候，他们却全部向我们扑了过来。哇！当我们得知谅山事件的时候，愤怒异常！发生了这种事，那些道道地地的中国人还泰然自若地跑到舰上来看我们，向我们卖这个、卖那个，像是没有发生过这回事一般，占我们的便宜还要卖乖。当然啰，妈妈，我得向你承认，我们抓到一个，把他推到舱里揍了一顿……"

"窝尔达"舰水手书信[19]

观音桥事件传回法国，引起舆论哗然，以致波及整个欧洲，一时间西方世界的舆论都不加辨认，一致认为是中国单方面撕毁了中法和约。

1884 年 6 月 26 日，东京远征军总司令米乐接到政府命令，要求其立刻停止从越南局部撤军的行动。27 日，法国总理茹费理发电报给北洋大臣李鸿章，提出正式的抗议：

"内阁总理致直隶总督：吾等曾郑重缔约以确保吾两国之和平与福祉，墨迹甫干，约章已背，广西军一万人竟攻击前往占领谅山之八百名法军。阁下曾谓，谅山将于 6 月 6 日撤出，余曾充分信任阁下诺言，但阁下命令未获执行，帝国政府应负担严重责任，孤拔中将奉令率领海军两舰队驶往北方！"[20]

6 月 28 日，法国海军东京支队司令孤拔得到法国政府的电令，命令称如果中国拒绝外交谈判，孤拔可以采取必要的军事行动："先行知照外国领事及军舰，然后在福州行动，摧毁船厂及防御工事，占夺中国军舰，并可前往基隆，从事其认为可行之军事行动，法国政府予以广泛之行动自由，尽可能使中国受害，但应尊重中立国利益，同时仅从事不需永久占领之军事行动。"当天，法国驻华代办谢满禄前往总理衙门兴师问罪。30 日，法国海军中国、日本海舰队司令利士比又向李鸿章要求赔款，被李鸿章坚决拒绝。

正当法国政府气势汹汹的时候，突然发生了一件令其大扫颜面的事情。

观音桥事件发生后，无论是总理茹费理还是驻华代办谢满禄等，向清政府兴师问罪的一大理由是认为中国出尔反尔，即中国方面既然答应了从越南撤军，但却不按期兑现。不过对于这一指控，清政府方面认为法国政府根本没有道理，因为根据中文本的《中法简明条款》所载，中国有 3 个月的时间可以用来执行条约义务，在 3 个月的时间尚未届满时，法国军队就来到观音桥中国军队防区，显然是法国方面有错在先。对此，法国政府又举出了一项重要证据，即法国谈判代表福禄诺曾向法国政府报告，在《中法简明条款》之外，福禄诺还曾和李鸿章签订过一个《续条约》，在这份《续条约》里约定中国应在 6 月 6 日撤退谅山一带的军队，在 6 月 26 日撤退老街一带的军队，而法国东京远征军司令米乐正是根据这一时间表来安派调遣的军队。

对法国政府突然提出的这一《续条约》问题，清政府完全不知所以然，立刻下谕旨质问李鸿章，李鸿章的答复则令人吃惊。李鸿章奏称，所谓的《续条约》和撤军时间，只不过是福禄诺在《中法简明条款》签署完毕之后，与李鸿章闲谈时提出的派法军巡边计划，"系在定约之后，疑为游谈不实"。而且李鸿章当场即明确表态不同意此事，考虑到这只是二人在谈判之外闲谈的内容，李鸿章所以没有向清廷上奏，但是为了慎重起见，李鸿章早在当时就已经将此事通报了潘鼎新等前敌将帅。[21]

另据当事人之一，中国海关雇员德璀琳回忆，事后在 5 月 17 日，福禄诺确实曾经向李鸿章提交过一份名为《1884 年 5 月 17 日面交李鸿章阁下之书面通知》的文件，以文字的形式再度提出中国军队的撤兵日程问题，李鸿章当时因为朝中主战派对其抨击猛烈，不可能定下清军撤出越南北部地区的准确日程，所以仅仅给予福禄诺口头答复"余将安排此事，但须假我以时日"。得到口头承诺后，福禄诺当即用笔将《1884 年 5 月 17 日面交李鸿章阁下之书面通知》中规定中国军队撤军日程的文字打叉删除。

原本因为中国军机处的政策剧烈变动，加上前敌中法军队联络、协同不当而造成的观音桥事件，一瞬间所有的责任都归结到了"窝尔达"舰长福禄诺的头上。对于自己办理外交事宜不周密妥当，而且明明在文件中删除了对中国撤军日程的条款要求，竟然还将这一日程转告给东京远征军进行执行等指控，福禄诺都一概矢口否认。直到 1885 年 10 月 8 日，法国《晨报》（*Le matin*）突然登出了带有福禄诺手画打叉的那份重要文件的影印本，事实真相才最终水落石出，然而那时中法战争早已经全面爆发了。

作为后话，直到该时福禄诺仍然不肯认账，坚持称《晨报》登载的那份文件是假的，结果巴黎著名的笔战斗士、《倔强报》（*L'Intransigeant*）主笔

∧《点石斋画报》登载的新闻画，福禄诺与《倔强报》主笔决斗

罗士佛（Rochefort）撰文猛烈抨击福禄诺，最后文斗变成武斗，二人进行了颇具古风的决斗，虽然只是受了轻伤，福禄诺也算为自己的谎言付出了一点血的代价。[22]

　　时间仍然回到1884年，既然福禄诺否认自己曾在中国军队的撤退日程条文上打叉，中法两国间的矛盾就继续扩大。法方抓住《中法简明条款》中"以法文本为正"一句大做文章，中国的回复则是虽然以法文本为正，但是签约时双方都是互相检查文本无误后才签字，既然中文本也经法国代表检查无误，那么中国就可以只按照中文本办事。此后军机处虽然为了防止事态继续扩大，主动将在越南的中国军队撤回到了谅山、老街一线，并提醒法国军队不要随后跟进，以免再发冲突。但是在上海进行中法谈判时，随着左宗棠的加入而变得越来越强硬的军机处，派出了与法国政府矛盾极大的前任驻法公使曾纪泽的叔父、两江总督曾国荃作为谈判代表。谈判中，曾国荃据理力争，坚决不承认中国对观音桥事件负有责任，法国政府则拒不承认自己的外交工作出了纰漏，向中国索要 3500 万两白银巨额赔偿，并屡次威胁将要派兵攻占中国的基隆、福州等地作为质物，曾国荃最后表示只能支付 50 万两抚恤观音桥阵亡的法国官兵。

1884 年 8 月 1 日，中法上海谈判陷入僵局，中国改请美国居中调停。8 月 7 日，美国驻华公使赴总理衙门告知调停失败，劝告中国"断不可允偿法国无名之费"。8 月 8 日，军机处照会法国驻华公使巴德诺，宣告中国政府处理该事已经仁至义尽，不会再做出任何的让步，发出了晚清历史上少有的铿锵之词：

"……中国总理衙门将谅山歧出之故，切实查明，曲直自在人间，各省知之，即各有约之国亦无不知之。既据理剖析，自当坚持到底。若因贵国兵船乘我讲解而不便阻击之际，潜入我福建内河，以兵势相要挟，遂迁就许偿，只图苟安一时，不顾贻笑千古，其何以对我中国人民？更何以对环球各国？此中国极难允之故也。刻下两国皆有相持不下之势，断无默然自息之理。即使兵连祸结，或数年，或数十年，中国仍必坚持！贵国亦难歇手！各耗物力，各损生灵，和局杳无归宿，战事杳无了期，此岂中国所愿？又岂贵国所愿乎？况华洋习俗虽殊，情理则一，战事一开，孰曲孰直，益可白于天下。是贵国冒不韪之名，伤损财利，兵陨生命，皆贵大臣一时不察有以咎之，贵大臣平心自问，亦当憬然也！"[23]

其实，就在这份照会发出之前，中法之间的战火事实上已经在台湾点燃。

刘铭传保台

1884 年 7 月 30 日，针对法国提出的巨额赔偿金要求，两江总督曾国荃做出了中国至多只能支付 50 万两白银抚恤费的回应，中、法上海谈判最终陷入了僵局。

根据法国事前制定的方案，因为七八月份越南已经进入酷热的盛夏季节，陆军活动十分困难，难以在此期间采取大规模的军事行动，遂计划以海军为主，趁着夏季在中国的东南沿海攻占一两个重要的港口作为质物，逼迫清政府在谈判桌上就范。7 月 31 日，法国海军和殖民地部部长致电孤拔，向其下达了正式执行这一任务的授权命令。观音桥事件后，为了统一指挥在中国沿海的海军力量，孤拔又被赋予了东京支队与中国、日本海支队的总指挥权。

孤拔随即和中国、日本海支队司令利士比少将进行商议，综合各种因素分析，决定将台湾北部的重要海港基隆作为第一夺取目标。一方面因为对基隆实施进攻的难度小，且基隆不是中国的对外通商口岸，不用担心会伤及第三国舰船而引发国际纠纷。选择基隆作为首要攻占目标的另一个重要原因是，当时法国在中国的东南沿海没有据点，法国海军舰艇在这一区域活动时，所需要的补给主要依赖从越南运来或者从英国的殖民地香港购取，因此补给工作极不方便和不牢靠，尤其以燃煤补给的问题最大。而台湾的基隆恰好以产煤著称，一旦攻占了

∧ 法国中国、日本海支队司令利士比少将

基隆，法国海军就可以将基隆作为补给基地，长期在中国沿海驻扎舰船，从而威胁和控制整个中国的东南海域。

对此意见，法国海军及殖民地部表示赞同，不过由于当时孤拔正准备率领东京支队军舰进驻闽江一线的福建马尾、马祖等要地，夺取基隆的任务最终被交到了利士比少将率领的中国、日本海支队肩头。

利士比将要遇到的对手，是当时中国著名的骁将刘铭传。

太平天国、捻军之战中逐渐成功成名的刘铭传，是淮军大帅李鸿章的老乡，生于1836年，字省三，从小不喜读书，以贩私盐当强人起家，后参加地方豪强武装，及至参加乡勇、淮军，一路出生入死，成了李鸿章手下独当一面的铭军统帅。

早在中、法越南问题日趋严重时，回籍守制的李鸿章被清廷夺情，奉派前往上海与法国使节宝海进行和谈，同时负责总督西南军务。当时因故正在家赋闲的刘铭传得以跟随老主人，重新出山。正逢西南军务紧急，急需用人之时，朝野里便不断有人提议以刘铭传统领广西前线军务。但此时的刘铭传，虽然身据武职高位，却满怀"官场贱武夫，公事多掣肘"的感触，满心想着效仿淮军战友张树声那样由武变文成功转型，并不愿意再一味带兵打仗，提出了如果实在要自己领兵，必须给予封疆文职的条件。表面的理由称是这样方便筹集军饷供应，实则还是当时社会重文轻武的大氛围使然。1884年6月22日，刘铭传应召

∧ 淮军骁将刘铭传

入京，经连续两次召见后，在 6 月 26 日受命赴台湾组织防务，被授予"巡抚衔督办台湾事务"一职，用罕见的巡抚虚衔来满足刘铭传弃武从文的官职要求。

刘铭传得到新任命时，正好遇到中法因观音桥事件处在交涉中，法国对清政府提出了将要占领基隆、马尾等处的敲诈恐吓。在十万火急的局势下，为"早日到台，以免棘手"，刘铭传随即收拾行装匆匆离京赴任。7 月 6 日，刘铭传到达天津向李鸿章问计，言谈之间，李鸿章却流露出了对台湾人事问题的担忧，唯恐刘铭传孤身入台将陷入被动处境。

7 月 16 日，刘铭传自上海乘坐的轮船招商局的"海晏"轮平安抵达台湾基隆。行前刘铭传曾函商两江总督曾国荃，想从驻扎在江苏扬州一带，曾参加过 1874 年反击日军侵台的江南铭军中抽调兵力赴台，结果曾国荃以江南防务吃紧为由，并不批准调动。其他驻防在北洋与广东的铭军也大都因此原因无法调拨。最后经与李鸿章商议，李鸿章调拨了几十名铭军旧将，以及从驻防北洋的铭军刘盛休部中抽调了 120 多名熟悉使用枪炮、水雷的骨干官兵，同时拨用 3000 杆毛瑟步枪随刘铭传同行前往台湾。另外李鸿章还帮助协调金陵机器局、江南制造局，拨出数十门火炮以及水雷器材交予刘铭传，准备用于台湾防务。[24]

中法局势风云变幻之际，初抵台湾的刘铭传左顾沧海茫茫，满怀豪情。可是很快他就发现，当初李鸿章对他台湾之行的担忧并非没有道理，他竟然来到了一块自己的人脉绝地。

刘铭传到任之前，正在组织台湾内政和战守防务的最高官员，是台湾兵备道刘璈，清代的兵备道属于整饬地方军务的要员，顶着巡抚空衔的刘铭传要想做好台湾防务，显然必须与本省的兵备道达成默契合作。籍隶湖南临湘的刘璈，与刘铭传本无丝毫的个人过节，但是刘璈在政治上属于楚军派系，是楚军大帅左宗棠的亲信，这对刘铭传来说是个不能再坏的消息。

1868 年，左宗棠领兵西征，镇压西北回民起义。当时有关左宗棠在西域骄横跋扈的舆论时有出现,"其(左宗棠)遁饰之隐,屠戮之虐,搜刮罗织之苛,使九边泣血之声,千里暴骨之惨状,一旦毕呈于足下之前,亦足下之所不忍闻也"[25]。在这一背景下,1870年刘铭传被清廷派往西北督师,暗查左宗棠军务。就在左宗棠热烈报告攻克金积堡大捷之时,刘铭传的密奏到达清廷:"(左宗棠)所部兵将堪战者稀,自金积堡克复后,诸将星散,至今尚无进剿之期,贼骑肆掠巩秦间,如入无人之境。"对此感到震怒的清廷做出了一招不可思议的举动,竟然把刘铭传的密报直接下发给了左宗棠,命令左宗棠就此事做出解释。最终,位高权重的左宗棠在辩论中占了上风,其地位丝毫没有被撼动,因此恼羞成怒的左宗棠遂视刘铭传为仇敌。眼下刘铭传自己身边权重相近,且在台湾人脉极深的高官居然就是左宗棠的亲信,而做出将刘铭传调往台湾决策的军机处里,左宗棠赫然在列,这些诡异的细节,足以让刘铭传为自己的巡抚衔督办台湾军务任命感到不寒而栗。

刘铭传到达台湾后,首要大事就是尽快熟悉、布置防务。当时全台湾共有防军40营,其中战斗力最强的是福建陆路提督孙开华统率的擢胜军3营,以及福宁镇总兵曹志忠统率的楚军庆祥营等6营,都布置在台湾北部一线。孙开华、曹志忠二人又都有一个共同的出身背景,即湘军的霆军,当时湘军与淮军关系并不和睦,而霆军又是与刘铭传几乎有着生杀之仇的军队。

霆军诞生于太平天国战争时期,脱胎于湘军,因创始人、统帅鲍超"字春霆"而得名,是湘军系统中著名的劲旅。1866年,赖文光率领的东捻军突入湖北,大败淮军,淮军松军大帅郭松林受重伤,树军统领张树珊(张树声的二弟)战死。遭遇惨败后,湘淮二军分别调动霆军与铭军合围东捻军,鲍超与刘铭传约定1867年2月19日辰时同时举兵歼灭在尹隆河一带被包围的捻军。刘铭传求功心切,擅自率先出兵,结果一败涂地。事后刘铭传反咬一口,诬陷鲍超,称鲍超没有按期出兵导致战败,性如烈火的鲍超被清廷严厉申饬,旧疾复发而辞职,霆军下旨裁撤。经历了如此的一番大变故,几乎所有的原霆军将士都对刘铭传恨之入骨，孙开华、曹志忠都是亲身经历过尹隆河事件的霆军将领，此时刘铭传能否驾驭得了二人，是个极大的问题。

纷繁复杂的局面中，刘铭传发现自己还有一点倚助。1874年日军入侵台湾时，李鸿章曾调派淮军唐定奎部武毅军13营援台，此时武毅军虽然大部早已撤回江苏，但是还有章高元统领的2个营驻扎在台南，是刘铭传可以信任的一支重要军事力量。由于台湾南北陆上道路艰阻难行，刘铭传立即调用船政水师的"伏波"舰，预备陆续将2营淮勇子弟兵从台南北运基隆。

对于整个台湾防务，刘铭传认为北部的基隆最为重要，立刻下令率兵驻守基隆的霆军旧将曹志忠赶建炮台，同时设法从大陆的洋行购买火炮设防。尚未等到刘铭传的工事部署停当，一艘三色旗飞扬的战舰就已经出现在了基隆港的外海。

利士比编队

1884年8月3日，基隆港外风平浪静，虽然海港两侧的山岬上，喊着号子的清军士兵正人拉肩扛，运输建筑物资，忙于赶建炮台，可是港池里的民船依然可以自由往来，充满了和平的气息。

从7月17日就被派到基隆港外实施侦察、警戒的法国巡洋舰"维拉"（Villars），继续着她已经进行了半个月的枯燥工作。上校舰长维埃威（Vivielle）指挥的这艘军舰，是法国海军在远东少有的新舰，"维拉"号的排水量为2382吨，1879年在法国瑟堡海军船厂下水，1881年正式服役。按照法国海军在1874年实行的军舰分类新标准，属于一等巡洋舰。该舰舰长75.97米，宽11.58米，吃水5.23至5.49米，动力为1台蒸汽机，配套6座圆形燃煤锅炉，功率2750马力，航速14.5节。该舰共装备15门140毫米口径的后膛舰炮，遍布在军舰舷侧，火力十分出众。[26]孤拔之所以派这艘军舰到基隆外海警戒，除了因为该舰拥有傲人的火力外，还看中了该舰优裕的续航力，"维拉"舰的煤舱最大容量达到 400 吨，而且这艘 3 桅杆的军舰带有全套风帆索具，续航自持力高于东京、中国和日本海支队的大多数巡洋舰。

"维拉"在基隆港外百无聊赖地徘徊，于 8 月 3 日当天终于有了一点较重要的收获。看惯了岸上忙碌的中国士兵，以及港里模样奇特的中国帆船，"维拉"舰的视线里突然闯进了一艘飘扬着红白黑三色旗的轮船。德国商船"万利"号（Wille）成了"维拉"迎来的第一位"客人"，按照舰长的命令，"维拉"立刻用旗语下令"万利"号停航，随后派出水兵登临检查。当"万利"轮甲板上的货舱盖被打开后，眼前的景象让法国官兵目瞪口呆，货舱里竟然排列着 19 门崭新的德国克虏伯 170 毫米口径要塞炮，另外还有一大堆炮弹以及水雷。

不知道是普法战争的大败使得法国人对德国人充满了畏惧，还是"维拉"舰的舰长过于在意保持自己的绅士风度，对这船诱人的战利品，"维拉"舰并没有下手没收，而是照着官样文章，向"万利"轮的船长等高级船员朗读

∧ 法国海军巡洋舰"维拉"

孤拔将军禁止向基隆港运送军火的告示，最后"万利"号被"维拉"释放。驶出后，"万利"按原路退回，去了尚未被法国军舰控制的淡水港，向当地清军卸载交付军火。[27]

△ 法国海军"鳄鱼"级炮舰，属于法国 250 吨以上级炮艇的第三代，采用铁胁木壳结构，在瑟堡建成的"鲁汀"级属于此级

"维拉"拦截军火船"万利"事件所流露出的特殊信息，并未引起驻守基隆的清军重视。当天，同样不寻常的事情在海峡对面的马江江面上也在发生，为了监视船政，孤拔亲自率领东京支队、中国和日本海支队的大部分战舰到达马江一线。由于马江的水浅，法军的大型舰只无法入内，孤拔和利士比都另外选择了吃水浅的军舰作为临时的旗舰。8 月 3 日清早，飘扬在"杜居土路因"上的少将旗突然降下，中国、日本海支队司令利士比乘坐舢板，转登上了一艘更小的炮舰"鲁汀"（Lutin），旋即"鲁汀"立刻起锚，离开大队驶出马江。

就在前一天晚上，利士比应召来到马江里的东京支队临时旗舰"窝尔达"上，孤拔向他正式下达了进攻基隆的命令，此刻他就要召集自己的队伍准备作战了。经过短暂的航行，"鲁汀"到了闽江口外不远的马祖海域，岛丛附近的海面上，几个巨大的舰影显得格外抢眼。法国 2 个支队内吃水深的大型军舰，都正以这里为锚地停泊待命。利士比到达后，首先换乘舢板前往自己真正的旗舰——排水量 4585 吨的装甲巡洋舰"拉加利桑尼亚"号，根据孤拔的部署，这艘军舰和"鲁汀"被定为进攻基隆的海军主力。站在"拉加利桑尼亚"宽阔的飞桥上，利士比下达了早已酝酿成熟的命令。

同样因为吃水过深进不了马江的孤拔旗舰"巴雅"也停泊在马祖，此时被利士比选定成了一艘补给船，"巴雅"舰煤舱里的煤被顺着填煤孔倒运到甲板上，用来先填满即将执行军事任务的"鲁汀"的煤舱，曾经参加过攻打

∧ 利士比的旗舰，装甲巡洋舰"拉加利桑尼亚"号

越南顺安要塞的"巴雅"舰登陆队则全部转乘上了"拉加利桑尼亚"号。

8月3日夜幕降临后，补给停当的"拉加利桑尼亚"和"鲁汀"拔锚出航，"鳄鱼"级炮舰"鲁汀"的煤舱因为仅有50吨容量，为节省宝贵的燃料，"拉加利桑尼亚"用缆绳拖带着"鲁汀"夜渡台湾海峡。小小的炮舰"鲁汀"行动起来如此大费周章，看似成了编队的累赘，之所以要带上这么一条小船，答案就在第二天的天明之后。

基隆港的炮声

1884年8月4日，基隆港外依旧风平浪静，只有法国军舰"维拉"还在海面上左右徘徊。

中午时分，远道而来，行动方式古怪的"拉加利桑尼亚"和"鲁汀"终于出现在海平线上，向"维拉"靠拢。11时，3艘法国军舰会合为一队，利

∧ 基隆港俯瞰全景

士比向"维拉"下达了命令后，即开始一面观察基隆港的水文、地形情况，一面听取"维拉"舰长关于连日来对中方修建炮台进行监视的汇报，以一个老道的职业军人眼光，选择将要采取的进攻方式。

　　基隆位于台湾岛的北部，市镇的入口处是一个天然形成的避风港湾，海湾两侧大都绝壁耸立，地形极为险要。利用突出在港湾里的海角绝壁，以及沿岸的浅水区，几乎全港处处都是可以扼守布防的要地。基隆港的一些险要位置，自古就设有炮台，但是装备的火炮型号老旧，基本无用。基隆建设近代化的海防设施，起自1881年岑毓英出任福建巡抚的时期，当时在基隆港四周的山崖上共修筑了15处堡垒工事，并在港湾内侧的一处容易登陆的低地上修建了一座炮台，属于堡垒式炮台，对海一侧共设有5个炮门，炮台内安装1门210毫米口径克房伯要塞炮和4门170毫米口径克房伯要塞炮，各炮门处都额外加有装甲防护，在这座炮台的旁边就是由海边通向基隆煤矿的道路。刘铭传到达台湾以后，在这一基础上又在港湾内的白米瓮、仙洞鼻两处要冲新建了2座炮台，并在岑毓英时代修筑的大炮台旁，挑中一座旧式土炮台进行了扩建改造。

整体而言，安装有5门火炮的大炮台正当港湾的要冲，而且火力猛、射程远，是整个基隆港炮台群的主力。刘铭传到台后新修的3座炮台中，实际只有在古炮台上改建的那座炮台规模初具，装备有3门170毫米口径克虏伯要塞炮，火力较强，其余的两座都尚未完工，原本由德国商船"万利"运来的要塞炮也因被法舰拦截，也未能卸载安装。因而尽管基隆港的天然形势极好，但是守御的炮台实力极为有限。

∧ 基隆港白米瓮炮台今景。因附近盛产优质稻米而得名的白米瓮，正当基隆内港要冲，首次基隆之战中由曹志忠部驻守，因为炮台工事尚未完备，并没有起到多少防敌作用。此后白米瓮炮台历经多次扩建，现代所见的白米瓮炮台建筑遗迹已比中法战争时扩大了多倍

∧ 基隆港主炮台原设于海边平地，基隆之战中被摧毁。战争后又在附近的高山上重建，因为门额上题有"海门天险"四字，又称海门天险炮台

在对整个基隆港口的形势做了一番观察了解后，利士比立刻开始部署他的军舰。基隆港属于对外通商的自由贸易港，中法两国尚未正式宣战之前，明知道这些法国军舰来意不善，守军也只能眼睁睁看着法国人在港湾口排兵布阵。

排水量最大的"拉加利桑尼亚"号吃水较深，难以逼近基隆的海岸进行攻击，利士比做出了一个大胆的举动，将"拉加利桑尼亚"布置在了基隆港4座炮台的火力交汇点上，或者说布置在了一个可以同时炮击基隆港4座炮台的位置。[28]

"拉加利桑尼亚"号于1874年在法国布列斯特（Brest）海军船厂建成，舰长78.03米，宽14.94米，吃水7.37米，装备2座蒸汽机，4座燃煤锅炉，双轴推进，主机功率为2200至2400马力，航速12.7节，煤舱容量500吨。利士比之所以敢于冒险把这艘军舰部署在4座中国炮台的炮口下，主要因为"拉加利桑尼亚"是1艘装甲巡洋舰，水线带包裹着厚达150毫米的装甲。同时，"拉加利桑尼亚"的炮火十分凶猛，舰上装备有6门240毫米口径主炮，4门120毫米口径、6门100毫米口径副炮，另外桅盘上还有哈乞开司37毫米口径5管机关炮。[29]

以"拉加利桑尼亚"240毫米口径的主炮火力对付基隆港的炮台，几乎可以说是所向无敌。根据当时得到的情报，利士比误认为基隆港主炮台最大的火炮只有170毫米口径，于是按照法国海军以往的测试情况，决定军舰停泊在150毫米厚装甲能够抵御住170毫米直径炮弹攻击的地方，即距离炮台1000米左右。作为"拉加利桑尼亚"配角的"鲁汀"和"维拉"，因为吨位小、吃水浅，被命令直接抵近基隆主炮台所在的岸边作战。

命令下达后，旗舰"拉加利桑尼亚"首先开动，在距离基隆主炮台外900米的海面上停泊，以右舷朝向基隆主炮台和旁边刘铭传扩建的老炮台，左舷以及舰尾的火力朝向刘铭传修建在港口右岸的2座炮台。吃水较浅、没有装甲防护的"维拉"一直深入至几乎到了基隆岸边的地方，在基隆主炮台侧翼的老炮台前120米处停泊，以避开主炮台的火力射界，用右舷对准老炮台。防护能力更弱的"鲁汀"停靠位置更加深入，这艘排水量492吨，长度46.18米，宽7.54米，吃水3.2米，航速11节的小炮舰，负责以其装备的2门140毫米口径主炮、2门100毫米口径副炮兼顾攻击港湾两侧的炮台，担当从浅水发起策应的工作。[30]

一切部署完毕后，利士比按照当时法国军队作战的传统习惯，首先派出一名军官乘坐舢板登岸，作为军使向基隆的清军递交了一份最后通牒，要求清军交出要塞。对这份书信，守将曹志忠等置之不理，一面下令将士提高戒备，同时急报在基隆附近的淡水布置防务的刘铭传。

∧ 基隆之战中，正在轰击岸上炮台的"拉加利桑尼亚"号240毫米口径主炮炮位，水兵身后头戴白色防暑盔的军官是支队司令利士比

8月5日清早7时30分，得知中国方面没有对法方的最后通牒做出任何的回应，利士比下令在"拉加利桑尼亚"号的横桁桁端挂出信号旗，命令各舰做好战斗准备。8时整，随着"拉加利桑尼亚"的群炮鸣响，"维拉""鲁汀"二舰也不甘落后，接连开火射击。前一天得到法军传来的最后通牒后，章高元、曹志忠等就已经

△ 基隆之战中正在作战的"拉加利桑尼亚"号的副炮位

下令所部加强了戒备，此时面对法舰的炮击，严阵以待的基隆炮台闻声立刻还击。

因为法国军舰停泊的距离过近，而且基隆港主炮台位于海边平地，采用平射就可以击中法舰，所以在炮战开始不久，章高元部武毅军驻守的主炮台就开始发威。"拉加利桑尼亚"的桅杆首先被弹片打中，继而从基隆主炮台射出的两颗炮弹击中了"拉加利桑尼亚"的舷侧，穿透水线带装甲后被装甲之内的橡木内衬阻滞住。利士比根本没有料到清军炮台的火力会如此凶猛，更没有想到清军装备了210毫米口径的要塞炮，此时他要后悔把自己的军舰停得如此靠前了。不久，又有一颗从基隆主炮台射出的炮弹飞来，击中了"拉加利桑尼亚"号的舷侧炮位，导致1门240毫米口径主炮严重受损，幸亏这颗射来的中国炮弹是不会爆炸的实心弹，周遭的人员才未受损伤。

激烈的炮战进行了十几分钟后，基隆港除主炮台之外的其余3座炮台都渐渐被法国军舰炮火压制、摧毁，炮战演变成了法国军舰和基隆港主炮台之间的决斗。8时45分，基隆港主炮台北侧被击中起火，驻守炮台的中国军队未能控制住火势，大火蔓延至炮台的火药库，在9时发生剧烈爆炸，基隆港炮台群的防御宣告失败，利士比的3艘军舰共使用了1个小时时间扫清基隆

港的外围防御。[31]

战斗进行中，眼见海港左岸的白米甕、仙洞鼻两座炮台根本没有作战能力，在"鲁汀"的炮火支援下，"维拉"舰搭载的80名登陆水兵由海军上尉提吉（Dartige）率领，乘坐舢板划向岸边，很快在被轰毁的白米甕、仙洞鼻炮台上竖立起了三色旗。当基隆港主炮台弹药库爆炸后，"拉加利桑尼亚"副舰长马丁（Martin）中校率领搭载该舰的120名"巴雅"舰登陆队也立刻乘坐舢板上岸，与从右岸赶来的"维拉"舰登陆队会合，一起向基隆港的主炮台发起进攻，至中午11时占领了主炮台，并于下午2时由军舰上派出的水雷队使用棉火药将各炮台中清军存储的弹药进行引爆摧毁。[32]

8月5日半夜，基隆突降暴雨，占领炮台的两百多名法军登陆队因为没有携带任何的宿营装备，被淋得浑身透湿。第二天清早，利士比少将急忙安排向岸上运输帐篷等补给物资，与此同时，占领基隆炮台的这支人数可怜的法军准备按照利士比的部署，去完成占领基隆城区和煤矿的重任。

尽管失了港湾口的各炮台，但是基隆市镇外围的山间仍然还有许多清军的工事存在。曹志忠所部6营清军以及从台南海运前来增援的章高元部武毅军，合计总兵力仍多达4000余人，都退守在第二线的各工事中严阵以待。6日清晨，凭着错误判断，以为清军随着炮台失守已经逃散的法军，在本就不多的兵力中又加以拆分。仅以"维拉"舰的80名陆战队由军官雅格米埃（Jacquemier）率领向基隆市镇挺进，结果在途中就被清军阻击，看见战况越趋激烈，剩余的"巴雅"登陆队在马丁中校指挥下也投入战斗，最后因为周围的清军越聚越多，"四面有2000到3000人包围我们"，兵力实在过于单薄的法军被迫放弃了攻占基隆的企图，开始狼狈撤退。撤退途中，由巴比埃（Barbier）中尉率领40人断后，负责牵制住数千名围追的中国军队，以掩护主力撤退，最终法军以阵亡2人、受伤11人的代价，脱离了战斗，于当晚节节撤回到了军舰上。基隆港的中国守军在两日的战斗中伤亡近百人，法军想要占领的基隆煤矿，则在炮台失守后，由刘铭传下令自行炸毁采矿设备，中法战争中的首次基隆之战告终。

8月6日夜间，法军清点登陆队人数时，突然发现有一名士兵失踪。海军中士游露德（Jullaude）随大队撤退时途经基隆港主炮台，眼见飘扬在炮台上方的巨大法国国旗无人收拾，游露德便单身爬上旗杆，将三色旗卷在身上撕下。完成了这一光荣举动的中士回到地面时发现四周已经全是中国军队，在4000多名清军中，游露德边躲边走，"从他蹲着的藏身处，他清楚地看见中国军队在他上面走过，抢劫法军营地。黑夜到来，中国军退出了我们以前的阵地，他又走上兵营那边，找寻方向，并且在那里喝掉了一些残留在一个水壶中的咖啡，走下小山来"。直到8月7日的凌晨3时，停泊在距基隆海岸400米外的"维拉"听到远处岸上传来大声的法语呼救，一艘小舢板划向岸边把游露德和那面巨大的国旗带回了军舰。[33]

1884年8月10日，军机处收到刘铭传经由厦门用电报转发的战报：

"十五日八点钟，法以五船攻基隆炮台，十二点炮台全行打碎，我不能守，法亦未据，基隆营盘依旧守住……即日十一点钟，法人上岸四百余人，携炮四尊来攻曹营，经派曹镇、章高元等带队旁抄，生擒法人一名，死伤不下百余，抢来坐旗一面，乘势破其山头炮台，得炮四尊，帐房数十架，洋衣帽甚多。"

刘铭传这一战报中，所谓"法军上岸四百"，以及"携带行营炮"等内容，都属于夸大，如果说这还可以理解为对敌情判断不清的话，那么"生擒法国人"、"打死打伤百余名法军"则更是捏造，将拾获法军遗落在基隆山头的国旗称为"抢来坐旗"，则更属妙笔生花。然而就是这样一份不实的战报，立刻在军机处引起群情激昂，认为法军并不可怕，同时中国舆论也出现了刘铭传击沉法舰、重挫法兵的"基隆大捷"之说。而对法军而言，初试海上锋芒的基隆之战并没有实现预定占领煤矿的目标，然而这才仅仅是开场的序曲。

∧ 基隆之战后，受刘铭传战报的影响，清政府陷入盲目乐观中，社会舆论上各种夸大的胜利消息比比皆是。《点石斋画报》的这份报道上，就出现了击沉法舰的辉煌战果

注释：

1. 黄浚：《花随人圣庵摭忆》，山西古籍出版社 1999 年版，第 558 页。

2. 同上，第 558—559 页。

3.《翁同龢日记 4》，中华书局 1998 年版，第 1818—1819 页。

4. 同上，第 1819 页。

5.《上谕》，中国近代史资料丛刊《中法战争 6》，新知识出版社 1955 年版，第 259 页。

6.《请缨日记》，中国近代史资料丛刊《中法战争 2》，新知识出版社 1955 年版，第 129 页。

7.《军机处密寄署广西巡抚潘鼎新上谕》，中国近代史资料丛刊《中法战争 5》，新知识出版社 1955 年版，第 294 页。

8.《两广总督张树声奏北宁失守请将带兵各员分别治罪并自请交部严议折》，中国近代史资料丛刊《中法战争 5》，新知识出版社 1955 年版，第 300 页。

9. 龙章：《越南与中法战争》，台湾商务印书馆 1996 年版，第 211—213 页。

10.[美] 马士：《中华帝国对外关系史》第二卷，上海书店出版社 2000 年版，第 389—390 页。

11.《中法简明条款》，中国近代史资料丛刊《中法战争 7》，新知识出版社 1955 年版，第 419—420 页。

12. 龙章：《越南与中法战争》，台湾商务印书馆 1996 年版，第 222—223 页。

13.《谕边兵退守》，中国近代史资料丛刊《中法战争 4》，新知识出版社 1955 年版，第 99 页。

14.《军机处电寄潘鼎新谕旨》，中国近代史资料丛刊《中法战争 5》，新知识出版社 1955 年版，第 381 页。

15. 同上。

16. 龙章：《越南与中法战争》，台湾商务印书馆 1996 年版，第 244 页。

17. 同上。

18. 同上，第 245 页。

19.《孤拔元帅的小水手》，（台湾）"中央研究院"台湾史研究所筹备处 2004 年版，第 7—8 页。

20. 龙章：《越南与中法战争》，台湾商务印书馆 1996 年版，第 246 页。

21.《李鸿章奏前议法约实无含混片》，中国近代史资料丛刊《中法战争 5》，新知识出版社 1955 年版，第 405 页。

22. 龙章：《越南和中法战争》，台湾商务印书馆 1996 年版，第 249 页。

23. 中国近代史资料丛刊《中法战争 5》，新知识出版社 1955 年版，第 476 页。

24.《督办台湾事务刘铭传奏报起程日期折》，中国近代史资料丛刊《中法战争 5》，新知识出版

138

社 1955 年版，第 409 页。

25. 黄浚：《花随人圣盦庶忆》（一），山西古籍出版社 1999 年版，第 181 页。

26.*Conway's All The World's Fighting Ships 1860—1905*，Conway Maritime Press1979，p319.

27.《中法海战》，中国近代史资料丛刊《中法战争 3》，新知识出版社 1955 年版，第 541 页。

28. 同上。

29.*Conway's All The World's Fighting Ships 1860—1905*，Conway Maritime Press1979，p302.

30. 同上，第 322 页。

31.《中法海战》，中国近代史资料丛刊《中法战争 3》，新知识出版社 1955 年版，第 542 页。

32. 同上，第 543 页。

33. 同上，第 543—544 页。

雾锁
罗星塔

第五章

幼樵重任

1884 年初春，借着御史盛昱的奏参，慈禧太后大加发挥，对军机处乃至中枢进行大面积的人事更换，包括恭亲王奕䜣在内的一批旧臣被逐出权力中心，史称"甲申易枢"。这场剧烈的政治变局过去整整一个月后，李鸿章奉命在天津和法国特使福禄诺尝试进行和谈，中法两国的关系从表面上看似在逐步趋向于和缓，然而就在这时，1884 年 5 月 8 日，清政府中央突然又出台了一项涉及重要人事变动的决定。当天，清廷明发上谕，通政使司通政使吴大澂、内阁学士陈宝琛、翰林院侍讲学士张佩纶等三名当时风头极健的清流党官员，全部被外派出京，分别授予会办北洋、南洋事务和福建海疆事宜，同时均赋予可以专折奏事的权力。[1]

三名平时在朝中议论多端，积极主战的言官，一瞬间全部被推到了具体办理海防事务的历史前台，成为直接肩负海防前线战守之责的钦差大臣。对于这道特殊的任命，普遍的观点是认为清流党之前在朝中被慈禧太后当作工具利用，以参劾攻讦恭亲王为首的军机班底，当恭亲王失势、新班军机接权后，清流党的可利用价值变弱，正值中法两国已经在尝试以外交和谈来解决危机，这些平日里以议论为能事，善于幕后指责他人的言官骨干继续留在中枢已经不合时宜，因而此时慈禧太后决策让他们调换身份，直接去感受一下一线任事的艰难，多一些实干的经验，让中枢纷扰不已的空谈喊声稍微平歇一下，将清流的势力也打压下去。可是当时谁也没能想到，这些只会纸上谈兵的书生，会真的面临一场战争的考验。

突然被授予会办海防的重任，平日里以文章议论主战的吴大澂、陈宝琛、张佩纶三人都陷入异常复杂的思绪中。击楫中流、投笔从戎等等先贤往事涌动在这些烂读圣贤书的书生胸怀，摩拳擦掌准备大展拳脚的豪情自然是冲涌心间。可是近代化的海防、军事事务与性理名教根本不是一个类型的知识，对他们而言是完全陌生的领域，正处在中法交涉结局莫测的时刻，自己的前途到底会如何？看似平静的宦海里究竟暗藏着多少波涛诡谲，是压在几位新任钦差心头的巨石。紧接着 6 月间，观音桥事件爆发，本来已经看见一点和平曙光的中法关系骤然跌入冰点，法国方面在谈判中公开威胁要攻占马尾、基隆等地作为质地来勒索中国答应赔款。马尾和基隆都是福建海防的责任所在，此时，三名外放的钦差大臣中，负责会办福建海疆事宜的张佩纶被推到了风口浪尖。

张佩纶，字幼樵，直隶丰润人（今河北省唐山市丰润区），1848 年出生于浙江杭州，当时其父张印塘正任职杭州知州。燕赵大地的风骨，加上浙杭的灵秀之气，孕育出了张佩纶与众不同的才情。23 岁考中进士，26 岁名列翰林院，成为同辈艳羡的才子，又凭着文章笔墨功夫，加之好议论时事，敢于纠参的胆气，与张之洞、宝廷、黄体芳并称为"清流四谏"[2]。因为其弹劾本领了得，还得到一个诨号："清流靴子"。

印证了当时清流、浊流表面看似水火不容，而私下互有你我、互通声息的幕后真实情况，清流健将张佩纶与北洋大臣李鸿章其实有着极为密切的私人关系。张佩纶的父亲张印塘在太平天国战争期间，曾担任安徽布政使，恰好与兴兵江淮的李鸿章成了战友，且关系十分融洽，"并马论兵，意气投合，相互激励劳苦"。张印塘去世之后，李鸿章对其家人关心备至，建立在父辈的这种友谊关系基础上，

△ 清流才俊张佩纶，一度是言官群里璀璨的政治之星。甲申年被外放赴闽，他怎样也无法预料，马江边竟然将成为他人生命运的转折地

清流健将张佩纶与李鸿章越走越近，1879 年后事实上已经成了李鸿章的幕府中人，就此李鸿章在清流党中打入了一个楔子。鲜为人知的是，提议在清政府中央设立统一的海军指挥机构的人便是张佩纶，在北洋水师统领人选的酝酿中，张佩纶也曾一度在列。

1884 年 6 月中旬，中法观音桥事件爆发，中国东南沿海局势顿时吃紧。经慈禧太后连续两次召见后，重担在肩的张佩纶被授予三品卿衔，离开了他的成功成名之地北京城，匆匆出都前往东南赴任。张佩纶选择的南下路线，并不是直接前往福建，而是先到洋务之城天津，拜会既有叔侄之情，又有官场互为应援之谊的北洋大臣李鸿章，以求这位人脉资源丰富，深谙官场之道，熟悉近代海防事务的托塔天王给予仙人指路。

初夏季节，北京南城慈悲庵附近的陶然亭是著名的纳凉之所，宜人的湖光水色间，京城诸友在这里给张佩纶等话别送行，联想到前路莫测的中法局势，张佩纶等东南之任明升暗谪的政治玄机，送别聚会的气氛显得极为沉闷，在座者大都相对默然，把酒凄零。清流四谏之一的宝廷为张佩纶作诗一首，以表依依惜别之情：

> 友朋久聚处，淡泊如常情，偶然当离别，百感从此生。
> 人生各有事，安得止同行？各了百年身，甘苦难均平。
> 古今几豪贤，畴弗有友朋，离别亦习见，别泪例一零。
> 今日天气佳，有酒且共倾，勿作祖帐观，联辔游江亭。
> 俯视大地阔，仰视高天青，余生尚几何，愿醉不愿醒。[3]

马江险境

在 6 月的烈日骄阳下，张佩纶一路风尘首先到达了天津北洋大臣衙门，同批差遣出京的会办北洋海防吴大澂，新近任命的中法前敌重要官员两广总督张之洞，也都聚集到了此处。平日里清流党大多对主张洋务建设的李鸿章

∧ 船政水师旗舰"扬武"号巡洋舰

不以为然，但真正遇到重大事件，李鸿章又成了不可缺少的智囊法宝。

因为中法和谈陷入僵局，心情并不畅快的李鸿章，对张佩纶获得的任命情况更显得忧心忡忡。究竟应当如何来快速巩固福建的海防，李鸿章本身并没有更好的意见，只是反复提醒张佩纶应该设法加强船政水师的实力，将船政水师调拨在各地的舰只从速集中起来，实施强化训练。为了让张佩纶对近代海军产生一些直观感性的认识，同时提高船政水师的训练水准，接着船政水师的旗舰"扬武"号被派达天津迎接张佩纶，李鸿章携张佩纶、张之洞、吴大澂，并调用"扬武"舰一起巡视北洋海防。一行人首先前往建设中的北洋海防重镇旅顺，检阅规模初具的炮台要塞，然后调集北洋水师新锐的"超勇""扬威"撞击巡洋舰，6艘"镇"字号蚊子船，以及"康济"等辅助军

舰会合到山东烟台操演阵法，最后到
达威海，由北洋水师以及水雷营等特
别为张佩纶等演示介绍了鱼雷、杆雷
等新式兵器。

经过短短几日的近代海军知识速
成班教育，张佩纶和南下任职的张之
洞一起乘"扬武"舰从威海出发，绕
成山头南下，临别之时，李鸿章开出

∧ 清末时代的福州

了包括24门克虏伯山炮和1200支新式哈乞开司步枪的厚礼，赠送给张佩纶
去加强福建防务，以壮行色，李鸿章对这位自己颇为欣赏的故人之子的关护
之情，跃然纸上。[4]

带着李鸿章的款款深情，张佩纶于1884年7月3日顺利抵达了福建省城
福州的海上门户马尾。马尾正是当时闽台最重要的海防机构船政的所在地，
张佩纶顾不得流连于南国瑰丽的山水美景，追寻朱子圣人的遗迹，立刻会见
了时任船政大臣何如璋，视察船政的制造、教育等机构，快速了解、熟悉船
政的一应事务。在马尾仅仅停留了不到一天后，张佩纶又马不停蹄，在7月
4日赶到了绿榕成荫的省城福州，拜会八旗福州将军穆图善、闽浙总督何璟、
福建巡抚张兆栋等地方军政大员，初步了解福建的海防布置情况。[5]

此后，张佩纶开始了针对福建海防情况的密集调研、考察活动。7月8日，
张佩纶和福州将军穆图善一起乘船出发，亲自前往闽江口五虎门一带查勘地
形，视察沿线炮台工事的布置情况。10日，又与船政大臣何如璋一同视察壶
江一带的地理形势。11日张佩纶返回福州，根据连日来实地视察的情况和总
督等会商布防事宜。此后张佩纶还准备在16日渡台湾海峡，直接奔赴澎湖、
台湾视察当地的海防情况。[6]因为"扬武"舰的蒸汽机发生故障需要修理，
不克成行。

今天，乘舟游走在福州至闽江口的江面上，绝对是一桩十分惬意的事情，闽江的这一江段水面狭窄，两岸群山连绵，举目都是景色如画。早在清末，来往于马尾口岸的外国人，就惊叹其美景，称其为中国的莱茵河岸。[7]不过时间退回一个多世纪前，泛舟在这条"莱茵河"上的张佩纶，心情是万般的沉重。

闽江乃至福建海防的要点是位于马尾的船政，从闽江入海口至马尾的闽江江流，沿途水道蜿蜒，两岸山岭耸峙，层层天险，构成了险要的闽江门户。

在闽江的入海口处，以兀立于江中的琅歧岛为界，分成南北两个支流，南侧被称为梅花江的水道水浅，大船无法航行，北侧支流成为从外海进入闽江的主航道。主航道上，首道天险是位于江中的一座礁石，底部相连的这座礁石，上分为 5 座小峰，远看如同 5 座山峰，称为五虎山，这段江面就是著名的五虎门，其形势又被称为"五虎把门"。越过五虎门天险，江中又出现两座相隔不远的礁盘，形似双龟，称为"双龟锁口"。由此往内，闽江江面突然收缩，琅歧岛与江北海岸之间形成了一段宽度只有几百米，水流湍急、

∧ 形势险要的闽江口，照片中江面上的两座岛屿，就是著名的"双龟锁口"

漩涡密布的危险航道，航船从这里通过本来就需要小心翼翼，清军又在江口两侧各修建了两座炮台群，分名"长门""金牌"，扼守航道。

穿过长门、金牌天险，江面一路豁然开阔，至上游的闽安段再度收缩成一个江峡，清军在南北两岸也修筑了田螺湾等炮台设防。从闽安江峡继续往上游，在闽江的南岸能看到一块山石犹如金刚巨足从岸上伸入江中，称为金刚腿。就在金刚腿附近的大屿岛上，设有八旗三江口水师营的圆山水寨，以旧式师船守护这段江面。自圆山水寨继续往上游，至江水拐弯处，北岸江边出现一座建有漂亮宝塔的岛屿，在被西方人称为宝塔岛上的那座宝塔，就是福州港的标志——罗星塔，罗星塔近旁隔着一条名为君竹港的河汊，北岸的陆地上就是船政的所在地马尾，该地的闽江江段又称马江，来往福州的商船聚集停泊的罗星塔锚地即在这一段江域。过了马尾，可以看见闽江往上游的两条江流，以江中的南台岛为界，南侧由永春、德化而来的江水称为乌龙江，

∧ 圆山水寨

△ 罗星塔锚地一带的马江风光

△ 停泊在罗星塔锚地的中国船只

水浅不能行驶大船，北侧汇聚政和、古田而来的江水是主流，通往省城福州。

由闽江入海口至马尾，闽江江面最宽处不过数公里，沿线的五虎、双龟；金牌、长门；闽安江峡；圆山水寨；马尾船政，构成了一道道屏障。可是，优越的地理形势之外，沿江的防御部署却大成问题。

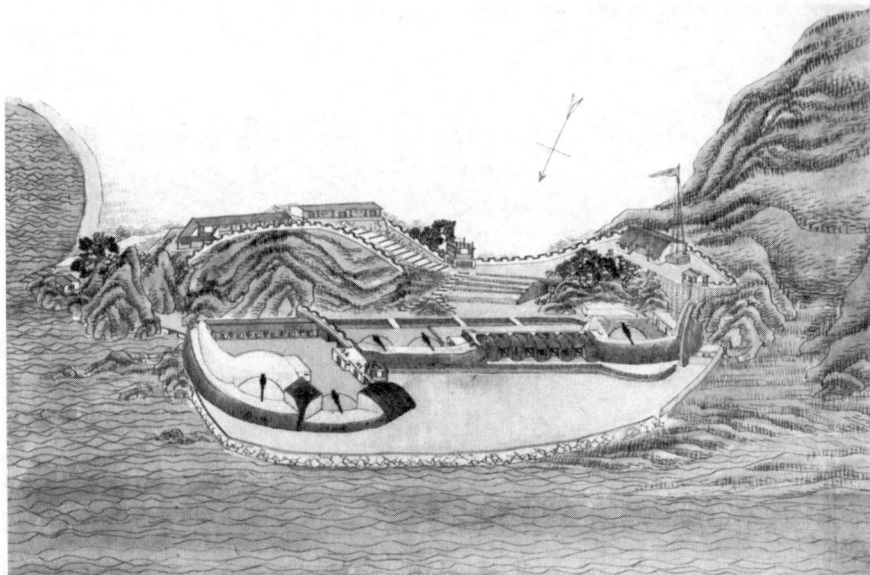

∧ 长门炮台图

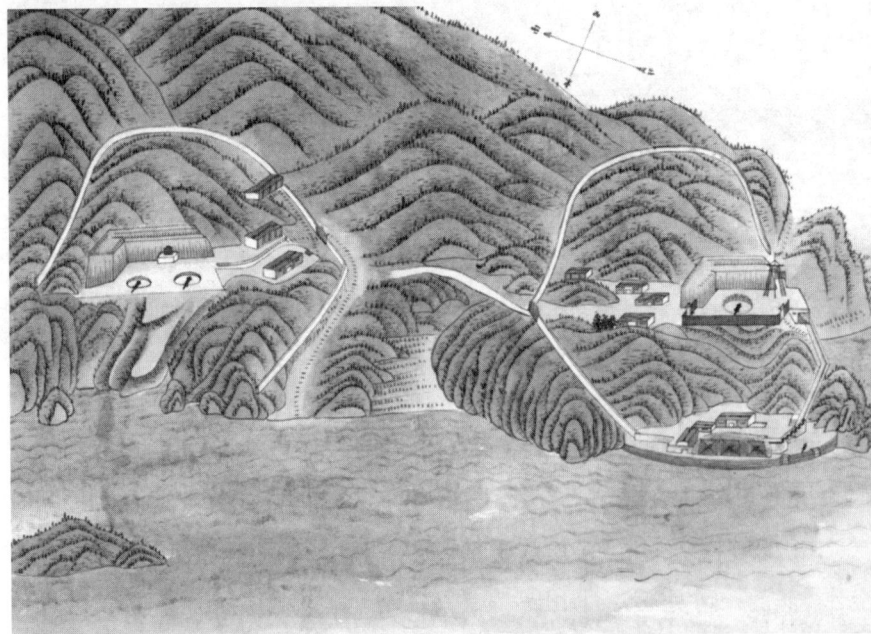

∧ 金牌炮台图

马江从长门、金牌炮台开始，沿江有多处炮台，看似占据数量优势，但是这些炮台大都形同虚设。各炮台的建筑样式杂乱不一，甚至还有明代戚家军修筑的古董，这样的工事建筑能否抵御近代战争的炮火令人担忧。炮台所装备的火炮也存在同样问题，除了长门炮台装备的 1 门 210 毫米、4 门 170 毫米口径克虏伯要塞炮，金牌炮台装备的 2 门 170 毫米口径克虏伯要塞炮较为新式外，其余炮台上的火炮大多样式老旧。除此以外，炮台的设计布置也成问题，由于设计构型老旧，炮位大多朝向单一，几乎所有的炮台炮位都有射击死角的问题，很容易被敌方利用。而且在战略位置极为重要的闽江入海口地带，仅仅有金牌、长门两座朝向闽江航道的炮台，而根本未设朝向外海的海防炮台。

中法战争时期闽江沿线炮台布置情况 [8]

炮台名	装备火炮型号	数量（门）
金牌炮台	威斯窝斯前膛炮	5
	中国自造前膛炮	4
	170 毫米口径克虏伯炮	2
长门炮台	210 毫米口径克虏伯炮	1
	170 毫米口径克虏伯炮	4
	中国自造前膛炮	8
	机关炮	5
闽安江峡北岸炮台	中国自造前膛炮	17
	7 英寸炮	9
闽安江峡南岸炮台	8 英寸炮	2
	7 英寸炮	9
	中国自造前膛炮	19
闽安炮台	8 英寸炮	1
	中国自造前膛炮	8

不仅如此，闽江下游沿线的驻军也是问题重重。

各军中规模最大的一支是建宁镇总兵、"达春巴图鲁"张得胜率领的凯字军9营，驻守在长门、金牌炮台及其周边地带。张得胜，湖南泸溪人，1851年在广西投军，在镇压太平天国和捻军战争中屡立战功，率部曾先后生擒太平天国英王陈玉成、捻军首领张漋，深受清军大帅袁甲三的赏识。[9]不过，战争年代获得过如此荣耀战功的张得胜终究只是一个武人，在承平岁月、重文轻武的官场上不知所措，时至1884年，年已54岁的张得胜仍然只是个总兵，还在一线领兵带队，昔年的壮志豪情早已消磨殆尽，"统领张得胜，本袁午桥部将，颇著战功，近则吸烟渔色，壮志颓唐"。类似的现象在清代的军队中并不罕见。终日醉卧烟榻，梦入声色混日子的张得胜，对所部军队的操练管理全不在意，以致其部将几乎全是闽浙总督何璟安插的人员，张得胜实际成了傀儡。新官上任的张佩纶到达江口炮台视察时，目睹守军暮气沉沉，操炮生疏，营官气焰胜于总兵之上的情况，顿时怒火中烧，当场下令摘去了长门炮台守将康长庆的顶戴，后来又将另一名守将袁鸣盛撤职。[10]闽江沿线防御部队中兵力最大的一支防军的士气，靠着这样的举动能否振作起来？

与凯字军统领总兵张得胜的境况类似，闽安江峡地带的清军守将闽安协副将蔡康业，早在太平天国时代就已经是副将，此后始终未得升迁，张佩纶到营检阅时，发现"营伍不知振顿，空额甚多"，一怒之下又将其革职。

闽江下游沿线另外一支重要的驻防军队是道员方勋所率领的潮普军，方勋是广东水师提督方耀的四弟，方氏兄弟籍隶广东潮州普宁县，自太平天国战争期，就在家乡带起一支子弟兵，起名潮普军，以杀人如麻、心狠手辣著称。潮汕之地，本来就民气强悍，尚武成风，经历无数大战的潮普军更是战力旺盛，骄气十足。早年为了助防闽台，方勋率领5营潮普军进驻在福建沿海，但是布防散漫，2营被分在澎湖，1营分在兴化，留在闽江下游一带的仅有2营兵力，而且潮普军带有当时清军的一个通病，即军纪极坏，在当地经常骚扰百姓，民怨极深，更是张佩纶心头的大病。

除去沿线的守军外，马江防御的重中之重船政也是张佩纶的心病。船政创设之时，左宗棠择址过于草率，船政造船厂江边的水深仅能容纳 2000 余吨军舰，已是制约船政发展的枷锁。同时，船政的厂区形势还极不易于防守，"前无屏蔽，后有水陆两路可登"，周围没有设立任何炮台防御工事，而且船政的火药库居然建在后山高处，一旦被击中后果不堪设想，"左恪靖、沈文肃当日亦布置稍疏，设有战事，敌以大炮攻局，即我军获利，局亦摧残"[11]。驻守船政厂区的军队仅有当初沈葆桢调用、招募的福靖军新后，老后两营，听闻大战风声，副将营官张升楷已露怯色，"一月以来不时托病"。[12]

让张佩纶忧愁万分的这些陆路军队，不仅战力成问题，装备也极为低劣，普遍装备的是淮军早已淘汰多年的雷鸣顿旧式单发步枪。一旦法军登陆，这样的军队能否有效防御？

张佩纶出都之时，原本只准备在福建、台湾各地走一遭，将沿途情形上奏后，就等待中枢谕令召回，到时就可以中途称病而居身局外。如果中枢不召回他，则直接上奏称病。"初意将船政、台事及各处防务查明复奏，静听朝命，召回，中途乞病；不召，设辞乞病，所见颇决。"途经上海时，听闻中法交涉日趋僵化，"复志遂初"，才下定决心到福建弄出一番作为来，未料眼下尽是这样的情形，犹如一盆冰水，将张佩纶浇得浑身透凉。

检阅完马江防务后，张佩纶曾上奏清廷，做过一段颇似诸葛亮出师表的决心表态，"皇上、皇太后拔臣于疏贱之中，授臣以艰难之寄，敢不与二三老成激励诸军，妥筹战略，殚诚竭虑，冀释忧勤"[13]。然而私底下给恩师李鸿藻与侄儿张人骏的信中，却透露出不安与烦躁，"闽地炎蒸烦鬱"，大骂闽浙总督何璟"在闽七年，一无布置，罪无可逭"。

船政水师

在闽江沿线以及船政地域，除了陆上的炮台和守军之外，福建当地还有一支特殊的武装力量，即船政水师。

1866 年，以建造蒸汽动力军舰和培育海军、舰船工程人才为主要建设目标的船政获准开办后，首任船政大臣沈葆桢在 1867 年即颇有远见地开始着手编练专门的舰艇部队，初期定名为船政水师营，调用"闽中旧撤炮船"十艘，招募二三百名水勇，由署理闽浙总督督标水师营参将杨廷辉任管带，这支最初以编练水兵，预备将来给蒸汽动力军舰派出舰员的机构就是船政水师的雏形。[14]

此后随着船政自行建造的蒸汽动力军舰不断问世，1870 年根据清政府的指示，船政以自造轮船作为装备基础，正式开始筹组近代化海军舰队，正式番号叫作"轮船"，俗称为船政水师，隶属船政大臣管辖，由船政经费供给。[15]

船政水师从创建开始，不仅装备与欧洲海军相似的蒸汽动力舰船，制度和各项规章都很大程度上模仿当时的英国海军，是中国最早的近代化舰队，后起的北洋水师很大程度上模仿了船政水师的制度和模式。船政水师最初由绿营福建水师提督兼任统领，军官多为从沿海浙江、福建等地招募的一些经由自学等途径熟悉蒸汽轮船操作的人才，水兵则多从浙江、福建两省沿海招募。随着船政水师的发展，以及船政自身学堂教育的发生，到了 1874 年日本侵台事件之后，船政水师的军官结构发生了重大变化，舰队的指挥官不再称为统领，改称督操，1877 年后又改以船政水师营务处兼任，船政水师的各舰军官中开始出现大量经船政后学堂毕业的职业军官。总体而言，船政水师的军官群素质，以及训练水兵，在当时中国各支近代化舰队中属于翘楚。

至 1884 年中法战争爆发之前，船政水师纸面上共拥有各型舰船二十余艘，由营务处兼"扬武"舰管带张成统率，看似规模十分庞大，然而实际上能直接用于福建防务的力量却十分有限。

早在 1872 年时，由于船政常年的经费总数额定不便，随着自造军舰的增多，不断增加的舰员和舰船保养维护费用使得船政不胜负荷，遂与一些沿海省份协商，并经报请清政府同意，开始施行船政水师军舰分拨各省的模式。拥有沿海通商口岸城市的省份，根据需要可以挑选船政水师的军舰调往驻防，只要承担所调军舰在驻防期间的人员薪饷和维护保养费用即可。由此，从1872 年后，奉天、直隶、山东、江苏、浙江、广东沿海六省均从船政水师调用军舰，一瞬间船政水师遍布各口岸，实现了在全国沿海的布防。[16]

船政水师的这种调防全国模式，有效地解决了船政以自身经费无力供养大规模舰队的问题，也一度使全国沿海的近代化海防形成了一盘棋的格局。而且调防外地的军舰使用权虽然归属所在省份的总督、巡抚，但是军舰的所有权依然归属船政，舰上的人员任用、军舰管理仍然归船政水师遥制，同时为了保证调防外地的军舰能够继续保持较高的训练水平，船政水师还制定了定期会操的制度，即调防各地的船政水师军舰定期返回和留防福建的船政水师统一训练。只是这种制度在具体施行中随着时间推移，渐形松懈。加之各省从船政水师调用军舰时，几乎都是挑拣舰龄新、吨位大、战斗力强的军舰，以至于真正留防在船政自身的多是老旧军舰。张佩纶在视察时即发现，真正驻守在闽江内的船政水师军舰仅有不方便出海航行的蚊子船"福胜""建胜"，以及接他来马尾，因为蒸汽机故障正在修理的"扬武"舰，其余军舰几乎都调用在外省和台湾等地使用。

不仅如此，同样因为受到船政自身经费不充裕的制约，留防福建的船政水师军舰还存在着战斗力薄弱的问题。早在 1874 年日本侵台事件发生后，随着闽海局势趋缓，船政为了节约资金，只保证船政水师正常航行所需的舰员编制，对各舰的炮手编制大幅缩减，以船政水师的旗舰"扬武"为例，仅只保留基干炮手，"扬武"舰共装备各型火炮 11 门，正常情况下的炮手应为 76 人，而实际只编制 26 人。船政水师调拨外省的军舰，很多也是同样的问题。炮手的缺编，严重削弱了军舰的战斗能力。

目睹船政水师所存在的问题，张佩纶到任后开始与船政大臣何如璋协商，将散布在福建、台湾等港口的船政水师军舰尽快收拢到马尾，同时向相关省份的总督、巡抚申请，试图将派驻外省的船政水师军舰调回马尾。此外，张佩纶和何如璋还设法筹措资金，为船政水师的军舰增募炮手，补足舰上战斗岗位的人员名额。

风云乍起

有关法国军队可能要来侵略的消息，犹如是一场突然乍起的瘟疫，在八闽大地四散蔓延。比起要冲马尾情势更为夸张的是，省城福州此时竟然已经陷入了恐慌，有钱有势的家族开始准备收拾金银细软逃离，街头巷尾到处都是各种谣言。按照八旗入关时的祖制，福州驻有八旗驻防军两千余人，平日以宪兵的姿态监视全省绿营、勇营各军，听到洋人将要犯境，福州将军穆图善开始召令八旗子弟们准备战守，"因日久无事，所有军器均锈腐不堪任用，忽闻腥膻之气犯我闽疆，为保护城池计，立传全城铜铁、裁缝各匠，在保福局日夜赶制枪支、子弹、旗帜、号衣及各种军器……"[17]

按照当时的市井传言，主政福建的几位大臣各自的表现不一。总督何璟笃信神佛，每日在总督衙门礼佛诵经，"以冀退敌"[18]。巡抚张兆栋"只恐城被围困，署中绝粮"，一再催促家人仆役"多购柴米及咸鱼等物，积存署中"[19]。北京来的钦差大臣张佩纶，"气势炎炎，英豪自负，入闽时，与各官吏晋接周旋，非三品以上之官吏概不在眼"，根本不拿福建本省官员放在眼中，终日按照自己的理解去指画安排一切，闽省官员对这位傲慢的外来者，大多干脆持袖手旁观的漠然消极态度。[20]

感觉自己堕入绝地中的张佩纶，抱着死中求活的一线希望，开始日夜临阵磨枪，积极准备战守。在张佩纶看来，不仅仅是船政可能成为法国人的目标，整个闽江沿线处处都有可能被法国人登陆，省城福州更有可能被战火波及，简直是千头万绪。根据约定的分工，福州将军穆图善将亲自前往长门炮台督军，张佩纶则自请在马尾坐镇船政，总督何璟和巡抚张兆栋负责留守于省城。

∧ 中法战争期间正在调防的中国军队

散扎在澎湖、兴化等地的 3 营潮普军，立即被张佩纶饬令调回，代之以福州城内拼凑的散兵游勇去换防，其中方勋亲率一营潮普军驻扎至马尾，加强船政所在地区的防御力量。在闽江沿岸，张佩纶起用在籍的前署闽安协副将杨廷辉，补用副将杨美胜，记名提督沈茂盛，补用道刘倬云等应急组织漳州、泉州等地的海盗无赖以及亡命之徒，编成五营新募军，但没有枪械装备，将这些人等编练成军，只能防止战事发生后地方出现骚乱抢劫等患害，"此间募漳泉勇，帐房、军器均无，有空手入白刃，赤立当炮火，而敌胆已寒耶？何啻梦呓"[21]！在江口地带，张佩纶下令沿海村庄组织团练，以防范有人被收买为法国军舰充当引水。又利用李鸿章赠送的克虏伯行营炮，以及在船政厂区搜罗出的此前李鸿章援助船政的火炮，在船政周边的中歧山，通往福州航道口上的林浦等地赶筑行营炮台，用李鸿章派来支援的技术军官领队设防……

和中国方面一样忙碌的是，从各种途径得知法国勒索中国赔款，威胁要攻取马尾、基隆等消息后，既是为了保护侨民，同时也带有观战，打探中法舰队底细，以及打探福建船政底细的目的，各国远东海军纷纷派出舰船开进马江围观。1884 年 7 月 12 日，美国亚洲舰队司令戴维斯（John Lee Davis）乘坐排水量 1375 吨的炮舰"企业"（Enteprise）率先进入马江，停泊在马尾江段观察局势。紧接着，英国中国舰队司令陶维尔（Sir William M.Dowell）

率领旗舰明轮炮舰"警戒"（Vigilant）、巡洋舰"冠军"（Champion）、巡洋舰"蓝宝石"（Sapphire）、炮舰"梅林"（Merlin）也陆续奔赴马江。

就在美国海军的"企业"号到达马江的同一天，法国政府经议论通过后，向总理衙门提交了一份最后通牒，要求清政府在7月19日之前就是否接受向法国赔偿250亿法郎军费、支付法国东京远征军驻扎费用做出明确的表态，否则"法国政府将迳行取得其应有之担保与赔偿"。7月13日，法国海军和殖民地部部长电令正在上海的孤拔，要求"派遣你所有可以调用的船只到福州和基隆去。我们的用意是要拿这两个埠口作质，如果我们的最后通牒被拒绝的话"。得到命令的当天，停泊在上海的法国东京支队三等巡洋舰"阿米林"（Hamelin）就作为先锋，被孤拔派遣首先南下马尾。7月14日，法国驻福州领事白藻泰（Comte G.de Bezaure）正式通报闽浙总督何璟，告知当天将有两艘法国军舰到达马江一带。

第一次鸦片战争之后，福州成为五口通商的重要口岸之一，对外国船舶开放。由于闽江的水文特点，各国商船并无法直接上驶到福州城下，真正的福州港口事实上就是罗星塔附近的马江锚地一带。列强只要事前照会、通知，其军舰都能自由进入到马江一带停泊。眼下法国领事已经前来照会，明知道法国军舰来者不善，但中法并没有正式开战，按照条约并不能对其阻拦。就如何应对这一难题，张佩纶立即与闽浙总督何璟、福州将军穆图善、福建巡抚张兆栋等会商，何璟出示4月间军机处下达的"彼若不动，我亦不发"，必须等到法国军队登陆上岸才能动手的命令，最终"众议不敢阻，阻亦徒费口舌，两轮亦尚无碍"。[22] 讨论结束后，张佩纶立即电报军机处，认为如果遵照此前军机处的命令，"必俟其扑犯登岸，彼已深入，我不得势"，请军机处就此熟商，给予明确指示。

在中国军民的众目睽睽下，法国军舰"阿米林"缓缓开入闽江，犹如示威游行一般向马尾方向耀武扬威驶来，不过紧接着发生的事情让法国海军颜面扫地。"阿米林"舰在航行到靠近八旗水师圆山水寨附近时，竟然发生了搁浅遇险事故。此后受伤的"阿米林"舰紧急设法堵塞水线下的舰体漏水处，匆匆退出闽江前往马祖岛抢修，又在法国军舰"梭尼"护卫下驶往香港入坞修理。[23] 看到法国军舰出了洋相的张佩纶，认为马江的水文特点也能作为拦阻法军的一大法宝，立即通知海关以及沿江海口岸，命令各处禁止给法国军舰提供引水服务。然而令张佩纶始料不及的是，孤拔很快以支付给每人四千两白银、双倍引水费的巨额费用，将闽海关的五名引水员（两名英国人，一名德国人，一名意大利人）收买。更令张佩纶想不到的，是军机处第二天给他的回复。

7月15日，军机处就前一天张佩纶的电请回复，命令张佩纶等"当向法领事告以中法并未失和，彼此均各谨守条约，切勿生衅，该国兵轮勿再进口"，如此软弱的电令，那句劝说法国军舰不要再进马江的话显然只是敷衍应付。

∧ 法国三等巡洋舰"阿米林"，与孤拔在马江内的旗舰"窝尔达"同级。触礁后，在7月18日被英国炮舰"梅林"拖往香港修理

∧ 由于马江水浅，孤拔的旗舰"巴雅"无法进入，巡洋舰"窝尔达"成了孤拔在马江里的临时代用旗舰

∧ 中法战争中异常活跃的法国巡洋舰"杜居土路因"

幸亏电报末尾还有一则通报，总算没有让福建官员完全失望。通报称穆图善之前所作关于南、北洋调派军舰增援闽防的请求已获批准，已经电谕南北洋大臣。不过张佩纶等不知道的是，所谓电谕南北洋派出军舰增援的是一份怎样的命令："现在该省尚无紧信，如果法逞强开衅，李鸿章、曾国荃如能拨船缀法舰牵制，使其不敢深入，即著临时设法援应。"[24] 之所以上演如此一幕，根层原因在于清廷中枢的首鼠两端，在醇亲王、左宗棠等人影响下，酿成观音桥事变，而当看到法国人拿出的橄榄枝和大棒时，尤其是法国军舰真的在中国沿海虎视眈眈，让军机处一些官员又有些犹豫了。

7月16日，又有一艘法国军舰进入马江，抛锚在罗星塔附近。这次到来的军舰虽然外形并不出众，但是桅杆上飘扬的旗帜足令人注目，孤拔乘坐"窝尔达"到来了。得悉孤拔到来，张佩纶再度急电军机处，请求如果清廷不准备在和谈中向法国让步，应在决裂前提前一两天赶紧通知福建，"庶闽军得先下手，否则彼内外夹攻，中其奸计也，勿忽此言"！[25] 孤拔亲自抵达马江，显然有着某种预示，在其之后，东京支队和中国、日本海支队的舰只源源不

法国海军东京支队军舰抵达马尾时间 [26]

舰名	抵达马尾的时间
"窝尔达"	7月14日由上海出发，16日抵达马尾
"益士弼"	7月13日由上海出发，17日抵达马尾
"蝮蛇"	由越南途经香港，7月22日抵达马尾
"野猫"	7月1日由上海出发，18日抵达马尾
"杜居土路因"	7月14日由香港出发，18日抵达马尾
"维拉"	由台湾基隆驶抵马尾
"德斯丹"	由上海驶抵马尾
45号	7月11日由"梭尼"从下龙湾拖航出发，27日抵达马尾
46号	7月11日由"梭尼"从下龙湾拖航出发，27日抵达马尾

断开来马江。17 日，马江江面上的法国军舰再次增加一艘，炮舰"益士弸"到来。18 日，巡洋舰"杜居土路因"、炮舰"野猫"也已赶到。

距离 7 月 19 日最后通牒到期的日子仅剩下一天，马江之上风云巨变。

"吓退曹兵"

1884 年 7 月 19 日，张佩纶在福州城内的行署里坐立不安，有关中法交涉的相关消息军机处始终未作通报。到了入夜时分，译电局收到了李鸿章发来的电报，对张佩纶及马江局势悬系之至的李鸿章，根据自己当天打探到的一些情报，急电张佩纶。李鸿章的消息来源也并不是军机处，而是就近询问法国驻天津领事林椿（P.Ristelhueber）的结果，林椿称 20 日下午 3 时是法国设定的最后期限，届时如果福建方面不主动让出船政，"彼必开炮"。出于政治考量，李鸿章在电报里并没有直接说明自己的想法，而是在字里行间隐含了建议，即"若不阻，彼亦不能开炮，或尚可讲解"，希望张佩纶干脆将船政的重要机器设备搬走转移，倘若法方进犯，则不作阻拦，同时建议张佩纶不要前往马尾。"望相机办理，且勿躁急，公屯马尾非计。"[27]

实际上，当天根据海关总税务司赫德提出的建议，清政府军机处已经正式宣布派两江总督曾国荃与法方在上海进行谈判，因为法国政府此前提出的最后通牒将在 19 日当天期满，赫德遂与法国驻华公使巴德诺（Jules Patenotre）交涉，经过反复辩论，最终巴德诺初步答应，鉴于中法再开外交谈判，可以向法国政府请示将最后通牒向后延期 8 天，待获得法国政府的态度后再做答复。另外，鉴于中法两国又已进入了外交谈判程序，法方表示谈判期间将不去考虑最后通牒一事，法国军队在此期间不会采取对华的军事报复行动。令人极为费解的是，这样一桩关乎重要军情变化的事件，军机处竟然没有对沿江海的督抚们进行立刻通报。

7 月 19 日的深夜，福州一带大雨瓢泼，得到李鸿章的电报后，张佩纶急得五内俱焚，一面心底咒怨毫无声息的军机处，一面想着如何应对变局，此时距离法国方面此前提出的 20 日下午 3 时的最后通牒期限仅仅只剩下十余个小时的调度时间。张佩纶最终决定不顾李鸿章的建议，将据守船政，准备不惜与法军决一死战，为了防止这一消息扩散后引起群情恐慌，有关 20 日将会发生大战的预警只限定在督抚等大员知情的范围内。此时时间已经不容许再幻想依赖外界的援军，惟有的办法就是从速就现有的兵力设法加强船政一带的防御实力。张佩纶立刻看中巡抚张兆栋留防于省城的福靖军，既然法国军舰进攻的目标已经确定就是马尾的船政，福州省城的守御急迫性就降了一

∧《点石斋画报》刊登的新闻画：两江总督曾国荃抵达上海与法国方面谈判

等，张佩纶挑出精锐的福靖左、右两营（营官分别为花翎尽先补用游击胡连升、朱文龙），命令记名提督黄超群率领，"由陆潜进"[28]。自己则乘小火轮，带领亲兵连夜冒雨赶往马尾。

对当时所处的严峻局面和自己做出决策时的心情，张佩纶事后曾有过一番自我的表白："省城人心惶惶，督蓄匕首，盐道买精金备走，友山（巡抚张兆栋）与有年劝勿出兵，然佩纶安能已哉？！但此举本不计利钝，以尽吾事。"[29]实际从张佩纶当时的身份看，作为清政府临时派出的会办福建海疆事宜钦差，如果行事油滑，事实上完全可以自我解脱，置身事外，在福建处于超然地位，即居身于福州，以检查、监督、参劾为己任，至于福建的江海防工作，大可继续由将军、总督、巡抚、船政大臣等地方本管官员担责。然而感受到严峻的中法外交局面，以及福建省江海防工作所存在的问题，张佩纶全身心地介入管理工作，甚至亲身坐镇船政，反而使得闽浙总督等地方高官有理由卸责，也为日后兵败时张佩纶的个人悲剧埋下了伏笔。

按照张佩纶的命令，两营福靖军冒雨由福州秘密出发，沿着曲折的山路前往马尾，与此同时，马江江面上的船政水师军舰也已经处于高度警戒中。早在张佩纶得到李鸿章电报的两天前，因为目睹到达马尾一带江面的法国军舰越聚越多，船政水师便提前开始了方位部署和警戒。张佩纶经与船政大臣何如璋进行会商，定下了一个水上的应对之策。

广东籍的"扬武"舰管带张成，籍贯广东，是船政后学堂首届学生，与同为广东籍的老乡兼同学邓世昌一样，都属于船政后学堂的第一届外堂生，即船政创办时，为了提高人才培育的效率，从香港集中招募了一批具有一定英文和西学功底的华人子弟，到校后不进入船政后学堂学习，而是直接登上船政的练习舰居住和学习，属于船政后学堂早期非常特别的速成班。由于跳过了基础理论，直接于实践中学习，船政后学堂首届外堂生教育，较之5年制的内堂生见效更快，张成便是外堂生乃至船政后学堂最早通过毕业考核的

两名学生之一。毕业后，张成先
是在船政水师任职，担任蒸汽动
力军舰的管带，历任"海东云""靖
远""扬武""永保"等舰管带。
期间曾指挥"海东云"小轮船救
护遇险民船，"以一叶小艇出入
惊涛骇浪之中十余次，拯救二十
余命"，深受船政大臣沈葆桢赏识。
北洋水师筹办时，从船政选拔人
才，张成被选中，管带北洋新购
的蚊子船"龙骧"，被李鸿章认
为是可造之才，后曾任北洋轮船
督操。旋后因人才难得，被沈葆

∧ "扬武"舰上官兵操演火炮的情景

桢调回船政水师，出任"扬武"舰管带兼船政水师营务处，事实上成为船政
水师的指挥官，所留下的北洋水师督操职务由许钤身继任。1884 年 7 月 17 日，
船政大臣何如璋紧急召见张成，任命张成统领当时马江上仅有的三艘船政作
战军舰，去执行一项十分危险的任务。

按照张佩纶和何如璋商定的计划，船政水师将以"扬武""福胜""建胜"
三舰，设法贴近马江上的法国军舰停泊，"与敌船首尾衔接相泊"，一旦发
现法国军舰有异常动静，"即与击撞并碎，为死战孤注计"。在航道狭窄的
马江江面上，而且是战端未启，主动权在敌手的局面下，这种紧贴对手，猝
发撞击的战术的确是一手高招。可是无论是巡洋舰"扬武"，还是蚊子船"福
胜""建胜"，船身都并没有撞角，采用撞击战术，无异于玉石俱焚的自杀攻击。
17 日当天，马江江面上的法国军舰共有"窝尔达""益士弼"两艘，经过部
署，"扬武"舰以舰首对准敌方军舰舷侧中腰的姿态，紧密看住"益士弼"舰，

"福胜""建胜"蚊子船则用舰首主炮瞄准"窝尔达"，各舰与法国军舰的间距都不超过50米。

与中国军舰"相伴"了整整3天，20日天色破晓后，孤拔在"窝尔达"的飞桥上突然发现，船政的厂区，以及附近的江边，到处都出现了中国军队的旗帜，一夜之间中国人犹如变魔术一般将马尾沿江地带变成了大兵营。此前20日的黎明，张佩纶和黄超群的福靖军陆续赶到马尾，张佩纶立即命令黄超群布迷魂阵，"沿途多张旗帜，列队河干疑敌"，这种中国古代战争中屡见不鲜的招数，没想到居然真的唬住了孤拔。

孤拔在上海得到命令南下马江后，尽管支队所有能够进入浅水的军舰，几乎都被他调来马江备战，时刻做好开战的准备，但是直至20日，孤拔并没有收到任何关于向船政进攻的命令。相反，中国方面剑拔弩张的情形，倒是把孤拔吓了一跳，以为眼前的迹象表明，中国方面要突袭开战。

根据张佩纶等人后来的报告，当天孤拔向停泊在"窝尔达"附近的中国军舰询问，"疑我欲战"。得悉这一消息，张佩纶命令由张成向其答复，"中国堂堂正正，战必约期，不尚诡道"，告诉孤拔"无用疑惧"。之后的情况有点出乎张佩纶的预料，孤拔居然邀请张成进行了面晤，"词气平和，言中国对我有礼，闻百姓惊疑，我船亦拟先退两艘"。至20日下午3时，法国军舰根本没有发起进攻，反而是通宵用探照灯照射江面，防范偷袭，21日清早，两艘法国军舰果然调离马尾。

因为并不了解当时军机处已经安排和法国重开谈判，更不知道法国决定在谈判期间不对中方采取军事行动，以至于马江上法国军舰的动向，使张佩纶产生了过于乐观的误判。张佩纶认为，法国军舰在最后通牒到期时非但没有挑起战火，反而撤离马江，显示了法国人提出的所谓最后通牒不过是虚声恫吓，被自己在马尾布下的严阵以待的局面吓退了，"敌本虚声，亦即中止，今退去两艘，吓我不动，去吓老穆（穆图善）矣。"[30]"敌舟望见旌旗，遂

亦无事。" [31]

但是在孤拔看来，对当时的事态却是截然不同的理解。孤拔率舰进入航道狭窄的马江，迟迟得不到进攻的命令，每多待一天就多一分被中国人偷袭的可能，倘若中方发起突然袭击，关门打狗，自己带来的这几艘军舰能否全身而退，是个极大的问题。眼下自己的安排，孤拔认为是一举两得，既对中国人使了疑兵之计，让中国人在自己主力聚集起来之前，不实施偷袭行动，同时调离马尾的两艘军舰也不是白白而去，实际是改停泊到马江入海口的门户长门、金牌江峡，以防中国人封锁江口。

误打误撞中，都以为自己的疑兵之策获了成功，都认为百万曹兵被自己的妙计吓退的张、孤诸葛，又进入了下一轮无声的较量。

战火

自认到闽不过半月，就创下"吓"退法舰伟功的张佩纶，顿时显得有些飘飘然。在给清流领袖李鸿藻的书信中，不无骄傲地称，如果20日晚上与法国军舰开战"定可胜"。想起福州将军穆图善不敢坐镇马尾，而是跑去了长门炮台，张佩纶还显得颇有点瞧不起穆图善，正值法国军舰在马尾没有占到便宜而调动退往长门，张佩纶对穆图善便抱着一点看笑话的态度："不知知名宿将正复如何？"

然而7月20日之后的情形发展，有些出乎张佩纶的意料，虽然有两艘法国军舰离开马尾一带江面，开往长门炮台，但是法军仍然在往马江增调新的军舰，并不是被完全吓退的样子。

因为看到并无法禁止法国军舰进入马江，张佩纶于是决定仍然采取互相抗衡的办法，在此前以"扬武"等三艘军舰暗中看住"窝尔达""益士弼"的策略基础上，张佩纶决定尽可能往马江多调集军舰，至少在数量上要与进入马江的法国军舰持平，以便进行一对一的看守、对峙。经过船政大臣何如璋四处电催，停泊在福建沿海的船政水师"福星""艺新""振威"号炮舰开始陆续返回马江。派驻台湾帮助刘铭传运兵的"伏波"号炮舰，在装运了部分铭军从台南前往基隆后，也得到命令返回船政厂，"伏波"级改型的商船"琛航""永保"也于不久后回到了船政。至于船政水师以往调拨到国内沿海各处协防的军舰，虽经张佩纶、何如璋等反复奏请协调，但只有与张佩纶共同出京的清流党人张之洞给予积极的回应，张之洞辖下的广东水师将调用的船政军舰"济安""飞云"遣回船政，同时还由两舰顺路载运40枚水雷，襄助马江战守。[32]

时间到了7月21日，张佩纶又想出了一个阻止法国军舰入口的新办法，立刻电奏清廷，请求批准自行封堵马江航道。清廷军机处在22日收到奏请后，考虑到封堵航道会涉及有约各国的船舶进出，容易引起更大的国际纠纷，不敢擅做主张，而是将这一设想方案向英、美等国驻华公使照会，听取意见。

⌃ 停泊在马江上的船政水师军舰"扬武"（左）与"伏波"，照片拍摄于清军同法国军舰对峙期间

美国公使杨约翰回复称，中国在中法尚未开战，法国未对马江封锁的情况下，自行封锁航道，"则与条约不合"[33]。英国公使也对此方案也表示反对，于是不了了之。

7月25日，到达马江的法国军舰越来越多，而且队列中还出现了李鸿章屡屡介绍威力惊人的新兵器——杆雷艇。张佩纶已经深感大事不妙，一面接连上奏请求各处增派军舰外，张佩纶自力更生，想起了其他办法。出都之时，张佩纶曾在威海卫见过鱼雷艇操演，而后受李鸿章的影响，张佩纶事实上也成了鱼雷、杆雷迷，对这类水中爆炸兵器的威力极为倾倒。比李鸿章更进一步的是，张佩纶决定开始自行建造杆雷艇。

张佩纶立即命令何如璋，由船政工厂设法先赶造20具杆雷，同时撤下江上船政水师军舰携带的蒸汽舢板，并从省城福州等地挑选坚固的小火轮，加装杆雷后一共改装出12艘杆雷艇。至于杆雷艇的操作人员，张佩纶命令署理督标水师营参将傅德柯就近在马江上下招募，共征集150人，任命五品军功林庆平率领10名可能是李鸿章借调的军官进行编列，组成一支杆雷艇队，终日在船政厂前的马江支流乌龙江中操演训练。对外，张佩纶则故意夸大宣传，称船政的这些杆雷艇或是刚刚购自德国，或是由北洋水师调来，以此对孤拔施疑兵之计。此外，张佩纶另调集绿营水师平海中、左、右营师船9艘，准备"乘风撞击"，还派遣在籍二等侍卫林培基，招募水勇341人，穿着便服，"作渔舟，伏河干"，以备战时采取奇策。又在闽安、馆头等闽江沿江地带，征集了1840名壮丁，"互为声援"。

7月30日，中法两国在上海的谈判事实上破裂，对法国政府提出的巨额赔款要求，中方谈判代表曾国荃表示至多只能给予50万两银的抚恤金。8月1日，法国总理茹费理会见中国驻法公使李凤苞，进行激烈辩论，茹费理坚持要求中国支付赔款，否则"如中国拒绝，则毁闽船厂，占一地，何止值此"？侧面得获这一消息后，张佩纶忧心如焚，认为与其坐待法国军舰来攻，不如乘法军兵力还不算十分强大，而己方准备已经基本就位的绝佳时机，先行下手。

8月4日，张佩纶上折请战。张佩纶首先对马江局势进行全面分析，指出法军3艘大型军舰都在马江口外，口内的军舰只比船政水师军舰多出2艘，如果法舰所有水兵"全队登陆"，则空留下的军舰可以用船政水师军舰加以攻击。如果法舰只派出半数的水兵登陆，"则我以二千人敌其数百人，彼未必遂胜"，而且即使法军获胜，"深入数百里，我处处可以截后"。更为重要的是，当时马江正值潮汐小信，每天涨潮能供法舰出入的时间仅有一两个小时，"犯军家之忌"。据此，张佩纶建议清廷批准立刻先发制人。

针对张佩纶的奏请，清政府中枢意见不一，一直拖拉到8月12日才做出了回应，要求张佩纶慎重对待，事实上否决了张佩纶提出的先发制人计划。"着张佩纶加意谨慎，严密防守，并随时确探消息，力遏狡谋。"然而就在张佩纶上奏的第二天，法国军舰就已经在台湾基隆首开战火了。

注释：

1.《清光绪朝中法交涉史料》，（台湾）文海出版社 1967 年版，第 1097 页。

2. 黄浚：《花随人圣庵摭忆》（一），山西古籍出版社 1999 年版，第 112 页。

3.《今传是楼诗话》，辽宁教育出版社 2003 年版，第 481 页。

4.《恭报到闽日期折》，《涧于集》，（台湾）文海出版社 1966 年版，第 536 页。

5. 同上，第 535 页。

6.《防护船局并省防情形折》，《涧于集》，（台湾）文海出版社 1966 年版，第 543 页。

7.《福州马尾港图志》，福建省地图出版社 1984 年版，第 11 页。

8.[日] 海军参谋本部编纂科：《清佛海战纪略》，1888 年版，第 12—14 页。

9.《清代官员履历档案全编》第三卷，广西师范大学出版社 1997 年版，第 721 页。

10.《副将蔡康业，袁鸣盛请革职片》，《涧于集》，（台湾）文海出版社 1966 年版，第 549 页。

11.《致黄再同太史》，中国近代史资料丛刊《中法战争 4》，新知识出版社 1955 年版，第 379 页。

12.《副将张成等请革职治罪片》，《涧于集》，（台湾）文海出版社 1966 年版，第 595 页。

13.《恭报到闽日期折》，《涧于集》，（台湾）文海出版社 1966 年版，第 537 页。

14.《游击杨廷辉暂缓进京，留带船政水师营片》，《船政文化研究——船政奏议汇编点校辑》，海潮摄影艺术出版社 2006 年版，第 35 页。

15.《请派轮船统领，以资训练折》，《船政文化研究——船政奏议汇编点校辑》，海潮摄影艺术出版社 2006 年版，第 55 页。

16. 陈悦：《船政史》（上），福建人民出版社 2016 年版，第 213—219 页。

17.《中法马江战役之回忆》，中国近代史资料丛刊《中法战争 3》，新知识出版社 1955 年版，第 129 页。

18. 同上，第 130 页。

19. 同上。

20. 同上，第 131 页。

21.《致安圃侄》，中国近代史资料丛刊《中法战争 4》，新知识出版社 1955 年版，第 381 页。

22. 同上，第 377 页。

23. 同上，第 474 页。

24. 中国近代史资料丛刊续编《中法战争 2》，中华书局，第 84 页。

25.《会办福建海疆事宜张佩纶等来电》，中国近代史资料丛刊《中法战争 5》，新知识出版社 1955 年版，第 415 页。

26. 中国近代史资料丛刊续编《中法战争 6》（上），中华书局，2017 年版，第 347—348，473—476 页。

27.《寄会办闽防张学士》，《李鸿章全集 21》，安徽教育出版社 2008 年版，第 192 页。

28.《密陈到防布置情形折》，《涧于集》，（台湾）文海出版社 1966 年版，第 551 页。

29.《寄安圃侄》，中国近代史资料丛刊《中法战争 4》，新知识出版社 1955 年版，第 380 页。

30. 同上。

31.《致李兰孙师相》，中国近代史资料丛刊《中法战争 4》，新知识出版社 1955 年版，第 382 页。

32. 中国近代史资料丛刊续编《中法战争 2》，中华书局，第 96 页。

33. 同上，第 106 页。

马江惊变

第六章

最近的希望

1884年8月5日，法军攻打台湾基隆，首度向清政府进行真正的武力示威。

当中国方面的战报尚未传到北京时，法国政府即以外交照会的形式向中国通告攻打基隆一事，称自己的行动是对清政府不顾法方最后通牒的警告，属于迫不得已。扬言清政府如果不想看到其他港口发生类似的事情，就必须立刻回到外交谈判中，认真对待法国就观音桥事件所提出的认错和赔偿的要求。

眼见法国真的在东南开始挑衅，派往江南会办南洋事务，参与中法上海和谈的内阁学士陈宝琛立刻致电清廷，请求就下一步对法策略做出指示。陈宝琛判断，法国进攻基隆后，没有立即对事前宣布将要下手的马尾采取行动，表明法国还存有外交解决的意思，中国应该重新评估对法策略。清流出身，事前积极主战的陈宝琛见到法军在基隆真的下手，心理已经发生改变，不过奏稿中没有明确表露自己主和的意思，而是抛出一段模棱两可的话来分析战、和的优劣。"事至今日，和亦悔，不和亦悔，理为势输，示弱四邻，效尤踵起，和之悔也。筹备未密，主战难坚，商局已售，船厂再毁，富强之基尽失，补牢之策安施？不和之悔也。"提议清政府应该就如何应对眼前局势，通令重臣详商，"速决至计"。

∧ 陈宝琛（左）和张佩纶的侄儿张人骏的合影。陈宝琛，字伯潜，福建闽县人。同治朝进士，历任内阁学士、礼部侍郎等职，与张佩纶、张之洞、宝廷并称清流四谏。中法战争时，与张佩纶同批外放出京，会办南洋事务，参加在上海进行的中法谈判

根据陈宝琛的奏请，8月10日，慈禧太后正式谕令各御前大臣、军机大臣，以及大学士、六部九卿等中枢

官员就和战大计发表自己的见解，对难以决断的外交问题进行集思广益的情形，与两次鸦片战争后海防大筹议的局面颇有一点相似。12日中午，军机处发出通知，召集众臣到内阁集中讨论，"政事堂塞满矣"[1]，小小的房子一下子来了太多的人，而供这些重大国策制定者们参考的谕旨、奏稿、照会仅有单份，很多人挤来挤去，根本无法看全重要的档案。尽管慈禧说出了"倘空言塞责，定即掷还"的严令，乱哄哄的讨论还是根本没有什么实质结果。平时身居京城，工于辞赋文章的官员们，本就对中法局势一头雾水，只是凭着"天朝上国"不容外人觊觎的天然自负，做出了等于空话的结论。讨论最后认为，如果法国人愿意对袭击基隆表示歉意，"尚可示以大度"，进行外交解决。如果法国人继续挑衅，那只有维持现状，预备作战。至于如何预备和法国人打仗，内阁大臣们的主意是"调兵筹饷，预备粮食"，还有编练团练，饬关外马队入关，严申军律等。完全是一派空谈。

已在马江边眼睁睁看着法国军舰纵横往来的张佩纶，得悉基隆事变后，急得五内俱焚。慈禧下令妥筹策略的当天，张佩纶即有电报到达北京，字里行间已经显得有些方寸大乱。显然是受基隆前例的影响，张佩纶担心法军很快就会对船政下手，表示想要采取军机处提出的坚壁清野策略，准备先搬空无险可守的船政船厂，但是船政附近没有多少空地，根本无法就地埋藏机器，如果要把机器全部搬迁往远离马尾的地方，需要耗费时日，张佩纶请求中枢尽量拖延与法国交涉的时间，以利备战。同时，张佩纶继续吁请将南洋水师的"开济"等新式巡洋舰南调，加强马江防御。"张幼樵连呼援，参南洋能援不援，请饬四快船速援。"[2]

对此，张佩纶随即得到了一道让他哭笑不得的谕旨：

本日奉旨："……电饬南洋拨船，曾国荃电报是难分拨。陈宝琛亦称拨船适足速变，并与曾国荃会电，有'船小而少，适以饵敌'等语，系属实情，是以难强必行。着就现有水陆兵勇实力固守，闽俗剽悍可用，如招营缓不及事，

^ 法国内阁总理茹费理

先募健卒，参用昔谋，出奇制胜，张佩纶等胸有权略，迅即筹办……钦此。"[3]

与中国政府忙于讨论基隆之战后应对之策的情况一样，当时法国政府也在忙得不可开交。异常巧合的是，就在慈禧谕旨，让中枢大臣会商方略的同一天，法国内阁总理茹费理也被局势逼得做出了一番表白。

基隆之战的结局对法国来说，其实有些尴尬。一击之下，清政府并没有立刻胆怯让步，反而国外传来的一些舆论，让法国人的面子很下不来台。在中国上海出版的英文报纸《字林西报》上，出现了毫不客气的评论，认为法国人在基隆的战斗胜之不武，法国海军对基隆那样荒僻的港口发动攻击，而且还没有力量占领基隆，说明法国海军的实力并不行，根本不敢面对中国防守严密的真正军港，只会做些偷鸡摸狗的小动作。法国国内，一些受不了茹费理内阁在处理越南、中国事务上婆婆妈妈的人，也公开提出批评意见，叫嚣大刀阔斧进攻中国，基隆之战后应该立刻攻打马尾。8月10日当天，茹费理面对国内的主战哄声做出正式答复，称对外政策必须经过议会表决才能定夺，因为议员都正在凡尔赛讨论修宪问题，所以必须耐心等待。

时间拖延到13日，法国国会议员们终于陆续返回巴黎。1884年8月14日，一项总额为3848万法郎，表面上旨在采取武力措施，逼迫中国认错赔钱的对华追加军费预算，在法国国会众院正式开场讨论。让茹费理感到有些懊丧的是，很少讨论殖民地问题的法国议会里，一些议员对远东事务显得缺乏兴趣，有开小差不参加的，也有跑到场外休息怠工的，众议院全部557个席位中，

∧ 法国国会大厦今景

只有 279 人真正在场。不仅如此，对远东问题持关心态度的议员中，还有一小部分是闹哄哄的极左翼和极右翼，这些人在会上肆意高声呼喝，弄得议会里的场面多少有些混乱。回应这些议员对政府殖民政策的质疑，茹费理扯着嗓子，努力压过场内"宪法何在""何以开大炮"的叫喊声，陈述自己的政见，表示增加对华军费并不意味着必然发动战争，"战争似迫在眉睫，和平可能即将缔结"[4]。

纷乱的局面在众议院延续到 8 月 15 日，面对少数极端派喋喋不休的争论，议会甚至被迫临时增加了一场对政府信任案的表决，茹费理内阁获得 170 票对 50 票的信任投票，总算暂时堵上了反对派的嘴巴。此后继续的对华军费预算表决，以 218 支持对 47 票反对通过。8 月 16 日，对华军费案转到法国议会参议院进行表决，情形相对众院顺利了许多，不过参议院成片的空闲座椅，让茹费理的心情好不起来，当天竟然有 250 多名或是嫌政府不够心狠手辣，或是认为不应该采取殖民行动的议员缺席，虽然议案以 193 票支持对 1 票反对获得通过。茹费理事后感慨："多数派阵容原本结实，甚忠于其领袖……然而昨日表现可怜。"此后，法国议会进入例行的休假时期，忙于休假的议员干脆对茹费理内阁暂时放任不管，授予其自由处置中国事务的权力。[5]

获得参众两院支持后，茹费理接下去的举动，实际并不像以往中国历史教科书中所说的那般穷兵黩武，茹费理本人也根本没有表现出任何像是战争狂人的迹象。事实上，议会投票结束后的当晚，茹费理在给爱妻的家信里，完全表露了自己的真正心迹："昨日吾等会议时间甚长且甚艰难，反对者在昨日颇为可憎，盖所涉及者为国家问题。为国家利害计，应有强大之多数支持信任投票案（追加军费），如此方能影响北京，或可因此获致和平。"[6]

茹费理增加军费预算的举动，实际依然是为了在外交谈判中加码，对中国施压，意图通过外交方式尽快了结纠纷。已经在越南占了大便宜的法国政府，还是想赶紧结束和中国的恩怨，回避进行劳民伤财的全面战争，以尽快巩固胜利果实。

军费案获得通过后，法国政府并没有立即采取任何军事行动，而是继观音桥事变后的 7 月 6 日，以及上海谈判中的 7 月 23 日两次最后通牒后，再度指令驻华公使谢满禄在 8 月 19 日，向总理衙门递交茹费理内阁的新版最后通牒。法国政府向中国提交的这份第三次最后通牒，首先将法国议会已经通过军费预算的情况告诉清政府，加以恫吓，继而表示对华就观音桥事件的索赔可以降至 80 亿法郎。最后通牒的有效时间设定为 48 小时，如果中国在此期间不接受该方案，法国公使就会立刻撤旗回国，与中国断交，海军将领孤拔将会采取各种必要的行动：

"谢满禄子爵奉政府命敬告总理各国事务衙门王大臣阁下：'法兰西共和国政府因国会两院之投票，而被要求采取各种必要措施以使天津条约获得尊重，赔款已因 7 月 16 日诏旨之公布获初次满意而减为八十兆法郎，并分十年偿付，如在本照会送交后四十八小时之内，此项要求未获接受，则谢满禄将遵令离开北京，海军中将孤拔将立即采取各项有效措施，以为法国政府确保其有权获得的赔偿。'"[7]

很少有人注意的是，在充满强硬之词的最后通牒背后，实际上还有另外一片天地。

被议会赋予自由处置中国事务权力的茹费理，显然想要在议会结束休假之前，利用这段不受主战、主和各派干扰的时间，做出一番外交成就来。正在上海面对陷入僵局的和谈不抱信心的法国特使巴德诺，19 日当天突然接到茹费理的指令，告知根据英国方面的消息，中国中枢似乎已经做出主战的主张，很有可能拒绝这次最后通牒，但如果中国方面哪怕有一点点态度上的松动，应立即汇报茹费理。

更为蹊跷的事情接踵而来。8月19日入夜，一个神秘的法国人敲开了中国驻法公使馆的大门，曾在天津与李鸿章签订李福合约，差一点结束中法争执状态，又因为签约太不仔细，糊里糊涂酿成观音桥事件的茹费理好友福禄诺深夜造访，这顿时让驻法公使李凤苞摸不着头脑。一阵寒暄过后，福禄诺紧接着讲出的话，令李凤苞大喜过望。福禄诺开门见山地称，自己这次出现，实际背负了茹费理的一件重托，茹费理想要通过其向中方透露法国最后通牒之下自己的真正底牌。即只要中国答应支付观音桥死亡法国官兵的抚恤费50万两银，法国就可以立刻派在上海谈判的巴德诺特使前往天津改谈中法通商条约，如果中国在通商条约中对法国做出优惠让步，法国将放弃最后通牒里提出的80亿法郎的索赔。鉴于50万两抚恤银的赔款数额，原本就是上海谈判时中方代表曾国荃曾经提出的，茹费理无疑是给出了一个他认为中国政府完全能够接受的和谈条件，可见希望尽快促成中法和平的急迫之情。[8]

按照茹费理的设想，中方如果答应支付50万两抚恤银，在华谈判的特使巴德诺必然会以中方态度松动向

∧ 中国驻法公使李凤苞

茹费理做出汇报，如此，茹费理就能顺水推舟地宣布撤销或无限延长最后通牒，从而转向外交解决之途，最后用通商条约中的经济利益，来堵住议会里主战派的口舌。

对这一幅美好的图景，李凤苞完全心领神会，送走福禄诺后不久，赶忙起草报告，翻译成电报码，送往电报局急电北洋大臣李鸿章，告知这一重大喜讯。

中法的矛盾，似乎在这一夜间已经被巴黎暖意融融的空气化解，和平之神的橄榄枝又在中法两国上空挥舞。可是满心欢喜送走电报的李凤苞，此时无论如何也猜不出下一步事态将会发展成如何荒唐的局面。

枯守马江

1884 年 8 月 16 日，福州马尾的天气依然异常闷热。烈烈酷暑中，船政水师的官兵坚守在犹如蒸笼一般的舰船上，已经与江面上的法国军舰并泊对峙了将近一个月，"非酷暑炎热，即愁霖涘日，敌船得以出入游息，而我船将士枕戈待旦，苦守勉支"[9]。

当天是中历六月廿六，恰逢光绪皇帝诞辰，按照清朝制度属于极为重要的万寿圣节。停泊在马尾江面的福建船政水师军舰，全部在桅杆上升起了满旗，以示节日庆贺。同在一条江上的美国、英国军舰按照国际通例，都换上了满旗盛装，向中国皇帝的生日致礼。连日来越聚越多的法国军舰，也在司令孤拔的命令下，挂出满旗。烈日炎炎的正午时分，各艘法国军舰齐鸣 21 响礼炮，英、美军舰也照例效仿，船政水师军舰则相继鸣炮还礼。在不知就里的人看来，俨然是一幅敦睦邦交的盛会场面。[10]

钦差大臣张佩纶坐镇马尾也已将近一月，他所能竭力做的防御之策大都已经施行：马江陆地炮台形式老旧，他已派船政水师统领张成，在江口金牌地带设计、督造了一座样式巧妙的新炮台；水上战力单薄，他已经调回了所

∧ 马江海战前停泊在马尾江段的法国军舰。右侧山坡上的宝塔就是罗星塔

有调得动的船政军舰，而且还秘密布置了一批火攻船，以备万一。由于几次关于堵塞江口、先发制人的请求，都被军机处驳回，他目前能做的，除了一遍遍呼吁南洋水师尽快派军舰来援外，便只有督率将士枯守，见机行事了。

傍晚时分，船政的电报局突然收到一份来自天津的电报。和过去一个月的情况相似，北洋大臣李鸿章给张佩纶的军情通报，都要远比军机处更为及时，刚刚得悉法国议会参众两院已经通过追加军费决议的李鸿章，立即急电张佩纶。"台援绝，法援来。廷议三十五疏上（指中枢的讨论会），战衅将成，杞忧何极！尊处好自支持！鸿。"[11]

看到这份十万火急，但内容又多少有些没头没尾的急电，张佩纶难以揣度其中究竟蕴涵着如何的紧要军情，只是从"战衅将成，杞忧何极"等话语中，感到事情已经非同小可。相比自己指臂可及的陆上防御，江上船政水师的情况，令他放心不下，决定当晚召集水师各舰的管带通报情况，紧急会商。

张佩纶之所以选择夜间召集诸将会议，原因在于夏日的马江水文，白天江水涨潮，水深足够，利于军舰活动，属于防备法舰异动的重要时刻。深夜退潮后，法军舰船难以机动，相对属于安全时期。"每召其计事，均以深夜潮尽始来。"[12]

夜半时分，各舰管带乘坐舢板悄悄靠上船政码头，前往船政衙署议事。望着这些面目憔悴的将领，张佩纶匆匆通报了几日来的局势发展后，即倾听各舰管带对于马江守御的想法。令张佩纶极为意外的是，从广东带舰回闽，"论事呐呐不出口"的"飞云"舰管带副将衔广海营参将高腾云，今天却"义形于色"，侃侃而谈。高腾云，广东顺德人，行伍出身，历任广东水师都司、游击等职，福建船政建造的"伏波"级炮舰"飞云"调拨广东后，出任该舰管带。围绕马江战守，高腾云直陈己见："闽防之意，本图牵制，使敌不发耳"，但是各舰为了牵制法军，防护船政，停泊在根本无法施展的船政厂前，不利于作战。钦差大臣张佩纶虽然主张先发制人，但先发必多牵制而不可得。"南洋援必不来，即来，怯将无用，徒害事耳。"深为所动的张佩纶追问其是否有良策，高腾云则主张各舰"专攻孤拔一船"。感觉高腾云勇气可用的张佩纶，想要命令其统率广东来援的军舰，高腾云以统领李新明资历深厚而推辞，称"水师船各自为战，非陆军一将能指挥十余万也"，示自己的职责在于指挥好自己的军舰。[13]

在诸将议论中，还有一名将领引起了张佩纶的注意。身材瘦弱的"福星"舰管带五品军功陈英，字贻惠，福建福州人，船政后学堂毕业，"文理甚优"。陈英建议，将江面上的船政水师军舰进行集中，合力对付孤拔的坐舰，另以编练的杆雷艇和火攻船部署到下游，牵制下游的法国军舰和杆雷艇。张佩纶深以为是，在此基础上，形成了马江海战前福建船政水师舰船的部署阵略。[14]

马江江面，船政厂前至罗星塔所在的宝塔岛后的江段，自福州开埠以来，

∧ 马江之战前停泊在江面上的"福星"（居中的军舰）和"福胜""建胜"蚊子船

∧ 马江之战前停泊在江面上的"扬武""伏波"舰

就是海关设定的外国轮船停泊区域。目前在马江停泊的英、美，乃至法国军舰基本都处在这个区域内。张佩纶的江上设防方案，即依托海关的外轮停船区展开。

总体上，张佩纶仍然沿用此前近一月来执行的一对一盯人方法，即一艘船政军舰看住一艘法国军舰，至少从军舰数量上求得与法舰的势均力敌，防范法国军舰异动。除此外，布防计划中又有些新的设计。

以船政水师旗舰"扬武"领队，炮舰"伏波""福星""艺新"，蚊子船"福胜""建胜"，运输舰"琛航""永保"，从船政江畔向对岸方向呈一字形排开，大致处在罗星塔锚地的边缘上，构筑成一道江上防线。如此，既可以防范法国军舰逼近船政炮击、登陆，同时又把守在通往省城福州的航道咽喉上。另外，船政近前的马江江段，刚好将近浅水区，停泊防范在这个位置上，还可以发挥船政水师军舰吃水浅，以及拥有浅水防御利器——蚊子船的优势，一举数得。平日，各艘军舰紧密注意停泊在罗星塔锚地一带的法国军舰，一旦情况突变，则集中力量，群起进攻法舰的核心——旗舰"窝尔达"。

在罗星塔锚地附近，处在船政对岸区域还有另外一组船政水师的军舰。由广东调回的炮舰"飞云""济安"，以及船政水师的军舰"振威"，一起停泊在闽海关码头附近。最初这3艘军舰原本是为了紧盯身旁的法国军舰，但随着法国军舰越聚越多，3舰渐渐出现了被孤立于"扬武"率领的大队之外，独处法军阵中的不利局面。根据之后发生的一些事情判断，张佩纶很可能指令3艘军舰，一旦江上风云突变，立刻开往船政厂前，与"扬武"等大队会合。

除上述11艘军舰外，张佩纶将杆雷艇以及火攻船埋伏在闽江支流乌龙江

∧ 在闽海关附近相互对峙的中、法军舰，左起为船政军舰"飞云"和法国军舰"杜居土路因"，在"杜居土路因"内侧的是船政军舰"济安"

∧ 在闽海关附近相互对峙的中、法军舰，左起分别是法国军舰"德斯丹"、船政军舰"飞云"、法国军舰"杜居土路因"

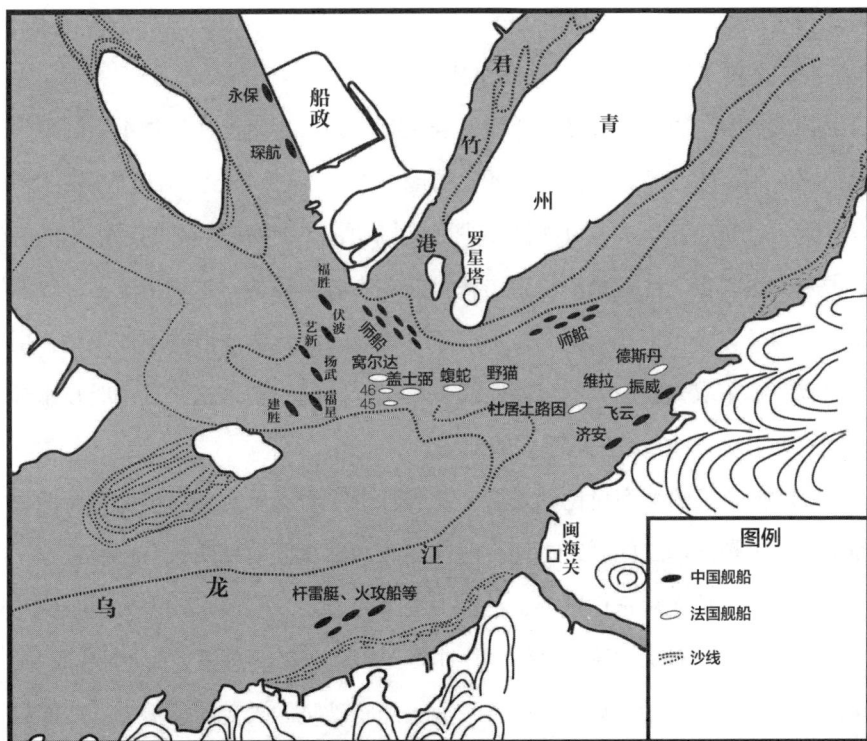

∧ 马江之战爆发前，中法双方舰船停泊位置示意图

∧ 清代报道中法马江开战的报纸号外。图画虽然少了一点西方写实的风格，但所有的军舰布置大致不错，是研究马江之战的重要中方阵图资料

等处的港汊中，计划一旦战事爆发，这些小船即从各处出击，骚扰法国军舰，策应船政水师军舰作战，发挥奇兵的作用。

考虑到中、法军舰所处的江面宽度只有不到一千米，在这种不利的地形上张佩纶制定的方案，总体而言还算可圈可点。不过，狭窄的江面注定了双方军舰一旦交战，根本不可能做多少回旋机动，主要将以残酷的近距离火炮对击来决定胜负，往往第一轮射击就可能左右胜负战局。这种情况下，显然先开火的一方将占有极大优势，而张佩纶屡屡向清廷奏请但并不被采纳，由此船政水师采取先发制人的可能性微乎其微。即使不考虑这一点，船政水师军舰的火力，也并非是法国军舰的对手。

船政衙署内的会商讨论到最后，各舰管带纷纷表示对与敌被动对峙的局面担心，生怕江岸之间联络不便，即使船政水师军舰发现法舰有可疑迹象，但等到上岸汇报之后再作定夺，已经失去了先着。众将请求钦差大臣张佩纶亲自上舰，现场督师，以便随机应变，张佩纶以自己需要总揽大局，无法脱身，在对众人勉慰了一番之后，各舰管带迎着即将破晓的天色纷纷散去，按照议定阵势调整泊位、部署。

台风

1884 年 8 月 16 日，根据中枢内阁会商讨论的结果，清政府旨令沿江海督抚大臣，预告已经内定对法采取主战态度，要求各处做好战争的准备。"法使似此骄悍，势不能不以兵戎相见。着沿江，沿海将军、督抚、统兵大臣，极力筹防，严行戒备，不日即当明降谕旨，声罪致讨。目前法人如有蠢动，即行攻击，毋稍顾忌。"15

身处与法军抗衡前线的张佩纶，当天另外收到了一份具体的指示："法舰在内者应设法阻其出口，其未进口者，不准再入。"16 要求张佩纶立刻着手办理。自己屡次三番上奏请示先动手开战，但是廷议不准；眼下法国军舰又没有什么蠢动迹象；自己要求封堵马江航道的计策又不被通过，手脚被束缚的张佩纶，实在想不出怎样才能点住法国军舰的穴道，让孤拔的军舰动弹不得。回想当年自己在京城大内时，不也是和纸上谈兵的言官一样经常发出这些不切实际的命令，现在张佩纶开始越来越明白实际任事者的痛苦了。

"株守遂已一月，请先发不可，请互援不可，机会屡失，朝令暮更，枢译（中枢、总理衙门）勇怯无常，曾、李（曾国荃、李鸿章）置身事外，敌在肘腋犹且如此，国事可知！鄙见台北之捷本属夸饰，见机而作，即可转圜，孤拔意疲，了事甚易，失此而张皇言战，舍船舍炮而惟陆军乡团之是恃，直欲以耕锄棘荆而与坚甲利兵相搏，真笑谈也！"

8 月 19 日，张佩纶复电总理衙门，反将一军，请教发布命令者，究竟该如何来执行这个命令。不过今天，总理衙门根本无心顾及张佩纶的电报了。

法国驻华公使谢满禄穿过题有"中外禔福"匾额的大门，来到总理衙门递交茹费理政府的第三次最后通牒。看到 80 亿法郎赔款的要求，本就言战的清廷中枢群情激愤，没等 48 小时的期限告满，8 月 20 日总理衙门就对法国人做出了掷地有声的答复："今贵国不愿顾全和局，专以赔偿为词，试问基隆之役，中国又将向谁索偿耶？总之，贵国一面会商，一面寻衅，实出情理公法之外！"马江之畔，当天狂风大作，暴雨如倾，一场起自东南的台风即将到来，手持一纸电文的张佩纶，望着窗外漫天风云巨变，沉默无语。

"总署急寄南洋闽广各督抚。谢满禄昨来哀地美敦书，索八十兆佛郎克，十年交清，限二日，如不允，即离京，孤拔尽力从事。谢等请护照，朔日出京，希速电南洋、闽省、台湾各处备战事！"[17]

△ 清代中央外交机构——总理各国事务衙门。中法战争时，和清廷中枢一样，总理衙门的政策也是摇摆不定。茹费理的私下示好表态，也淹没在中国官场的朝令夕改中

1884 年 8 月 21 日，北京城晴热无风。中午时分，东交民巷法国公使馆飘扬的三色旗缓缓降下，法国公使馆人员携带行装，匆匆登上火车，离开北京，中法断交。所有法国在华的侨民、商务等事宜，法国政府委托俄国驻华使领馆代为保护。因为中国政府没有接受最后通牒，而自动执行撤旗断交任务的法国公使谢满禄，显然还不知道茹费理总理在指令他送出最后通牒的当天，还私下向中国人挥舞橄榄枝，开出了一份真正的和平解决方案。可是，这份方案现在在哪里呢？

谢满禄在离京的火车上越去越远几个小时后，天津直隶总督衙门因为一份电报，陷入极度忙乱的局面。李凤苞19日发出的电报，不知道因为什么原因，竟耽误到 21 日这一天才到达天津。看到茹费理开出的 50 万两抚恤金的条件，李鸿章简直不敢相信自己的眼睛，和平的希望竟然就这么到来了，遂火急火燎地电报总理衙门，请求立即请旨做出答复。[18]然而出乎李鸿章预料，这么重要的报告，竟然一去杳无回音。

遵照前一天总理衙门的指示，驻法公使李凤苞在翻译陈季同陪同下，到达法国外交部请领护照，准备撤离法国。在与法国总理茹费理辞别时，茹费

理对自己私下开出的优惠条件，竟然没有得到中国政府的任何回应，表露出极度不快。当晚，茹费理在家信中告知妻子："忍耐已至极限，今后除以严重打击对待'胡说乱道'之老妇（慈禧），占取质押，以待演变外，无他途可循。至于从事大战，前往北京，天呀！我绝无此念。"[19]

大战前夜

8月21日，台风降临福建沿海。

下午3点钟，狂涛恶浪中，停泊在闽海关码头旁的船政水师"飞云""济安""振威"3舰，突然发动轮机，驶离泊位，准备开往船政方向。得知中法交恶，张佩纶显然想要按照部署，将马江诸舰调整至作战阵位。

大雨中，"飞云"管带高腾云坚持在露天飞桥上指挥航行，猛然间，前方出现了2艘法国军舰。法国一等巡洋舰"杜居土路因"（排水量3479吨）、"德斯丹"（d'Estaing，排水量2363吨）一左一右，气势汹汹地挡在了中国军舰的航道上。停泊在附近的美国军舰"企业"号目睹了这一情况，"二法

∧ 法国一等巡洋舰"德斯丹"，1881年建成于布列斯特，铁胁木壳结构，排水量2363吨，舰长81.92米，宽11.38米，吃水5.66—5.78米，动力采用1座蒸汽机，6台锅炉，2750马力，航速15节。主要武备是15门M1870式5.5英寸加纳后膛炮。马江之战时，与"杜居土路因""维拉"3舰共同对抗船政的"济安""飞云""振威"3舰

∧ 法国一等巡洋舰"杜居土路因",照片由美国"企业"号舰员拍摄于马江之战爆发前夕,现藏美国海军部。照片中从"杜居士路因"舰后方能清晰看到远处还有1艘军舰,就是正在和法国军舰并泊对峙的"飞云"号

舰严备而待之,凛然示以若有遁逃情况,即轰而沉之之意。中国军舰知不可过,只得仍归原处下泊"。不仅仅是这3艘孤处敌后的军舰,事实上此时孤拔已经下令,法国舰队反客为主,看住了所有江面上的中国军舰。

8月22日,台风转弱,大雨依然不停地下着。可能从各处得到了一些消息,上午9时,江面上的美、英军舰同时放下舢板,载着水兵和陆战队,在波涛汹涌中奋力划行,登陆马尾江岸,前往英美租界区警戒设防。尽管连日来张佩纶为了稳定军民人心,竭力封锁重要的军情消息,然而看着一队队全副武装的外国兵在村镇间穿行,一月来萦绕在马尾的战争传闻,似乎就要变成现实,整个马尾市镇陷入恐慌,四处都是逃难的人群。

当天午后,不顾江面上狂涛起伏,一艘艘外国军舰都遇到了上门要债的中国人。停泊一月来,当地中国商贩多有向外国军舰兜售商货的,以往通常记账消费,今天中国商贩一拨拨乘船前来要求结清现款。美国"企业"号上的一位军官询问前来要债的中国人为什么如此匆忙结账,中国商人的回答直截了当："明日必有战事矣，我等皆拟挈家人，荷担避难远方。"根据法国舰队士兵回忆，在中国商人上舰要账的时候，孤拔司令雇佣的几名中国仆人也乘机逃离了军舰。

始终等不来朝廷进一步指示的张佩纶，看着四周局势动荡，坐立不安了一整天。当天下午6时30分夜幕降临后，钦差大臣亲自率领几十名亲兵，在大雨中来到船政衙署前，召集驻防在船政附近的福靖、潮普等军将士，以及船政工匠，激励众人如有战事，应当为国尽忠，不能吝惜生命。不料，张佩纶这番讲话并未起到多少激励士气的效果，承平日久的军队，面对即将到来的战争，显得是那样的慌张。钦差大臣的激励，立刻转化成"明日开战"的传言，又在马尾驻军中纷传，"大雨中，军队嚣然、混闹"。夜半时分，船政厂区突然有人大喊"开战"，顿时引起炸营，船政工匠争先奔逃，原先的2000余人逃散得仅剩400余人。

如果说中方对"明日开战"只是惊恐的揣测的话，停泊在马江的法国军舰的确是真的接到了开战的命令。

22日下午5时，法国海军东京支队司令孤拔在临时旗舰"窝尔达"上，正式收到了法国政府要求其于明日进攻福建船政的命令。为了确保白天保持对福建船政水师的警备，孤拔将向各舰舰长传达作战命令的时间，选择在了夜幕降临后的晚上8时。

包括"杜居土路因"舰长米雷德巴涅克（Muret de Pagnac）、"益士弼"舰长戎基叶尔（Jonquieres）等在内的全部法军舰艇长，以及法国驻福州副领事白藻泰（de Bejaure）齐聚"窝尔达"的军官餐厅，听取孤拔司令的战斗部署。

当时聚集在马江一带，可供孤拔指挥的法国舰艇共计11艘，分别是一等巡洋舰"杜居土路因""维拉""德斯丹"；二等巡洋舰"雷诺堡"；三等巡洋舰"窝尔达"（Volta）；炮舰"野猫""益士弼""蝮蛇"；武装运输舰"梭尼"；二等杆雷艇"45""46"号。其中，"雷诺堡"和"梭尼"停

∧ 法国一等巡洋舰"雷诺堡", 1869 年建造于诺曼底, 全木质结构, 排水量 1820 吨, 舰长 78.18 米, 宽 10.74 米, 吃水 5.74 米, 1 座蒸汽机, 4 座锅炉, 1700 马力, 航速 14.3 节, 装备 1864 式 6.4 英寸主炮 1 门, 1864 式 5.5 英寸副炮 6 门。马江之战打响时, 负责在江口的金牌、长门炮台段警戒, 以防中方沉船封江

泊在马江入海口的金牌、长门炮台江段, 防范清军沉江封锁航道。因此直接在船政江段停泊的法舰共有 9 艘。

现代一些关于马江海战的论著中, 多认为张佩纶对船政水师的布阵过于散漫、缺乏谋略。事实上, 孤拔手头的 9 艘舰艇, 由于采取与船政军舰针锋相对的态度, 其布置方法实际与船政水师惊人相似。狭窄的江面上, 大型舰队根本无法采取海上作战时的办法, 即编列为战斗阵型作战, 无论是船政还是法国军舰, 都谈不上布下何种阵型。双方都属于因地制宜, 单舰对抗的态势。

9 艘法国军舰, 总体上锚泊成一列纵队。其中以旗舰"窝尔达"为首, 依次包括"益士弼""蝮蛇""野猫"的一列, 停泊在船政厂前至罗星塔江段, "窝尔达"身旁还有"45"和"46"两艘杆雷艇相伴左右。这组军舰直接对抗以旗舰"扬武"为首排列在船政厂前的船政水师主力。之所以选择"窝尔达"

∧ 美国"企业"号舰员拍摄到的另一张马江战前实况照片，这幅照片在国内以往经常被裁剪使用，只保留左侧的"窝尔达"，而将从舰尾向后的右侧部分全部截去。实则右侧部分蕴涵着极为重要的讯息。这张照片中"窝尔达"舰尾拖曳的小船，正是该舰的蒸汽舢板，即马江海战时进攻中国军舰的改装杆雷艇"怀特"号。"怀特"号上方远处依稀可以看到一艘维多利亚涂装的军舰，是停泊在对岸的中国军舰"济安"。"怀特"号右侧的白色军舰是法舰"益士弼"，在"益士弼"右侧的海面上有一条小小的黑影，是法国杆雷艇"45号"或"46号"。这幅照片恰好生动地留下了马江上中法军舰抗衡的直观影像

等小型军舰，孤拔也是深明船政厂前江段水深浅，选用吃水浅的军舰便于作战机动。

在这组军舰后方，紧接着是"杜居土路因""维拉""德斯丹"3艘吃水深的一等巡洋舰，停泊在江水较深的海关码头附近，直接看守"飞云""济安""振威"3艘中国军舰。

在马江江面盘桓近一个月，使得孤拔对当地的水文情况已经非常熟悉。传达完政府下达的作战令后，孤拔开始讲解详细的作战方案。

23日的开战时间，孤拔设定在下午2时。原因是马江江水于每天上午涨潮，午后逐渐退潮。下舰首锚的军舰，在涨潮、落潮时，舰位会随着潮水的涌动发生变化。下午2时江水已经开始退潮，根据观察，这段时间潮水刚好

将船政厂前的"扬武"等中国主力军舰推动成船尾对向法舰的形势。此时开战，法舰得以直接攻击中国军舰火力薄弱的舰尾，中国军舰如果要旋转阵位，旋转过程中当舷侧朝向法舰时，更是给了法军进攻的良机。如此一招毒辣的计策，唯一的漏洞是，万一船政水师在上午时分首先开火，受涨潮的影响，恰好会出现法国军舰船尾朝向中国军舰的情况，那时优劣形势将完全倒转。

关于开战的具体部署，孤拔制定了环环相扣的周密计划。当退潮开始时，法国军舰微速出动，看到旗舰上升起第一号战斗旗时，"45""46"号两艘杆雷艇立即出击，攻击停泊在旗舰"窝尔达"前方的"扬武""福星"。此后，当第一号战斗旗降下，江面上的所有法舰就全线开火："窝尔达"负责以左舷火力掩护两艘杆雷艇进攻，以右舷火力进攻停泊在附近的中国水师师船。与此同时，"益士弼""蝮蛇""野猫"向"扬武"侧后穿插，进攻"伏波""艺新""福胜""建胜""琛航""永保"6舰。停泊在海关码头附近的"杜居土路因""维拉""德斯丹"则用一舷火炮摧毁并泊的"飞云"等3艘中国军舰，另一舷火力摧毁附近的中国师船。当此战斗得手时，"德斯丹"立即驶入海关码头附近的港汊，消灭中国杆雷艇。

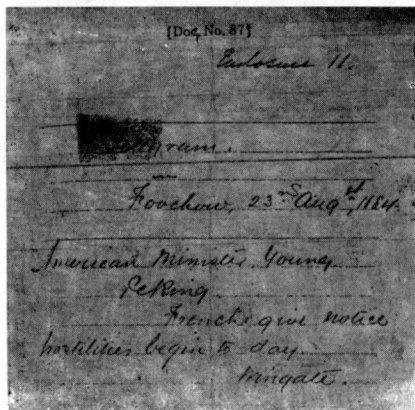

∧ 1884年8月23日英国福州领事致英国公使的紧急电报，电文内容为"法国人通知今天开战"

战斗细节安排完毕后，孤拔与白藻泰领事即商议开战程序以及外交等问题。鉴于当时马江上还有美国"企业"号，英国"冠军""翡翠""警戒"等外国军舰，以及部分外国商船。孤拔决定，在法国军舰战斗准备完成后，通报在江所有外国船只，以防误伤。另外，孤拔不愿对中国人发起为绅士所不齿的偷袭，决定在第二天上午通知他认为的中国方面最高官员——闽浙总督何璟，将于当天开战。

晚上9时，战前布置结束，除了"杜居土路因"照例用探照灯扫射江面，防范中国人偷袭外，法国军舰进入休息状态。"窝尔达"舰底舱里，几名睡不着觉的法国水兵在窃窃私语。

"你知道吗，这就是明天的事！"

"明天？要做什么事？"

"给中国人一点教训！"[20]

阳光灿烂的日子

22日深夜，船政衙署灯火通明，张佩纶通宵未眠，但一直没有等到任何授权他先下手为强的电报。预感大事不妙的张佩纶，只得按照连日来与江上诸将的沟通方式，手书信笺，命令亲兵火速送往各艘军舰。23日凌晨，马江上各艘中国军舰的管带，都收到了一份张佩纶亲笔手书，"初三风定，法必妄动"。

天色大明后，谁也没想到今天竟是一个如此晴朗的日子。台风过去，碧空如洗，江面上风平浪静，一派瑰丽美景。"二十三日星期六的晨曦，预告本日为天空纯净无比的一天。太阳从东方的山岭后光华灿烂地现出，平静、瑰伟的闽江水湍急地流着……"

清早，法国领事白藻泰来到"窝尔达"舰上，告诉孤拔有关开战的预告，他已经安排将于上午8时通知各国军舰，上午10时通知闽浙总督何璟。头戴草帽，身着上蓝下白制服的孤拔站立在飞桥上，一边听取白藻泰的报告，一边皱着眉头望向"窝尔达"的侧后方。远处的"德斯丹"舰放下一只飘着黑旗的舢板，昨天晚上这艘军舰的一名晕头晕脑的水兵竟然掉到江里淹死了，实在是桩丧气的事情。孤拔更为担心的是，中国人看到这些送葬的法国兵，会不会产生误解，以致提前引起战火。所幸的是，整个下葬过程没有旁生枝节。

∧ 马江之战打响前，"窝尔达"飞桥上的情景。图中身着深色海军公服，露出面庞的军官就是孤拔。与真实的法军档案相比，这幅画里孤拔的着装有个明显的错误，即当天孤拔头戴的实际是一顶"巴雅"舰的草帽

　　上午9时30分，马江江水流速陡然增快，大潮如期而至。孤拔下令各舰开始做战斗准备，15分钟后，赶在电报通知中国人之前，所有的法国军舰都按时完成了备战工作。桅盘上的哈乞开司5管机关炮炮手都已就位，火炮全部已经上膛，杆雷艇的汽车式锅炉内也已经储满蒸汽……

　　到了上午10点，即白藻泰预定向闽浙总督通报将于当天开战时，成为法国军舰最紧张的时刻。意味着从这一刻起，直到孤拔制定的下午2时开战时，中国军舰随时有可能向自己发起进攻。11时，法国军舰在惴惴不安中开始午餐，炮位的水兵被命令直接在自己的岗位上用餐。

　　鬼使神差的是，白藻泰有关当日开战的照会，直到中午才送到了福州。

突然接到这样晴天霹雳一般的军情，闽浙总督何璟急得六神无主，根本不知该如何处置，只得下令电报通知马尾的张佩纶。孰料，电报局报告，福州通往马尾的电报线出了故障！当天，张佩纶原本还有另外一个机会能够获得战报，早做准备。福建船政工程师魏瀚从西方人处获悉法军将于当天开战，但自认为无法确认情报的准确性，而没有向张佩纶做出汇报。

下午1时30分，马江退潮。根据旗舰号令，法国水兵全部回到各自岗位。将近1时45分时，孤拔下令各舰起锚，准备开行。[21] 看着江面上一艘艘法国军舰纷纷起锚，停泊在马江的船政水师各舰已经感觉情形不对，张佩纶也通过岸边观察，越发觉得形势正在大变。但张佩纶目前所得到的授权，仅是多天之前总理衙门寄来的谕旨，即发现法舰人蠢动，立即攻击。但是"蠢动"之词该做何理解？万一贸然开火，导致局势溃烂，无法收拾，清政府搞不好就要追究到他孟浪开战的责任。张佩纶百思无法解脱，突然想到了对岸的闽海关，随即命令身旁精通西文的工程师魏瀚乘坐火轮舢板，前往闽海关，抱着一线希望，试图从海关的洋人那里探听一点关于法国人的确切消息。

一艘小火轮，飞快地从船政厂区码头驶出，越过"扬武"等中国军舰阵前，向对岸方向驶来。看到这一幕，"窝尔达"等法国军舰甲板上的官兵，顿时精神高度紧张。曾任法国海军水雷学校校长，主张战时以蒸汽舢板改装为杆雷艇作战，而且深受张佩纶杆雷艇迷魂阵困扰的孤拔，不由自主地大声喊道："中国杆雷艇！"

1884年8月23日早晨，李鸿章终于收到了总理衙门就茹费理开出的50万两优惠条件的答复。总理衙门称收到李凤苞密报的时候，法国公使谢满禄已经撤旗出京，"显与中国失和"，至于茹费理开出的将80亿法郎赔偿金减少到50万两的条件，总理衙门也态度强硬，称既然法国已经攻打了基隆，两相抵消，不能支付。看到和平希望完全破灭，李鸿章致电上海道台邵友濂，哀叹"上意过执，倘断送台、澎、船厂，更难结局！奈何"！随后邵友濂与李鸿章商议，不如由地方以为了和平解决外交争端，保护商务为由上奏，且由地方自行募集 50 万两，只要中央加以表态就行，以促成中法和平。

　　寄译署张樵野，昨夜电悉，内意仍不许曾允之五十万，断难转圜……此时法不在银而在转场也！邵谓可否作为众商口气，为保护商务起见，众商情愿输助若干，乞赐了局等语。鸿不敢擅请，惟台、闽战事在即，一被夺据，非旦夕所能收回。谢（法使谢满禄）既出京，无可与语。丹崖恐即回德。祸在眉睫，能否转商丹星诸老，设法回天！径电丹崖酌办，勿作十成然笔！但少迟无及矣！鸿。

注释：

1.《翁同穌日记 4》，中华书局 1998 年版，第 1852 页。

2. 同上，第 1853 页。

3.《译署寄张会办等》，《李鸿章全集 21》，安徽教育出版社 2008 年版，第 244 页。

4. 同上，第 275 页。

5. 同上，第 275—276 页。

6. 同上，第 276 页。

7. 同上，第 276—277 页。

8. 同上，第 278 页。

9.《涧于集》，（台湾）文海出版社 1966 年版，第 604 页。

10.《福州马尾港图志》，福建省地图出版社 1984 年版，第 135 页。

11.《寄闽防张会办》，《李鸿章全集 21》，安徽教育出版社 2008 年版，第 233 页。

12.《涧于集》，（台湾）文海出版社 1966 年版，第 604 页。

13. 同上，第 589—590 页。

14. 同上，第 590—591 页。

15.《译署寄江广闽浙皖鄂山东各督抚》，《李鸿章全集 21》，安徽教育出版社 2008 年版，第 254 页。

16.《译署寄闽防张会办》，《李鸿章全集 21》，安徽教育出版社 2008 年版，第 254 页。

17.《急寄南洋闽广各督抚》，《李鸿章全集 21》，安徽教育出版社 2008 年版，第 258 页。

18.《急寄译署》，《李鸿章全集 21》，安徽教育出版社 2008 年版，第 242 页。

19. 龙章：《越南与中法战争》，台湾商务印书馆 1996 年版，第 279 页。

20.《孤拔元帅的小水手》，（台湾）"中央研究院"台湾史研究所筹备处 2004 年版，第 10—13 页。

21. 中国近代史资料丛刊续编《中法战争 6》（下），中华书局 2017 年版，第 584 页。

血染
大江

第七章

浴血"扬武"

"中国杆雷艇！"

炮舰"窝尔达"前桅横桁上，冉冉升起一面特殊的旗帜，即一号信号旗。按照孤拔在前一晚所作的作战部署，这面一号信号旗此时的寓意，就是下令法军的杆雷艇开始出击。

大战到来之际，孤拔执意留在露天飞桥上直接指挥、督战。随着一号旗升起，孤拔的目光立刻投向"窝尔达"飞桥侧翼之外的海面。

现代中国很多关于中法马江之战的著述中，都习惯性地称此战中法军投入了鱼雷艇，实则是对杆雷艇的讹传。自从在普法战争中落败后，法国便开始致力于强大其海军，希望从海上对普鲁士（德国）形成一定的战略优势，扳回一些局面。除了继续发展铁甲舰、巡洋舰等大型作战舰只外，当时新锐的海战武器——杆雷艇也备受法国海军的青睐，认为这种小艇的攻击力惊人，且价格低廉，可以用少量的经费就能在短时间内装备维持一支颇具威慑力的海上力量。从 1875 年开始，法国通过向英国的 2 家民营船厂订造（分别是亚罗船厂、桑尼克罗夫特船厂），以及在本国选定 3 家船厂进行试制的方式（分别是诺曼底船厂、塞纳河的克拉帕莱德船厂，以及地中海船厂），一口气建造了多达 19 艘杆雷艇（各艇均以数字来命名，从"第1号"编至"第19号"），共分为 7 种不同的设计型号，这些花样繁多，

△ 身着海军大礼服的孤拔，照片中孤拔领口挂着的是 1883 年 12 月 20 日获得的荣誉勋团二级勋位勋章

∧ 法国海军 27 米型杆雷艇的首艇"20 号",中法马江之战中的"45 号""46 号"艇都属于该型

设计奇特,模样古怪的小船,其实都成了上述各厂研制杆雷艇的技术试验品。在支付了如此一笔价格不菲的学费后,从"20 号"杆雷艇开始,法国海军的杆雷艇逐渐成熟归一。

分别由法国国内 3 家拥有杆雷艇制造经验的厂家分包,法国海军共订造了"20 号"至"55 号"共 29 艘设计、款式相近的杆雷艇,虽然不同的船厂造出来的杆雷艇间存在一些细微区别,大致可以分为三种设计型号,但是由于这些杆雷艇的长度都大致是 27 米,在法国海军中又被称为 27 米型杆雷艇。

此刻身处在"窝尔达"舰舷侧的海面上,受孤拔注目的"45 号""46 号"杆雷艇就属于 27 米型杆雷艇中由地中海船厂建造的型号。这种杆雷艇体量很小,实际长度为 26 米、宽 3.6 米,吃水 0.8 米,排水量只有 31 吨,不过配备的动力在当时可谓十分强劲,装备了 1 台 3 胀往复式蒸汽机,配合 1 座汽车式锅炉,单轴单桨推进,蒸汽机功率 500 马力,航速高达 18 节。[1] 这级艇的外形上采用的是全封闭设计,航行和战斗时,所有艇员都无须到甲板上就能完成工作,由此确保了安全性。在艇体的前部可以看到升出艇外的一根长杆,杆头装备 1 个填装 13 公斤棉火药的杆雷,这是该型杆雷艇的唯一武器。杆雷后方的司令塔,既是该艇的驾驶、指挥场所,同时内部通过一套齿轮、杠杆装置连接,可以用人力调整雷杆伸出的长度和角度,而且这一形制的舰艇杆雷可以采用电发,电线一头连接在司令塔里的蓄电池上,一头连接到杆雷尾部的引信内,司令塔里按下电闸,就可依靠电流引爆杆雷,在当时世界的杆雷艇中属于较为先进的设计。

看到"窝尔达"上升起了一号信号旗,汽车式锅炉内早就炉火熊熊,储满蒸汽的"45 号""46 号"杆雷艇犹如利箭脱弦,飞也似的从"窝尔达"

两翼冲出。由拉都（Latour）上尉指挥的"45号艇"冲向船政水师的炮舰"伏波"，由都庄（Douzans）上尉指挥的"46号艇"则直刺距离500米左右、位于"伏波"舰身旁不远处的船政水师旗舰"扬武"。

根据孤拔此前所做的部署，对船政水师的袭击将首先使用杆雷艇突击，重创或直接消灭船政水师当时在马江江面最具实力的"扬武"和"伏波"舰，在突击得手后，以"窝尔达"舰将一号信号旗从桅杆横桁上落下为信号，法舰开始全面开火射击。鉴于当时双方军舰的距离较近，如此的安排可以让杆雷艇借着双方炮战未起的时刻快速从船政军舰身旁撤离，以便不用担心受到己方炮火的误伤，使己方的军舰能够从容发起袭击。

然而就在杆雷艇才刚刚从阵列冲出之后，一阵犹如疾风暴雨般的机关炮射击声从"窝尔达"后方的炮舰"野猫"号上传出，"野猫"舰桅盘里的水兵不知道是否因为过于紧张，没有能够控制住自己的情绪，一不留神摇动了哈乞开司5管机关炮的扳机。"野猫"舰不守规矩的开火，已经破坏了杆雷艇突击所必需的隐蔽和突然性，必然会引起中国军舰还炮，孤拔当即下令，立刻降下一号信号旗，提前开始炮战。马江上的法国各舰全线开火，江面顿时笼罩在硝烟中。1884年8月23日的下午1时56分13秒，马江之战爆发。

"当我们听到第一股震耳欲聋的爆炸声时，永远也忘不了，就像十座火山突然爆发……打仗了，打仗了！"

——法国"窝尔达"舰水兵回忆[2]

受潮水裹胁，正处在船尾对向法国军舰的船政水师各舰，面对突然而至的战火，匆忙展开了各自为战式的还手，在如此狭窄的江面上作战，敌我双方的距离近到了简直犹如白刃拼杀，法国军舰已然抢占了先手，船政军舰该怎样扭转局面？枯守马江近一个月的中国军舰，在对手开始进攻后，才终于得到了放手一搏的自由，但是这显然来得太晚了。这场内河上的战斗又恰如是一场决斗，阵形、指挥都已无法发挥什么作用，最最重要的是谁先动手，

∧ 马江之战中最先开火的法国炮舰"野猫"号

而另外一方几乎就没有任何的获胜机会。

由船政水师营务处兼管带张成指挥的"扬武"舰，排水量 1560 吨，是船政自造的第一艘巡洋舰，也是当时马江上所有中国军舰的灵魂支柱，属于全军观瞻所系的旗舰。遭遇突然袭击后，"扬武"舰上各个岗位纷纷进入战斗状态，试图改变被动境地，调整舰位，用舷侧火力攻击法国旗舰"窝尔达"，以给龙旗下的军舰们发挥标杆表率作用。

可以想见，当时的"扬武"舰必然是这样的一番情景：

轮机舱里水兵们在卖力地松开蒸汽阀门，试图驱动蒸汽机，尽快让军舰产生动力，摆脱坐困的局面。舰首锚甲板上，水兵们用大铁锤急急地砸着粗重的锚链，因为事机紧急，已经来不及使用操作复杂的吊锚杆起锚，只能快速砸断锚链，火星四溅中，钢铁锚链似乎还不为所动。本就不宽的露天火炮甲板上，到处都挤满了忙碌的人群，顶着法国军舰桅盘上劈头盖脸倾斜而来的哈乞开司机关炮弹，"扬武"舰所装备的笨重的威斯窝斯190毫米口径前膛主炮被水兵们推着、滑车拽着，沿着敷设在甲板上的轨道，缓慢地进入舷侧炮位。船舷边上的一个个炮门里，威斯窝斯160毫米口径副炮的炮手们正都探出头来，挥着长长的装弹撑杆，费劲地从炮口伸入，填实装弹。"扬武"舰犹如一条正在挣脱束缚的苍龙，缓缓地移动着。

陷入"窝尔达"等法国军舰的炮火集中攻击，"扬武"在从舰尾对敌的状态中努力调整成舷侧对敌的姿态。不甘于被动挨打，装备在"扬武"舰舰尾的2门100毫米口径的威斯窝斯火炮首先开始了不屈的还击。

当时在这处炮位上指挥的主要是几名年轻的军官，六品军功杨兆楠、薛有福以及七品军功黄季良，他们都有一个共同的出身背景，即留美幼童。薛有福和黄季良是原本就在"扬武"舰上服务的见习军官，而杨兆楠原本其实被派在船政工作，因目睹中法局势紧张的情形，自告奋勇要求上舰，"自备资斧，辞绝局差，洒泪登舟，不肯苟免"。根据事后调查，就在法舰首轮攻

∧ "扬武"舰见习军官黄季良生前的自画像

∧ 战前自告奋勇登上"扬武"舰，在马江之战中殉国的六品军功杨兆楠

击后，杨兆楠等参与操炮，竟然命中了"窝尔达"舰，但在随后而至的法舰火力压制中，3名年轻人都倒在了血泊里。事后，黄季良因著名诗人黄遵宪题写的"泼海旌旗热血红"诗句而被人记住，薛有福则在那段与美国女友的感情故事里，让人为之动容[3]，惟独自告奋勇上舰的杨兆楠长久被淡忘，他的事迹甚至一度被张冠李戴到当时并不在舰的同学詹天佑身上。

几乎与上述的一幕同时发生，站在"扬武"飞桥上的管带张成猛然间感到脚下一阵剧烈震动，伴随着爆炸声，一团火焰从舰体左舷中部升起。下午1时56分40秒，法国海军"46号"杆雷艇成功地用杆雷击中了"扬武"舰，"扬武"木质的舰体无法承受如此重创，舰壳被炸开了一个致命的裂口，江水顺着破口不断灌入舰内，"它（'扬武'）的左舷一下子撞裂开来……巨大的船只受到致命的一击不断地发出气喘声，机器奄奄一息，就像肺部在呼吸最后的一口气一样"[4]。也就在此时，"扬武"舷侧的一门160毫米口径火炮，准确命中了"46号"杆雷艇，1枚威斯窝斯前膛炮特有的六边形炮弹洞穿了"46号"杆雷艇的轮机舱，可惜这枚炮弹竟从锅炉旁擦身而过，仅仅只击毙1人，击伤数人，没能摧毁这艘法国杆雷艇。因炮击导致动力系统毁坏的"46号"艇，之后随波逐流，漂移到战场外，人员被中立国军舰救起，杆雷艇受伤过重报废，

∧ "46"号杆雷艇击中"扬武"舰，爆炸惊起冲天水柱

∧ 法国美术作品:《马江之战开战》。画面左侧表现了法国杆雷艇袭击"扬武"和"伏波"的情景

成为法国海军在中法战争中战损的第一艘军舰。[5]

　　猝然遭受重创的"扬武"尽管不断倾斜下沉,仍然在努力地往江边浅水区挪动,意图搁浅自救,最终还是无法支撑,在近岸地方无助地沉没,因为该处江水不深,沉没后的"扬武"还有大量上层建筑露出水面。开战仅仅才不到1分钟的时间,船政水师的旗舰即痛苦沉没,似乎预示了此战的结局。就在"扬武"舰下沉的最后时间里,一名不知名的水兵爬上桅杆,高扬起一面龙旗,表示"舰虽亡,旗仍在",用这面血染的龙旗,号召江面上的其他军舰坚持作战。

　　"扬武"舰沉没时,管带张成受伤落水,漂至附近的君竹乡岸边,被福靖军后营哨官吴德恩救起。[6]马江之战后,张佩纶认为其"所统兵轮中敌暗计,全军气沮,虽系守久力疲,受伤遇救,究属咎无可辞",上奏将其革职。[7]后督办福建军务大臣左宗棠要求加重对其的处罚,又被清廷判为斩监候,后流放军台。[8] 多年后，经原"扬武"舰管轮郭懋之等旧部集资，得以救赎。[9]

星陨马江

法国杆雷艇首波攻击的目标，除了"46号"艇进攻的"扬武"外，还有就是"45号"艇瞄准的炮舰"伏波"。

与"46号"艇进攻"扬武"过程的顺畅比起来，拉都艇长指挥的"第45号"艇的行动可谓充满波折。从与"46号"艇一起从"窝尔达"身旁出击后，"45号"艇首先遇上了船政工程师魏瀚乘坐的那条小火轮，一时间摸不透眼前的这条船究竟想要干什么，拉都干脆转舵躲开了这艘中国蒸汽舢板。由于江面狭窄，杆雷艇的航速又太快，还没有来得及重新调整回直冲敌舰舷侧中部的既定进攻路线，"45号"艇就已经冲到了"伏波"跟前，杆雷撞在"伏波"舰尾部炸响。之后引发杆雷的过程中，手忙脚乱的法国兵又出了问题，杆雷非但没有炸响，反而卡在"伏波"的舰体上怎么也拔不出来。

看到这艘送上门来的猎物，由管带吕文经指挥的"伏波"舰甲板上的官兵纷纷奔向舰尾，用手枪、步枪甚至手榴弹向眼前的法国军舰进攻。"45号"

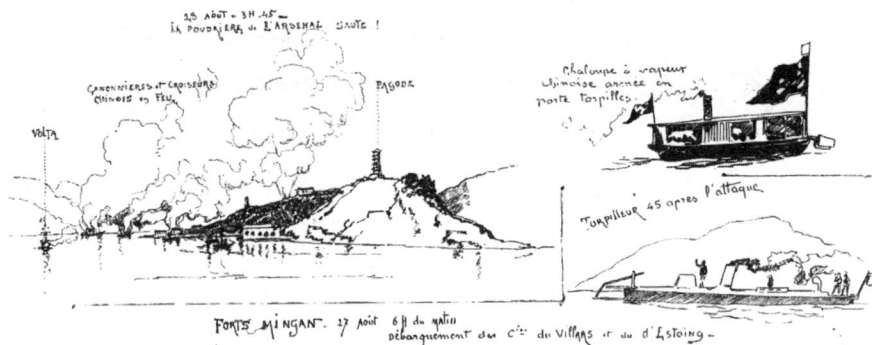

∧ 法国军官战场速写：左侧是法国军舰炮击船政厂区的情况，右上是被误认为杆雷艇的中国蒸汽舢板，右下图是法国海军的"第45号"杆雷艇

∧ 法国海军"45 号"杆雷艇艇长拉都

〉 "45 号"杆雷艇艇长拉都在司令塔内中弹的一刻

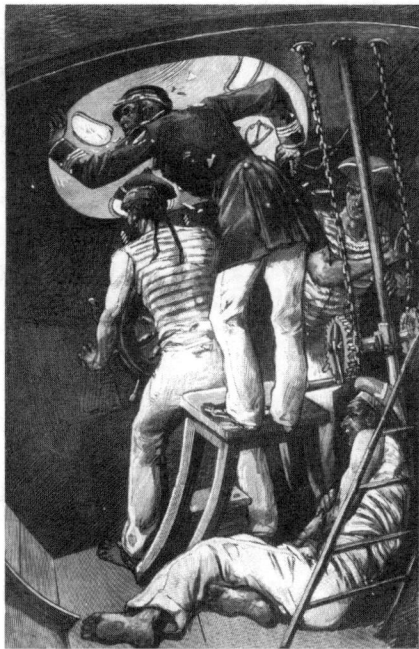

艇的司令塔里顿时乱作一团，艇长拉都正在呵斥水兵赶快开倒车和"伏波"脱离时，一颗子弹从司令塔观察口的缝隙中射入，正中拉都的左眼，不久又有一名法国水兵被击中。

　　"天杀的，我的胳膊断了。"

　　"那我呢？我的眼睛都瞎了，你听到我嚎叫了吗！"

　　"对不起长官，我不知道。"[10]

　　就在"45 号"艇即将大难临头时，"伏波"舰可能是解开了锚链，摆脱了静泊状态，开始调转航向。出乎"伏波"舰舰员意料的是，他们的转向动作，竟然使一直以最大出力在试图倒车的法军"45 号"艇终于挣脱开来，摆脱了和"伏波"舰牵连在一起的不利局面，飞速地逃离了战场。重伤的"第 45 号"艇最后停泊到战场外中立国美国军舰"企业"号的附近，"始'扬武'号之沉，

∧ 美术作品：《"伏波"舰官兵用轻武器射击"45号"杆雷艇》

有一水雷艇自上流来，近我舰（'企业'号）左舷下碰……艇面被敌弹洞穿如星点，骨肉横飞，凄惨异常。"[11]

　　"伏波"是船政建造的150马力炮舰，是当时马江上中方仅次于"扬武"的大舰，然而虽然在舰长吕文经的指挥下，军舰开动了起来，但是遭法军"第45号"杆雷艇的杆雷攻击后，"伏波"舰内已经出现了严重的进水。此后，"伏波"舰并没有试图向法舰进攻，而是选择脱离战场，向马江上游的林浦方向艰难驶去。战前停泊在"伏波"身旁的船政水师小炮艇"艺新"号见状，也随着"伏波"退出了战场。

　　除开战时就遭法国杆雷艇重创的"扬武""伏波"，以及随着"伏波"退出战场的"艺新"之外，当时在船政附近的江面上还有另外一组船政水师的军舰，即炮舰"福星"和蚊子船"福胜""建胜"。

　　"福星"舰属于船政自造的"湄云"级炮舰，排水量只有515吨，舰体长51.8米，机动性要比大型军舰更为灵活。8月23日下午各中立国军舰移转阵位时，管带陈英就觉察出情势不对，预先下令起锚，这一十分警觉的举动使得"福星"成为马江之战中最先进入主动攻敌状态的中国军舰之一。当"扬武"舰遭到法舰炮火聚攻时，舰体小、转向灵活的"福星"就已经准备驶近"扬武"，帮助旗舰抵御炮火，"'福星'砍碇赴救，业已不及"。

　　尚未来得及赴援，"扬武"就已经不幸沉没，"福星"舰管带陈英悲痛不已，决心要拼死扭转眼前的不利局面。他喝退劝他暂退的仆从，站立在"福星"的露天飞桥上，号令全舰官兵："男子汉食君之禄，当以死报之！今日之事，有进无退！我船锐进为倡，当有继者，安知不可望胜！"像极了多年后甲午黄海海战中的"致远"舰，小炮舰"福星"开足马力向法军旗舰"窝尔达"

∧ 清末《点石斋画报》刊登的报道马江海战发生的新闻画。由于战事发生极为突然，绘图师并没有时间去仔细掌握战事发生地的地貌以及双方参战军舰的外形信息，以至于这幅画只属于"写意"性质，与真实的海战情况并不相符

∧ 法国美术作品:《马江之战》。画面上所表现的舰艇从左至右分别是: 沉没的"扬武","德斯丹""第45号""窝尔达""野猫"

所在的方向飞速冲去。

目睹"福星"舰的壮举,停泊在"福星"后方的船政水师蚊子船"福胜""建胜"受到鼓舞,由参将衔补用游击尽先都司吕翰统一指挥,两艘蚊子船从后方双双尾随着"福星"前进。

"窝尔达""益士弼""蝮蛇""野猫"立刻将刚才轰击"扬武"的炮火,调整向进攻而来的中国军舰,尤其是领头的"福星"舰。平日被人看作文弱书生的陈英,此刻完全是一副海上英雄的慷慨激昂模样,他站在露天飞桥上,一面督促着下方的160毫米口径威斯窝斯大炮装弹备战,一面不断鼓励着他的将士们。忽然,法舰上射来的一颗哈乞开司机关炮弹击中了他的胸膛,高昂着的头颅慢慢垂下,鲜血染红了飞桥甲板,牺牲时年仅28岁。二副六品军功张春上前接替指挥,又被炮火击中殉难。三副五品军功王涟继之,也倒在了法军哈乞开司机关炮倾泻的弹雨中……

马江之战时，参战的船政水师军舰基本都是露天火炮甲板设计，近距离作战中，法国军舰桅杆上的哈乞开司5管机关炮，简直成了船政军舰的噩梦。高速旋转的炮管，飞泻而下的弹雨，将一艘艘中国军舰的火炮甲板打得血肉横飞。虽然总有那些英勇无畏的将士，在弹雨中前仆后继，奋力抗敌，但面对来自高处的攻击，根本没有还手之力。

已经尸骸枕藉的"福星"顽强地朝"窝尔达"开去，突然一声不祥的爆炸声从"福星"舰的船尾传出，法国杆雷艇又出现了！

虽然接连损失了"45号""46号"两艘杆雷艇，但是孤拔手头还有一个法宝。战前，孤拔就在法国海军中极力推崇战时把蒸汽舢板改为杆雷艇的做法，并为此做过许多试验。"45号""46号"损失后，孤拔下令已经加装了雷杆的"窝尔达"舰的蒸汽舢板"怀特"号（White）继续上阵。"窝尔达"舰大副拉北列（Lapeyrere）受命带着几名水兵驾艇出发，在炮烟阵阵的江面上，这艘小小的蒸汽舢板从斜刺里逼近了"福星"，水兵们合力抬起雷杆向前伸出，杆雷撞击到"福星"的螺旋桨附近炸响，爆炸彻底毁坏了螺旋桨。

在距"窝尔达"很近的地方，"福星"失去了航行能力。紧接而来的场面之残酷，是今天的人们很难想象的，法国军舰近距离以几乎百发百中的炮火摧残着这艘中国军舰，"福星"舰的弹药舱发生爆炸，舰体倾斜，舱面人员伤亡殆尽，一片死寂，只有桅杆之巅的龙旗还在哀伤地飘扬着。不久，一艘法国蒸汽舢板靠近四处起火的"福星"，见习军官来尔（Layrle）带着水兵爬上"福星"的舷墙，又顺着绳梯上到桅杆顶端，撕下黄龙旗，升起一面三色旗。

"这艘该死的船（指'福星'）烧得很厉害，根本无法靠过去，而且还冒着烟，我们被裹在烟雾里面呛得咳嗽……然而一段时间后我们总算登上了船。啊呀！那是什么样的场面啊！这时，尽管他们行为卑鄙，我还是很同情这些可怜的中国人……甲板上到处都是尸体，有的被机关炮打得稀烂，有的被火烤焦，有的是锅炉破裂，被泄露出来的蒸汽烫伤……"

——"怀特"水兵的家书[12]

孤军

法军各舰打响马江之战，几乎是在瞬间同时进行的，所采取的也是各自为战的战术。由此，马江之战中的很多局部交战看似纷繁复杂，其实都是在短短的同一时间内发生的。

就在船政水师的"扬武""福星""伏波"等上游军舰遭到法舰攻击时，位于船政对岸的闽海关方向，3艘扼守下游的船政水师军舰也陷入了恶战境地。

战前从广东召回的"飞云""济安"，以及从福建沿海召回的"振威"，自从到达马江开始，就一直停泊在闽海关附近，与身旁的法国军舰暗中抗衡。随着进入到马尾一带江面的法国军舰越来越多，这3艘中国军舰逐渐陷入孤处敌后的不利位置。此刻她们所面临的对手，远比"扬武"等舰遭遇的法舰更为强大。

"飞云"和"济安"舰同属于船政建造的"伏波"级炮舰，排水量1258吨，单舰作战时每舰可以使用的火力包括1门160毫米口径前膛炮和3门120毫米口径前膛炮。而"振威"舰则是闽海关附近3艘中国军舰中体量最小的1艘，属于"湄云"级改进型炮舰，排水量只有572吨，单舰作战时可以获得的火力包括1门160毫米口径前膛炮，2门120毫米口径前膛炮。总计，3艘中国军舰单舰作战时，可用的火炮共为3门160毫米口径前膛炮，8门120毫米口径前膛炮。

与3艘中国炮舰成并列对峙状态的是此战中法国舰队最精锐的军舰——3艘一等巡洋舰。包括排水量3479吨的"杜居土路因"、2363吨的"德斯丹"、2382吨的"维拉"，这3艘法国军舰在单舰作战时，可以使用的火炮包括2

∧ 法国巡洋舰 "德斯丹"

∧ 法国巡洋舰 "杜居土路因"

门 190 毫米口径后膛炮，19 门 140 毫米口径后膛炮。两相比较，无论是火炮的口径、数量、先进程度，船政军舰都根本比不上敌手。在这样悬殊的火力对比下，双方进行近距离火炮对射，其结局可以想见。更为不利的是，这种火炮对决还是以对方占有主动权的情况下开始的，这意味着中国军舰可能来不及做任何抵抗，就会在法舰的首轮炮击中被击沉。

当天下午"窝尔达"传出炮战开始的号令后，早就摩拳擦掌的"杜居土路因"等 3 舰，立刻用舷侧火炮向身旁的中国军舰进行齐射，同时桅盘里的哈乞开司 5 管机关炮也居高临下扫射中国军舰的火炮甲板。遭遇到突如其来的袭击，"飞云""济安"两舰还没有来得及砍断锚链，按照事先商议的方案驶往上游与"扬武"大队会合，就已经身受重创，舰体燃起了熊熊大火。"飞云"舰管带高腾云亲自赶往 160 毫米主炮炮位，意图稳定官兵情绪，坚持作战，不幸腿部中弹倒地，紧接着又一颗法国炮弹击中炮位，高腾云被炸飞入海中，壮烈殉国，时年 44 岁。来自广东的"飞云"被法舰的第一轮齐射击沉，同队姊妹舰"济安"抵挡住第一轮炮击后，舰体受创过于严重，由管带林国祥指挥砍断锚链退往下游，最后在青洲港附近焚没。

瞬间，下游方向的船政水师阵列里只剩下了 1 艘弱小的"振威"舰还在艰难地支撑。因为小军舰的锚链细，砍断较易，法军齐射时"振威"已经摆脱了铁锚的羁绊，管带许寿山屹立在飞桥上，指挥将士们坚持作战。正当此时，3 艘正在疯狂炮击的法国军舰上传出了雷鸣般的欢呼声，炮烟渐散，1 艘体形硕大的法国军舰出现在江面上。由鲍舰长（Baux）指挥的装甲巡洋舰"凯旋"在引水员带领下，顺利到达了战场江域。因为闽安以及长门、金牌各炮台，并不清楚船政厂前的江面发生了什么事，使得这艘法国军舰得以大摇大摆地顺利入江。

在中国史料里又被译为"特隆方"的"凯旋"号，是一艘标准的装甲巡洋舰，按照法国海军的分类则属于驻外战舰（Station Battleship）。该舰排水

︿ 美术作品：《被大火包裹的"飞云"舰》。创作：顾伟欣

︿ 马江之战中，法方参战级别最高的军舰——装甲巡洋舰"凯旋"

量 4585 吨，舰长 78.64 米，宽 14.86 米，吃水 7.37 米，航速 12.7 节，水线带装甲厚 6 英寸。装备有 240 毫米炮 4 门，190 毫米炮 1 门，140 毫米炮 6 门。孤拔调用这艘大型军舰冒着搁浅的风险进入马江，目的原本是要用大口径舰炮对付沿岸的中国炮台，既防范水上作战时，中国岸上炮台发炮支援，同时也是担心马江之战完成后，法国军舰退出马江时会遭到来自岸上炮台的拦阻。现在，加入战阵的"凯旋"，一面炮击罗星塔下的中国陆军行营炮阵地，一面用其威力巨大的主炮攻击起"振威"。"该舰初击罗星塔一垒而中之，砂土飞散，守者披靡，继击'振威'号，其弹掠船尾而过，落于水中，势颇猛烈。"[13]

∧ "振威"舰二副、留美幼童出身的邝咏钟，在马江之战中殉难

　　本就势不能支的"振威"，又遇到简直如同泰山压顶般的攻击，舰上大批水兵纷纷自放舢板逃生，一些上不了舢板的逃兵甚至直接跳入江中，尽管

∧ 法国海军战场速写，下沉中的"振威"舰

∧ 美术作品：《马江之战》。画面左侧最下方浓烟滚滚的军舰是"飞云"舰，其右侧已经严重侧斜的军舰是炮舰"振威"。"飞云"左上方是法国巡洋舰"杜居土路因"，"振威"右上方是法国军舰"凯旋"

管带许寿山下令炮击逃跑的舢板，但仍然"纷纷不止"。法舰机关炮的扫射中，坚持在舰上作战的军官们大都殉难，管带许寿山、大副梁祖勋中弹阵亡，"碎尸飞堕"，"振威"舰也已经"船体受弹无数，状如蜂巢，船身歪斜，势将及溺"。然而就在这时，不知道在哪一名军官指挥下，"振威"突然调整方位，直接瞄准法国巡洋舰"德斯丹"的舷侧直冲而来。

船体严重侧倾，带着熊熊烈焰努力航行的"振威"，意图与法舰同归于尽，最终不幸在"德斯丹"的一轮舷炮齐射中沉没。让附近的中立国军舰，乃至在场的法国军舰都极为震惊的是，在小小的"振威"舰即将沉入水中的时候，其前主炮突然发出了一声怒吼，一面龙旗升起在了桅杆上……

"它们的兵员想法躲脱危险，但没有办法，无情的榴弹把死亡散布到他们中间。但其中有些人表现出勇敢和英雄的优美榜样。在其中一艘巡洋舰上，船身四分之三都着了火，而且即要沉入江中，中国黄旗忽然升起来，又有一个炮手向我们的战舰送来最后的一炮。"[14]

船政下游闽海关方向的三艘中国军舰至此全部殉难。

血染大江

得悉"凯旋"号的到来，孤拔觉得是该全面赢得胜利的时候了。

从开战以来，一直几乎处在静泊状态的"窝尔达"舰，开始向船政厂区方向驶去，在炮击了"扬武"的残骸后，驶近江边的位置。这里停泊着战前张佩纶从各地调来的绿营和八旗水师师船，由于下午风向不对，师船一直被株守在岸边无法动弹。法国人对付这些看起来如同工艺品一样的木头船，犹如打靶一般轻松，几乎只需要发射1炮就能击沉1艘，"各师船以东风急不能前，坐以待毙，敌燃一炮，我沉一艘"。象征着中国千百年水师文化结晶的师船上，将士们使用古老的前膛铁炮，以及抬枪、抬炮进行着不屈的和毫

∧ 美术作品：《退向马江上游的"艺新"舰》。创作：王益恺

∧ "窝尔达"舰遭遇炮击的一刻,飞桥上被击倒的舵手身旁,那名站立的军官就是孤拔。飞桥下可以看到舷墙上装备的哈乞开司5管机关炮,这种高射速的火炮在属于近距离交战的马江之战中,为法军获得了对付船政军舰的压倒性火力优势

无希望的还击, "在如雨的机关炮弹之下,他们不停地射击,因相距很近,几乎所有的炮弹都能击中他们"。谁也无法料到,古董大炮的射程有时也会有超常发挥,一颗圆形实心弹呼啸着击中了"窝尔达"的飞桥,2名法国舵手,和1名雇用的引水员被击毙,孤拔则万分侥幸地毫发无损。

"窝尔达"后续的"益士弼""蝮蛇""野猫"很快也来到这里,一阵炮声过后,水面上只剩下了片片木板和满江的血泪。

4艘法国炮舰继续向船政厂区方向靠近,此时船政水师的"伏波"级改型运输舰"琛航""永保"正停泊在船政厂区附近,因为根本没有武装,毫无悬念地倒在了法舰的炮口下,幸亏2艘运输舰上的大量官兵事前已逃离登岸,才避免了重大的人员伤亡。"至于两艘系在造船厂堤岸的运输船,船员逃掉了。法炮艇的榴弹烧掉了其中的一艘，炸毁了另一艘。"

此时，马江江面上还在坚持作战的中国军舰，只剩下了2艘。

舰名寓意福建胜利的"福胜"和"建胜"，是1875年福建善后局通过上海瑞生洋行向英国莱尔德公司订造的伦道尔式炮艇，即蚊子船，排水量256吨，长26.52米，宽7.92米，吃水2.51米，装备1门10英寸口径的威斯窝斯前膛炮。虽然火炮威力在船政水师参战各舰中威力较大，但发射速度极为缓慢，而且这级军舰新造时的航速只有8节，此时服役已近10年，航速已经大打折扣。

马江之战开始后，按照整船瞄准的要求，调转航向的功能被设计得极为突出的"福胜""建胜"很快改变成船头对敌姿态。在统领吕翰指挥下，一度准备尾随英勇的"福星"舰冲击法舰阵列，因为航速跟不上，最后无法直接支援"福星"，只能远远以船头大炮射击助阵。"福星"舰遭法军重创失去战斗力后，这2艘蚊子船又直接吸引了法国军舰炮火的攻击。根据法国海军的军史记载，"福胜""建胜"坚持作战时间极长，被法国军舰攻击到舰员死伤惨重，乃至蒸汽机都出了故障，只能随江水漂流的境地。

下午2时8分，两舰顺流漂至法国巡洋舰"杜居土路因"附近时，仍然试图发炮攻击。最后，两艘蚊子船遇到了极为凶残的对手，法军的"凯旋"和"杜居土路因"用大口径舰炮一一击沉了两舰。

从中方史料的一些描述的字里行间，还可以想见"福胜""建胜"舰最后坚持作战的惨烈场面。

"建胜"舰的管带，福建福州籍的五品军功林森林中弹阵亡后，"建胜"舰由在船督队的广东鹤山籍将领吕翰接管，"弹及公额，流血被面，裹首以帛，督战如故"，毅然指挥"建胜"努力击敌，看到一些胆小的水兵准备跳水逃生，吕翰愤怒地拔出佩剑劈砍，最后"建胜"中弹沉没，这位刚烈的将领也随舰而沉，年仅32岁。

"福胜"舰上，福建闽县籍五品军功大副翁守恭直接在炮位上指挥操炮，不幸中弹牺牲，年仅 18 岁。管带叶琛面颊中弹，仍坚持指挥操炮，后被机关炮弹击中胸部而阵亡。

马江海战后不久，"建胜"舰管带林森林的母亲收到了儿子于马江之战前一天托人捎出的东西，当老太太看到竟是儿子的心爱之物香篆盒时，不仅老泪纵横，"以平日所用之香篆盒寄归其母，以示以身许国之意"。

督队官吕翰阵亡后不久，他远在广东鹤山的家人收到了他的遗书：

"荫南表台大人阁下，现因中法之事决裂，仆处义不容辞。惟小儿日民，素性贪懒，然或其人或可造就。佑弟无能，不能为我分忧。将来其能否成为好人，皆仆所赖于阁下矣。事无多言，敢以教导小儿之事相托。仆一生之事，如此如此，可叹否？阁下其念我乎？谅亦不能忘情，故敢以儿辈托也。愚弟吕翰顿首。"[15]

1884 年 8 月 23 日下午 2 时 15 分，马江江面上已经没有了中国军舰的踪影。仅仅不到 20 分钟，船政水师几乎全军覆没。

兵败街亭

马江上发生的这惨痛一幕，全都收在钦差大臣张佩纶的眼底。

8 月 23 日下午 1 时 56 分，马尾一带江面上炮声突然响起后，钦差大臣张佩纶立即率众登上船政后山观察局势，整个江上战斗经过，张佩纶历历在目，内心焦痛不已。这位久居中枢的清流健将深知，不管是什么原因束缚住了他和船政水师的手脚，此刻战败的责任，绝不会涉及中枢，政府中枢是永远不会有错的，罪过必然将由他一人承担。

在后来给侄儿张人骏的信中，张佩纶表露了极度苦闷的心情，有"苦无死法，现在惟愿法速来，速战速死，一切呼应不灵，闷甚愤甚"之语，自比此战为街亭之败。此刻，看着满江或沉或焚的船政军舰，张佩纶简直有些麻木了，他更加担心的是，从法国人战前的恫吓来看，他们的主要目的是为了夺取船政作为要求中国认错赔偿的质物，攻击船政水师不过是为了扫清障碍，接下来势必就要登陆进攻船政了，陆军能否守住呢？

下午2时15分江上的主要战斗结束后，孤拔下令舰队扫荡江面，准备进攻船政生产厂区。恶战结束，江面上到处是漂浮的尸体和待救的落水者，美国海军的"企业"号等中立国军舰，立刻放下舢板，"不问华人与法人，均极力救上"，救援过程中，"企业"号上的军官还细心地注意到，"扬武"舰上的吉祥物大黑狗，居然自己游水上了岸。[16]

杀红了眼的法国海军，此时却没有如此的绅士了，法军各舰上不断传出机关炮和步枪射击的声音，残酷地屠杀江水中漂流的中国官兵。"江面上满是木块、折断的桅和帆船的碎片，攀缘在这些漂流破物上的是那些想活命的可怜的'天朝'士兵，他们的头部浮出水面，像些小黑点。我们的水兵，自开战即表现了令人羡慕的精神和纪律，现在因战斗过于兴奋，要阻止他们对这些在水上漂流的黑点用枪射击，是非常困难的事。"[17]

下午2时25分，船政江边的拖船坞被击中，张佩纶事前部署埋设在附近的地雷，被法舰射击引爆，产生剧烈爆炸。2时32分，法国军舰开始集中在船政厂前，或是炮击厂区，或是攻击附近的中国炮台。

驻守在船政厂区一带岸边的陆军，主要是道员方勋率领的1营潮普军，记名提督黄超群统领的福靖左、右2营，副将张升楷统领的福靖老后、新后2营。另外配合陆军防守船政厂区，除船政后山上原有的1处装备了3门克虏伯行营炮的炮位外，张佩纶还临时加强了几处炮位，分别是后山上的1门行营炮，由李鸿章此前派来支援的炮术顾问都司陆桂山指挥；船政厂区江边的2门行营炮，由北洋派来的都司孙思敬以及船政差弁冼懿林分别指挥。

马江之战打响后，3处行营炮位都立即开炮支援江上作战，驻守厂区的陆军除了副将张升楷逃跑外，其余都严守在事前挖掘的战壕中待命。法舰开始炮击厂区时，步兵依旧隐蔽不发，只有行营炮在不屈不挠地还击，最后厂区内的孙思敬、冼懿林两处炮位都被击中，和张佩纶同在船政后山的陆桂山仍旧发炮作战不止。

炮战至下午 3 时 45 分，船政厂区的一处弹药库被击中，发生剧烈爆炸。4 时，孤拔下令停止炮击，预备结束当天的战斗。当法国军舰的炮火稍一停歇，中歧山上的克虏伯炮开始聚焦"窝尔达"发起猛烈炮击，包括孤拔的副官莱威尔（Ravel）上尉在内的多名法军官兵被击毙击伤。经过近 1 个小时的交火，船政后山那座英勇的炮台最后也被法军炮火压制，火炮被摧毁，傍晚 4 时 55 分，马江江面安静了下来。

孤拔下令，所有军舰停泊到中国炮台的火力射程之外，准备抛锚过夜，白隆尼上尉受命带着一队舢板船，开进马江支流港汉，一一击沉所有的中国杆雷艇。

暮色茫茫中，夕阳将江水映得一片血红，突然间，上游港汉出现一连串的火球，顺着江流向法国舰队方向漂来。受潮水流向和风向制约，始终未能发挥作用的中国火攻船，这时开始出现了。虽然因为法舰派出火轮舢板，用长杆等工具及时推开了火攻船，没有对法军造成任何损害，但是整夜里类似的船层出不穷，也足让法国人大为头疼。晚上 9 时，火攻到了高潮，2 艘中国师船拖带着满是大火的"济安"舰冲向法国军舰锚泊区，担任前哨警戒的"德斯丹"慌忙开炮将中国师船击沉，其他军舰赶忙变换泊位，给已经当成了火攻船的"济安"让路。

"中国人向我们送来一连串大小不一、各式各样的火攻船。在黑暗中，这些点着火的船，慢慢顺水漂流，实在是一个动人和瑰伟的场面。所有战舰都把时间用在变换碇泊的地点上，躲避这些浮游的巨大火盆。"[18]

作为中法战争中最大的一场海军舰队战役，马江之战在中方默默的火攻中黯然落幕。

此战，船政水师共损失军舰 9 艘，有姓名可考的阵亡者达 500 余人，而法军仅仅只损失了 2 艘杆雷艇，共阵亡 6 人，受伤 27 人。

23 日深夜，孤拔在"窝尔达"甲板下的住舱里，计划明天如何登陆夺取船政厂区。同时连夜起草给政府的报告，并准备了一份致参战各舰的褒奖令：

"我们的士兵们在谅山做了可耻的背信的牺牲品，今天正好是两个整月了，这种暴行已经由你们在基隆的同伴和你们的勇敢报了仇，但法国要求一种更光彩的补偿，有了像你们这样勇敢的水兵，她可以获得一切。"

孤拔[19]

同一片夜幕下，钦差张佩纶拟就了一份自请惩处的电稿，而后因船政厂

∧ 深夜出现在马江江面的中国火攻船

区损害严重，退往 10 里外的小乡村彭田暂住，准备天明后再赶回船政督战。

"署冬电甫到，孤拔今早得巴黎信，猝攻我船，铁木雷大小十一艘乘潮猛击。我守久，兵疲船小援绝，苦战两时久，坏其雷船一，焚其兵船二，而我大轮一、小轮五、商艇各船均毁。诸将誓死，无一登岸，深堪惨恻。法乘胜攻厂，黄超群尤守露厂，击毙法兵官一，无蔽无炮，必不能支。纶罪无可逭，请即奏闻逮治。纶。肴戌。"[20]

注释:

1.*All The World's Fighting Ships 1860—1905*，Conway Maritime Press 1979，P331. 纪荣松：《参与清法战争的法国巡洋舰、炮舰和杆雷艇》，《淡江史学》第二十二期，（台湾）淡江大学历史系 2010 年版。

2.《孤拔元帅的小水手》，（台湾）"中央研究院"台湾史研究所筹备处 2004 年版，第 15 页。

3. 高宗鲁集注：《中国留美幼童书信集》，珠海出版社 2006 年版，第 11—13 页。

4.《孤拔元帅的小水手》，（台湾）"中央研究院"台湾史研究所筹备处 2004 年版，第 16 页。

5.《中法海战》，中国近代史资料丛刊《中法战争 3》，新知识出版社 1955 年版，第 551 页。

6. 中国近代史资料丛刊《中法战争 6》，新知识出版社 1955 年版，第 518 页。

7.《副将张成等请革职治罪片》，《涧与集》，（台湾）文海出版社 1967 年版，第 595 页。

8.《查复马江失守被参债事各员情形折》，《左宗棠全集》第八册，岳麓书社 1996 年版，第 546 页。

9.《郑孝胥日记》（一），中华书局 1993 年版，第 117 页。

10.《孤拔元帅的小水手》，（台湾）"中央研究院"台湾史研究所筹备处 2004 年版，第 17 页。

11.《福州马尾港图志》，福建省地图出版社 1984 年版，第 139 页。

12.*Maurice Loir: L'Escadre de L'Amiral Courbet——Notes et Souvenirs*，Berger Levrault1886，p134—135.

13.《福州马尾港图志》，福建省地图出版社 1984 年版，第 137 页。

14.*Maurice Loir: L'Escadre de L'Amiral Courbet——Notes et Souvenirs*，Berger Levrault1886，p133.

15.《福建文博》1985 年第 1 期，第 230 页。

16.《福州马尾港图志》，福建省地图出版社 1984 年版，第 139 页。

17. 中国近代史资料丛刊《中法战争 3》，新知识出版社 1955 年版，第 554 页。

18. 同上，第 556 页。

19. 同上。

20. 同上，第 405 页。

蟒龙
出江

第八章

"马江各军舰所有将士人员，多系闽人。一闻失败，榕垣啼夫哭子者，惨不忍闻，无何，俱往马江认尸。孰知马江捞起之尸，身首异处，无一全者。尸亲皆认无可认，啼哭之声满于岸上，旁观者心为之酸……"

无功而返

1884年8月24日，星期日。清早天色放明之后，马江江面上举目都是凄惨的景象，"天明，江上见浮尸废材累累，蔽江而下，而昨日上流所见之中国舰队，已无复只影矣"[1]。夹江两岸，如果仔细留意，还能听到一些村镇里传出的阵阵哭泣声，在八闽大地成长起来的中国第一支近代化舰队船政水师，不幸地倒在了他的诞生之地，此刻痛失爱子的母亲正陷入巨大的悲伤中。

马江江面上，另一种气氛也在四处弥散，摧毁了船政水师的法国军舰，艘艘都处在极度激昂的胜利者情绪中。只不过三色旗下，司令官孤拔望着眼前的景况，却始终显得愁眉不展。

∧ 美术作品：《大战过后的马江江面》

按照法国政府当时的初衷，孤拔进行此战的真正目标应当是占领船政厂区，以此作为交换的质物，以迫使清政府在关于越南的中法交涉中让步，本质的目标仍然是不想和清政府彻底决裂，而是希望迫使清政府重回谈判桌，通过外交途径来解决中法危机。然而孤拔的舰队竟然一举摧毁了船政水师，显然已经使得中法两国间的矛盾趋于严重，而且虽然歼灭了船政水师，但是孤拔并没有完成占领船政的目标，孤拔下一步的行动，必须立刻开始登陆攻占船政厂区。

因为对昨晚中国火攻船连夜出击骚扰的情况心有余悸，担心登陆活动中还会出现这类恼人的威胁，孤拔首先下令由拉北列、白隆尼两名军官分别指挥一支由改装杆雷艇和武装蒸汽舢板编成的艇队，前往船政厂区的江岸周围，以及对岸的闽海关周围，搜查各条河流港汊，击毁可能残存着的中国杆雷艇和火攻船。这些装备有哈乞开司五管机关炮的小艇，一路炮声连连，对在港汊内看到的所有船只，一律不加区别直接实施攻击，"遇见任何船只都开火

加以毁灭"，甚至连闽海关没有动力的趸船也未能幸免，"亦被放火焚烧，并用手雷轰碎"[2]。

机动小艇队出发离去后，"凯旋"等军舰上搭载的法国登陆队都在军官的叱喝下，忙碌着到甲板上整装集结，带着步枪、行营炮，准备随后下到舢板中，进行登陆作战。然而这些登陆队当下正是孤拔的心头大病，此时马江上的法国军舰看似是舰只众多，兵力强大，其实各舰搭载的登陆队总计兵力不过只有600多人，根本不足以实施一场真正的登陆战。而中国方面部署在船政厂区内的防御兵力到底有多少，对孤拔来说还是个难解的谜，钦差大臣张佩纶之前在马尾一带布置的疑兵招数，让孤拔深为忌惮。

与在越南以少量士兵就敢于突击冒进的安邺等人不同，孤拔自置身越南冲突以来，在指挥作战方面始终表现出十分稳健的行事风格，倘若没有完全的把握，绝不会去做冒险的一搏。仔细思索后，孤拔决定将发起登陆的时间往后推延，改以海军舰炮猛烈轰击船政厂区，以此可以作为火力侦察，摸清

∧ 中弹半沉在船政拖船坞旁的船政水师"琛航"舰

∧ 沉没在马江岸边的船政水师和绿营水师舰船，远处可以看到有烟囱露出水面的是"扬武"舰的残骸

∧ 船政水师"扬武"舰的残骸

船政厂区陆上防御的大体情况，同时即使船政厂区有大批中国陆军驻扎，施以如此猛烈的炮击，也能尽量消耗敌方有生力量，为发起登陆减少难度。

不过马江的水文情况又让孤拔沮丧万分，"凯旋""杜居土路因""维拉""德斯丹"是停泊在马江的法国军舰中炮火威力较猛的4艘，尤其是"凯旋"舰装备的240毫米口径主炮，更是炮击陆上目标的不二利器。但是马江之战前布阵时，"杜居土路因"等3艘军舰就因为排水量大、吃水深，无法靠近船政厂区岸边停泊，只能泊在闽海关前的深水区，体量更大的"凯旋"号，其吃水更深，更是无法靠近船政厂区。不得已，炮击船政厂区的任务，只能由"窝尔达"等几艘巡洋舰和炮舰来执行。[3]

上午10时30分，"窝尔达""益士弼""野猫"3舰向船政厂区岸边集结。11时30分，各舰用侧舷的火炮和舰上的哈乞开司机关炮，向船政厂区开始猛烈射击。其重点攻击目标是位于船政厂区江岸边的拖船坞、厂区内的仓库和厂房，以及厂区江边船台上尚未下水的船政铁胁木壳炮舰"横海"。法军事后对攻击行动和战果做了一番叙述："我们重28公斤的榴弹对凡力所能及的东西均予以摧毁，对准工场和仓库，以及一艘正要完工的巡洋舰所发起的攻击，产生了很大损害，但没有达到我们所希望的程度。那口径14厘米的大炮，我们不能获得更大的效果了……铸造所、装配所、设计所受到很大的破坏，巡洋舰遍身都是孔洞。"[4]

然而根据船政大臣何如璋在炮击后第二天回到船政的检查结果来看，法国军舰的攻击效果其实并不理想。不仅因为"窝尔达"等炮舰的主炮口径小，威力有限，同时，可能是因为法舰炮火弹道较平，无法进行远距离曲射，事实上射击仅仅对紧挨江边的目标产生了破坏，船政江边的围墙、拖船坞中弹最多，离江边越远的建筑受伤则越轻，远远没有达到"摧毁"的程度。

炮击持续到下午，在船政工厂区一带搜寻中国火攻船的法军艇队忙碌了半天后，也来到船政江岸边，意图近距离侦察厂区内的情形。让法军没有料

∧ 法国美术作品：《"窝尔达"等法国军舰炮击船政工厂区》

到的是，小艇队很快便遭到了来自岸上的攻击。提督黄超群统率的福靖军左、右营战前就被张佩纶布置在船政厂区，作为预防法军登陆的兵力，当天法军炮击时，营官胡连升、朱文龙弹压驻军，一直坚韧地静守在厂区内，利用事先挖掘的战壕等工事隐蔽潜伏，并没有受到任何损失。当法军蒸汽舢板的踪影出现在拖船坞旁时，便立刻利用行营炮、步枪进行坚决阻击。"（敌）复用小轮船六号，多备枪炮，冀攻上岸，我军以抬枪、洋枪及克虏伯行仗炮力与相抗。"[5]

法军舢板小艇上的兵力根本无法与福靖军对抗，而炮舰又根本找不准福靖军具体隐蔽的位置，炮击始终不得要领，甚至还遭到了设在罗星塔下的清军行营炮轰击，味同嚼蜡的这场战斗进行到傍晚6时，法军并没有得到任何预期的战果，孤拔草草下令停火收兵。

夜晚，马江江面异常安静，望着窗外不时扫越江面的探照灯光，孤拔感觉自己竟然陷入了一个奇怪的境地。虽然自己摧毁了船政水师，但法国政府仍然保持着暧昧的对华态度，还是没有正式宣布对华开战，甚至都没有派出足够的登陆兵力给他。如果自己莽撞地不管不顾执行登陆，一旦遭到占据优势的清军阻击，搞不好会出现令他身败名裂的陆战失败情况。如果他继续停泊在马江里，申请政府调拨登陆部队前来增援，那样旷日持久的等待，自己属下的军舰如何获取补给将是个巨大的难题，而且停泊在对手的内河里，随时都有遭到袭击的可能，倘若中国人成功地封堵了马江航道，实施瓮中捉鳖的战术，后果更是无法设想。

经过反复推敲，孤拔认为法军无论是登陆队的兵力还是可以使用的军舰的火力都不充分，决定在不具备十足把握的情况下，不再去考虑夺占船政厂区的问题，而赶紧率领自己的舰队离开这块是非之地。如此，即可以将军舰带到进退自如的大海，回避上述这些可怕的问题，而且退离马江的过程中，势必需要拔除马江沿线的所有中国炮台工事，如此，被去除了炮台工事的马江，将成为一条法国舰船可以任意往来的航道，将来一旦条件具备，仍可以重回马江发起攻势。

第二天上午7时过后，法军在马江上重启炮声，但攻击的重点已经改到了罗星塔方向，各舰集中火力猛烈炮击昨天测定的罗星塔附近的中国行营炮位，"各舰以榴弹和'哈乞开司'机关炮对小山周围射击"。上午10时，在军舰炮火的掩护下，"杜居土路因"和"凯旋"搭载的几十名登陆队官兵乘坐舢板，强行登上了罗星塔江岸，发现清军炮兵都已不知去向，于是将临时炮台内的3门克虏伯行营炮当作战利品全部运回军舰。

中午11时，看到船政厂区附近的炮台已被清除，孤拔即在"窝尔达"上召集舰长会议，宣布"在罗星塔已经没有什么可做的了，至少我们目前条件许可的事情都已经做到了"，同时下达撤离马江以及清除马江沿线炮台的计划。

孤拔的总体部署是法国舰队排成纵队从船政厂前向闽江口下驶，以拥有重炮的"凯旋"和"杜居土路因"领头担任先锋，利用舰炮沿途轰击所有的中国炮台，必要时派出登陆队对炮台实施彻底破坏。为了便于指挥，孤拔将旗舰从小炮舰"窝尔达"改到了拥有大口径火炮，利于攻击炮台的"杜居土路因"号上。

12 时 30 分，孤拔乘坐舢板分别拜会了江上的英、美等西方国家军舰，以示辞别。12 时 40 分，午餐结束后的法国军舰便整队驶离罗星塔附近江面，以一路纵队向下游开去。装甲巡洋舰"凯旋"被排在纵队的最前列，舰尾拖着"第 45 号"杆雷艇，高扬孤拔将旗的"杜居土路因"紧随其后，舰尾拖着"第 46 号"杆雷艇，之后分别是"维拉""德斯丹""窝尔达""野猫""蝮蛇""益士弼"……

蟒龙出江

距离马尾江段不远，兀立江中的一座小岛上设有名为圆山水寨的兵营，是八旗福建水师的屯泊点，也是马尾附近一处重要的江上要塞。由于旗兵大量被抽调往附近的闽安江峡地带设防，圆山水寨事实上对法舰已构不成任何威胁。离开马尾段江面后，为了提防来自两岸的突然攻击，法舰使用了极为缓慢的航速航行，午后到达圆山水寨附近深水处停泊。随即，在圆山水寨斜对岸的田螺湾旧炮台，就引起了法军的注意，成为法军突破马江所要攻打的第一道屏障。

傍晚 5 时过后，开路先锋"凯旋"和"杜居土路因"驶近田螺湾炮台，在 1000 余米距离上向炮台发起轰击。只装备有 1 门 8 寸口径旧式火炮的炮台稍作还击后，火力即被法舰完全压制，经过 40 分钟左右的炮击，至 5 时 40 分守台官兵全部在炮火下逃散。"凯旋"和"杜居土路因"搭载的登陆队当即乘坐舢板上岸，用棉火药将炮台建筑彻底炸毁。"……连续炮轰了四十分钟，它们的铁壳都被炸得满天飞，大炮夹着几个'天民'被掀了起来。"[6]

经过当晚一夜停泊休整，8月26日中午11时，法舰起锚继续向下游行驶，进入了两岸设有大量炮台的闽安江峡天险。率部在此驻防的闽安协副将蔡康业看到法国舰队到来，立即下令沿线炮台开火，孤拔则仍然以"凯旋"和"杜居土路因"这2艘火力最强的军舰开路，沿线向两岸炮台射击，编队中的其他军舰则被留在后方观望等待。尽管闽安江峡沿线中国炮台众多，其中还设有10余处带有穹盖式装甲防护的西式火炮，但是炮台的炮位射界都十分有限，而且炮架的样式落后，转向十分费事，很多火炮只能坐等法舰进入自己火炮的射界范围内才能开火。法舰则努力避开清军火炮射界，只要看到一点点炮台的影子，就开始瞄准射击，在炮台的射界之外就已经实施火力压制。

"我们一个也没有让他们（炮台）跑掉，就像玩大屠杀的游戏一般，你知道，那就是用球去打娃娃。我们慢慢地向前推进，一发现炮台的一角，通常不会比围巾宽，我们就瞄准……一、二！……发了六颗炮弹后，我们很高兴看到炮台被炸到半空中……"

"杜居土路因"舰水兵的家信[7]

战至下午3时，在"凯旋""杜居土路因"大口径火炮的凶猛火力攻击下，闽安江峡炮台群渐渐不支。"各炮台及衙署、庙宇、房屋均被伤坏。"守台官兵纷纷逃散。孤拔故伎重演，又派出登陆队登上两岸，对各炮台进行破坏，共计又摧毁了8门火炮，闽安江峡炮台群全部被毁除。战前被张佩纶调派在附近驻守的机动兵力——潮普军中营在炮战打响后，远远地驻扎在炮台后方的山谷间，战后将法军登陆队上岸毁坏炮台后离开的情况，汇报成是己军击退的结果。

8月27日，在对沿岸中国军队弃守的炮台又做了一番更彻底的破坏后，法舰于下午1时出发通过闽安江峡，至下午2时到达闽江江口清军最后一道重要的炮台群——金牌、长门炮台附近。

∧ 战地速写: 1884 年 8 月 27 日下午, 法国军舰在金牌长门炮台附近进攻的情景

下午 3 时, 马江战前就被孤拔布置在江口, 防范清军沉船封江的法国军舰 "雷诺堡" "梭尼" 与孤拔率领的大队会合, 并通报了连日来的监视情况。得悉金牌海峡附近有大批装满石头, 预备封江的中国船只后, 孤拔冒险亲自乘坐 "杜居土路因" 的蒸汽舢板前往侦察, 随后命令法军蒸汽小艇对中国装石船发起进攻。岸边的中国守军尽管奋勇还击, 还击毙了法军艇队指挥官布埃·维洛梅上尉, 但所有预备封江的中国装石船还是于下午 6 时全军覆没, 全部被击沉在锚地。

蒸汽艇队袭击中国装石船的同时, "凯旋" "杜居土路因" 则向金牌炮台的部分炮位发起攻击, 交火 30 分钟左右, 炮台即被摧毁。

8 月 28 日被孤拔定为向马江口威力最大的金牌、长门炮台发起总攻的日子。凌晨 4 时, 趁着残留的夜色, "凯旋" 与 "杜居土路因" 就开始悄悄移动泊位, 占据发起进攻的有利位置。天色破晓后, 法舰仍然利用清军炮台射界小的缺陷, 躲在炮火射界外进行射击, 辅之以登陆队进攻。福州将军穆图善与建宁镇总兵张得胜分别在炮台上督战，无奈兵心溃散，加上一些守军为躲避法军猛烈的炮火，不听号令而擅自撤防，激战至当天傍晚，金牌、长门炮台大部失守。交战过程中，清军在江口布设的电发水雷防线又被法军发现并破坏，丧失了拦阻法舰出江的最后武器。当天下午5时50分，孤拔经由军舰递送电文，向法国海军及殖民地部部长致电："金牌航道的主要炮台已摧毁，我希望今晚全部结束，但工事太多，我们很难用炸药炸掉所有的火炮。我们可能还会因扫清水雷封锁线的工作而有所耽搁。"[8]

8月29日，法国海军中国、日本海支队司令利士比少将乘坐的"拉加利桑尼亚"号装甲巡洋舰出现在闽江江口，与孤拔率领的军舰会合，一起攻击残存的金牌、长门炮位。下午3时，全部法国军舰顺利通过闽江口，进入了大海。历时近4天的马江通航战就此结束，法军共阵亡10人，伤48人，清

∧ 法国海军参战人员的速写，1884年8月28日上午进攻金牌炮台的情景

军死伤超过 3000 人。

8 月 29 日下午，除"益士弼"被留在闽江口的川石岛负责保护电报线，接收外界电报，与外界保持联络外，孤拔从马江中带出来的法国各舰齐聚至马祖岛锚地停泊，通过英国舰船帮助获取补给。

∧ 法国远东舰队军旗

当天，法国政府于 27 日下达的命令传达到了孤拔案头，法国政府决定，将中国、日本海支队和东京支队合并组建成远东舰队（Escadre de l'Extreme-Orient），海军中将孤拔任舰队总司令，原中国、日本海支队司令利士比海军少将任副司令。远东舰队成为当时法国海军除留守本土的机动舰队（Escadre d'Evolutions）外，唯一一支使用舰队编制的高规格海上武装单位。所拥有的舰船数量甚至超过了本土机动舰队的远东舰队，因为其诞生缘由与孤拔息息相关，又被习惯称为"孤拔舰队"[9]。

8 月 30 日，在马祖岛忙于组织舰队进行补给的孤拔，收到了法兰西共和国政府就马江之战的胜利发来的贺电，茹费理并没有因为孤拔未能攻占船政船厂而感到失望，反而认为孤拔击灭船政水师的战果给清政府以沉重打击，这可能会让清政府尽快清醒起来：

"国家向您——山西战胜者致敬，您为国家立了新的战功。共和国政府满怀喜悦心情向您令人可亲的船员及光荣的领袖表示全国人民的感谢之情。"

——1884 年 8 月 29 日法国总理致孤拔电[10]

亡羊补牢

马江之战的消息传到清政府中枢，不啻平地一声霹雳，受前敌杂乱无章、真假不一的战报影响，清廷在短时间内对马江之战的印象大致是"我船坏四，彼船坏二，我先败，后大胜"，"孤酋伏诛"等虚假情况。感到义愤填膺，同时又根据虚假的战果觉得法国军队不过尔尔的清政府，旋即于 8 月 26 日，即孤拔的军舰还在马江中前行时，明发上谕，要求国内各督抚大员整饬军备，准备对法国开战：

"……本月初三日，何璟等甫接法领事照会开战，而法兵已在马尾先期攻击，伤坏兵商各船，轰毁船厂。虽经官军焚毁法船二只、雷艇一只，并阵毙法国兵官，尚未大加惩创。该国专行诡计，反复无常，先启兵端。若再曲于含容，何以伸公论而顺人心？！用特揭其无理情节，布告天下，俾晓然于法人有意废约，衅自彼开。" [11]

∧《点石斋画报》刊登的新闻画：为马江伤亡将士发放抚恤、赏银

紧接着，清政府开始了一系列大张旗鼓的布阵工作。一面急电福建前线的钦差大臣张佩纶及闽浙总督何璟等官员，追查马江战败责任人的同时，给有功将士发放赏银，抚恤阵亡将士，同时要求设法封堵马江，歼灭在江内的法国军舰。一面紧急从各省抽调军队，加强直隶、奉天、福建、台湾乃至中越边境上的兵力。另外，持对法主战态度的军机大臣左宗棠被外放出京，任命为钦差大臣，查办福建军务。

此前，北洋大臣李鸿章为了加强北洋水师的战斗力，尤其是两艘新型撞击巡洋舰"超勇""扬威"的战力，特别指示驻德公使李凤苞在德国聘用海军人员。尽管德国政府明令禁止德国海军现役和后备役军官受雇中国，卷入中法战争，但在18000马克年薪的天文数字面前，仍有大批海军人员踊跃就募。以曾参加过美国南北战争的德国海军退役少校式百龄（Sibelin）为首的首批德籍洋员，在李凤苞的安排下，也已经通过借道奥匈帝国，在德国本土外乘船的隐蔽方式，踏上了前来中国的旅途。[12]

围绕越南而引起的这场中法矛盾，因为中法两国政府互为本国主战、主和派影响，政策摇摆不定，处处充盈着打打和和，边和边打，以打促和的特点，甚至互相错误理解对方投出的信息，以致误打误杀的荒唐情形。震惊中外的马江之战爆发后不久，虽然两国政府都各摆出了剑拔弩张的态势，但是这种战中有和的奇怪情形又再度出现。

马江之战爆发后，茹费理坚持称中法两国间还并没有进入战争状态，马江之战只是对观音桥事件的报复性举动，并不表示法国向中国宣战。另外，法国外交部政务司司长毕乐（Albert Billot）通过非正式途径，向美国驻法公使莫尔敦（Morton）透露，法国仍然愿意接受第三国出面调停，以尽快通过外交途径解决和中国的危机。明眼人一看就能知晓，茹费理玩的仍然是以打促和的老牌。

9月5日，法国示好的态度经中国海关总税务司英国人赫德转达到总理衙门，但是总理衙门对此没有做出任何表态，"总理衙门还未就此事开口，我想他们既不会按此暗示行事，也不会与我来商量……朝廷已坚决咬牙准备以战争解决，任何表示法国愿意谈判的企图，都将被认为是法国软弱的表现，而使中国更坚决地打下去"[13]（赫德书信）。

9月23日，清政府军机处就法国提出的和谈做出回复，不承认观音桥赔偿问题，而要求法国对中国做出赔偿，并要求法国停止对越南东京的占领。

9月27日，为继续斡旋，美国驻华公使杨约翰赴天津与在外交事务上更为务实的北洋大臣李鸿章进行长谈。杨约翰没有料到，李鸿章对法军袭击福建船政水师的举动表现出了异常震怒，痛骂为"野番海盗行径"，称"吾人将作战到底，中国政府与人民均对此有准备，今日之中国已非咸丰季年之中国"。不过一通愤怒的表白后，李鸿章的话语又有松动，向杨约翰暗示，可以设法促使政府答应执行《天津条约》，但前提是中国绝不赔款，"福州之役后，一文不给"。

尚未等到外交斡旋出现转机，法国国内又萌生出了进一步占地为质的主张。虽然孤拔认为攻占中国首都附近的北方港口，如旅顺、威海卫等，对清政府的刺激必然更大，但法国内阁看中了台湾基隆港每年高达300万法郎的海关税，以及附近丰富的矿产资源。9月18日，法国内阁决定在不与中国爆发全面战争的前提下，进一步加大打击威胁的力度，下令孤拔舰队设法攻占台湾的基隆、淡水一带，为法国海军在中国沿海占领一个重要的补给点。为保证这一占领行动能够顺利实施，在越南参加过山西、北宁等战斗的3支法国海军登陆队大队被紧急从越南运抵马祖。

远东舰队出动

1884年9月29日下午4时，补给完毕的法国远东舰队从马祖岛锚地开始出动。鉴于台湾基隆、淡水两座城市相隔极近，又都是台湾北部重要的港口，一直以来不断有中国运兵船和军火船向两处运送人员和物资，孤拔认为必须予以同时攻击和占领。由此，远东舰队的行动被分为两路进行。

孤拔以排水量 5915 吨，装备有 240 毫米口径主炮的装甲巡洋舰"巴雅"号为旗舰，与炮舰"鲁汀"一起，护送装载有登陆队的运输舰"胆"（Tarn）、"德拉克"（Drac）、"尼夫"（Nive）首先拔锚驶向基隆。

远东舰队副司令利士比则受命进攻淡水，在孤拔出发后的第二天，利士比以"拉加利桑尼亚"号为旗舰，率领"凯旋"和"德斯丹"前往淡水。

远东舰队剩余的"窝尔达""野猫"等军舰则被留在马祖岛一带，负责保护川石岛电报站，以保证和外界的电讯联络。

9 月 30 日，孤拔率领的分队到达基隆外海，与事先已经被派在这里执行封锁警戒任务的"杜居土路因""梭尼""雷诺堡" 3 舰会合。小炮舰"鲁汀"先前曾参加过第一次基隆之战，对基隆港的水文情况比较熟悉，孤拔即和登陆队的几名军官换乘到"鲁汀"舰上，直接驶入港中观察基隆的地形，从而制定作战计划。

当晚，孤拔在旗舰"巴雅"召集各舰舰长以及登陆队军官进行会议，部署战斗行动计划。根据白天的观察所得，孤拔敏锐地发现基隆港岸边有一座距离海滩很近的山峰，即狮球岭，是周边一带地区的制高点，而且中国军队在此的防御十分薄弱。孤拔决定就以狮球岭为突破口，砸开进攻基隆的缺口，于第二天，即 10 月 1 日，用海军舰炮首先对狮球岭周围地带进行猛轰，而后以登陆队在狮球岭山脚处实施登陆，直接占领这个制高点。再在山顶设立行营炮位，俯射基隆群山上其他的中国军队工事，以此当作占领基隆的据点。继越南山西之战后，孤拔再一次表现出了其在陆战指挥方面的天赋。

10 月 1 日早晨 6 时，法军运输舰"尼夫"搭载的海军登陆大队，由伯尔（Ber）少校率领最先离舰，乘着舢板向狮球岭山脚下的海滩出发。几分钟过后，"巴雅"舰向狮球岭方向射出了第一炮，旋即基隆港海面上的法军军舰全线开火，炮击周边山岭上的清军工事。6 时 30 分，法军伯尔大队成功登上海滩，迅速向狮球岭挺进。驻守该处的清军章高元部武毅军，以及楚军恪靖营、霆军庆字中营等千余官兵竭力反击，刘铭传也亲赴前线督战，然而未能阻滞住兵力仅有 600 余人的法军登陆大队。激战到上午的 9 时，狮球岭阵地失守。此战过程中法军无一伤亡，只是在后来搜索清军工事的过程中，一支法军小队遭遇埋伏，阵亡 5 人，伤 12 人，而清军在这次战斗中的伤亡超过了 400 人。中午 12 时，炎热酷暑帮清军阻挡住了法军，当天的战斗至此结束。[14]

一夜过后，10 月 2 日，法军以郎治（Lange）、拉克罗（Lacroix）少校分别指挥的两个登陆大队向基隆山岭沿线的清军工事发起进攻。让法军顿感意外的是，竟没有找到任何中国军队的踪影，各处的清军工事相继都轻松地落入法军手中。"中国士兵莫名其妙地失踪了，剩下一些表面上看起来不会伤人的中国人，他们像善良的老百姓一样做着小本生意，等客户前来买东西。"早晨 7 时，迎着满山招展的红白蓝三色旗，孤拔登上了基隆的土地。不久，法军进入基隆城中，仍然没有找到任何中国军队的踪迹，基隆就这样有些莫名其妙地落入了法军手中。

基隆之战这戏剧性的一幕，源自 10 月 1 日深夜清军的决策。当天白天的战斗中首次领教到西

∧ 第二次基隆之战当中，法军登陆队冲上狮球岭山脚的海滩

∧《点石斋画报》新闻画：第二次基隆之战。由于当时清军的掩饰以及社会流传的讹误，这次战斗在中国一方一度被认为是胜仗，新闻画上也将其描述为"大捷"

方军力的刘铭传，不顾章高元、曹志忠等守将的极力反对，一意孤行，下令直接放弃基隆，撤往淡水，对外则号称此举是为了救淡水、保台北。

据载，从基隆狼狈出逃后，刘铭传首先到达附近的艋舺，计划搜罗金银细软和粮秣，再往更南方的新竹撤逃。不料在艋舺的龙山寺被当地居民发现，愤怒的民众揪住刘铭传的发辫，将其拖出轿子殴打，一度软禁于龙山寺。"刘爵帅退至艋舺地方，该地人民怒而围之；捉爵帅发，由轿中拽出肆殴，且诉之为汉奸，为懦夫。"[15]

淡水炮战

孤拔在向基隆发起进攻的当天，利士比率领的分队于上午 9 时 30 分到达淡水港外下锚，与先前在此警戒封锁的炮舰"蝮蛇"会合。

坐落在淡水河出海口附近的淡水小城，位于基隆的南侧，两座城市间有一条小道可以交通。淡水于第二次鸦片战争后正式开埠，是台湾北部与基隆齐名的重要商港。比之基隆，淡水港的形势更为险峻。港口整体呈朝西的态势，入口两岸山岭起伏，北侧称为大屯，南岸称为观音。中法关系紧张后，与刘铭传关系不睦的原霆军将领孙开华率部在此驻守。

利士比分队到达淡水港外时，发现中国军队在淡水港口布置的拦阻工事比想象的更为复杂。"口之窄处，塞以竹排。排外有竹网，网之外埋水雷十余具。

∧ 台湾淡水港。港湾北岸是市镇和外国人居住区，也是淡水炮台所设的地方

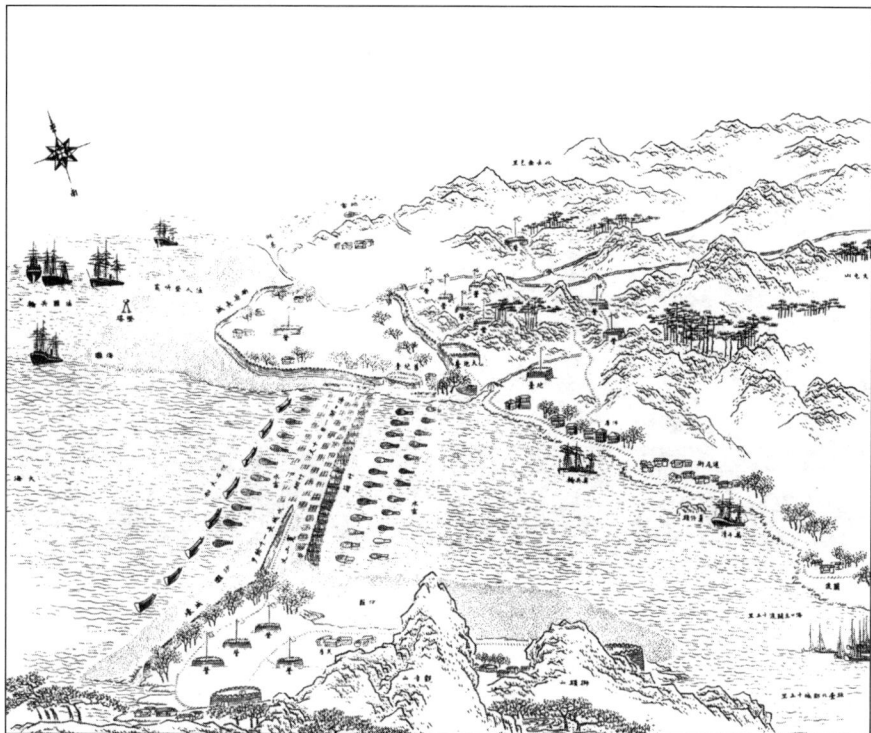

∧ 《点石斋画报》新闻画: 淡水港的防御布置情况, 画面上可以看到淡水港的入海口处密集布置了水雷和拦阻工事

其护水雷者, 则沉溺之石船焉。由石船而水雷、而竹网、而竹排, 凡四重。而又虑为敌所乘, 复于排内伏水雷二十余具。"根本无法直冲入港。

另外出现的一个情况则让利士比哭笑不得。第一次基隆之战前, 在基隆警戒的法国军舰"维拉"曾截获一艘装有19门克虏伯170毫米口径要塞炮的德国商船"万利", 当时的处理方式仅仅是不允许这艘德国船在基隆卸货, 而眼下, 这19门新式克虏伯炮全部出现在了淡水港口的山岭上, 组成了被法国人称为红堡的炮台群, "位于四十公尺的丘陵, 控制差不多整条的海面水平线"。在红堡下方的海滩上, 孙开华等部还用累砌沙包等方式, 应急修建了一座称为

∧ 利士比的旗舰"拉加利桑尼亚"号巡洋舰

∧ 淡水港红堡炮台

白堡的炮台，装有5门克虏伯炮，"指向正是小河入口的地方"[16]。

经过一番观察，利士比决定不强攻港口，而把首要攻击目标定为摧毁淡水港的炮台。"蝮蛇""德斯丹""凯旋""拉加利桑尼亚"按照次序，列作一条纵队，在距白堡2600米，距红堡3300米外的深水处停泊。利士比的计划非常明显，即以尽量远的距离避开中国岸炮的射程，用己方的舷侧炮火摧毁炮台。

因为当时淡水港内，英国军舰"甲虫"号（Cockshafer）被港口防材拦阻出不了港，泊位又恰好在白堡前方，为防误伤，利士比下令用国际信号旗通告"甲虫"号"我将于明日十点开火"，让其转告淡水的外籍侨民撤至安

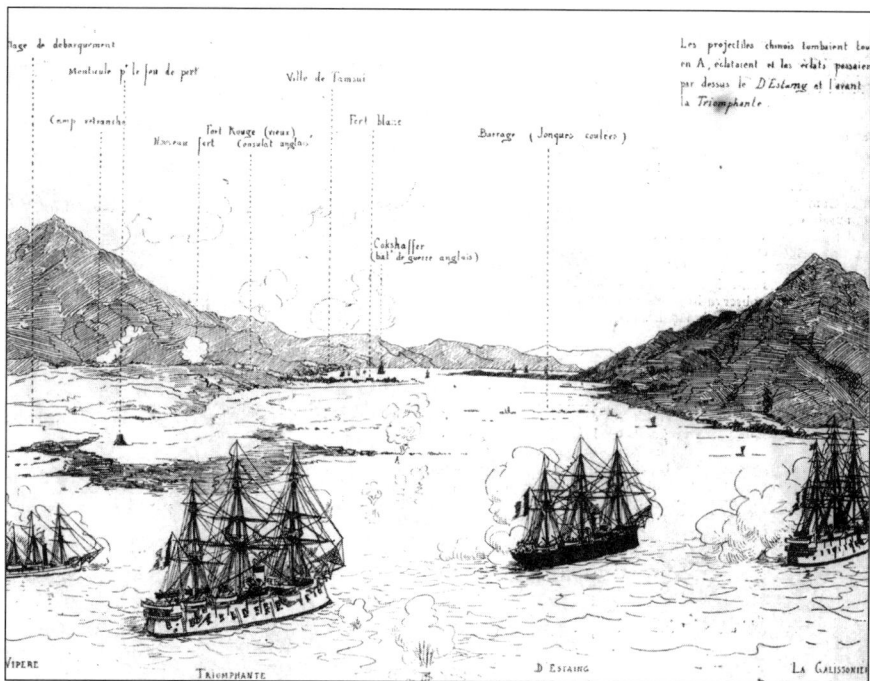

∧ 法军战地速写，法国军舰炮击淡水港，画面上的军舰从左至右分别是"蝮蛇""凯旋""德斯丹""拉加利桑尼亚"

全地带。下午3时，又用信号提醒"你在我的射界内"，"甲虫"此后挂出"多谢"旗号，赶忙退入港口深处。

10月2日清早，淡水港外的法国各舰按照日常的作业表，开始清洗甲板的工作。利士比没有想到，港口的炮台已经瞄准了他们，昨天原本发给外国侨民的开战通告，不知通过什么途径，已经被守军知悉。6时30分，红堡炮台群中突然一声炮响，清军开始向法国军舰全面开火。法国各舰上被突如其来的打击弄得乱作一片，原本正在刷甲板的水兵赶忙跑回各自的战位，等到法国各舰进入战斗状态可以还击时，中国炮台居然被一阵突然来到的雾气笼罩，"一阵浓雾完全把城堡遮盖着，把他们掩藏起来，使我们看不见"。此时，太阳开始升起，法国舰队刚好又处在向阳的地方，"我们的视线已经为当面扑来的强烈阳光所妨碍，此外又如晴天好日的早晨所常有的高度折光现象，在整个海岸出现，目标全都显得高起来，以致我们的炮弹打得过远。"[17]

直到上午7时浓雾消散后，法国舰队才从混乱状态恢复，紧接着法舰装备的大口径火炮展现了其威力。用沙包堆砌成的白堡，被"拉加利桑尼亚"舰的240毫米口径主炮轻而易举地摧毁。位于山上的红堡炮台群，建筑较为坚固，守军始终在顽强作战，"红堡炮台给我们的麻烦较多，它的守军以特别显著的勇敢，不顾在他们周围落下的如雨的炮弹，不停发炮约一个小时"，直到上午9时55分，才被彻底压制。

法军发起炮击时，正在淡水的英国商人陶德正住在英国领事指定的避难点——得忌利士洋行（Douglas Lapraik&Co）内，他亲身经历了这次炮战，留下了一份来自淡水守军角度的生动回忆：

"下午，法国佬还是阵阵滥射，尽往毫无守军的地带炮击，真搞不懂他们打的是什么仗？正想着，一颗炮弹破空而来，打中邻屋，整间倒塌，留下三具尸体。下午三点多，两位女士趁炮火渐疏的空档，离开鼻仔头，我们送他们上船（'甲虫'号），一颗炮弹恰好落在三十码外，栽入泥地，幸好是未爆弹。将炮弹头挖出，约重六十至七十磅间。这段插曲引发我们的童心，四处挖掘，又找到几个。稍后，当地人沿街叫卖炮弹，整颗要价2元，最后我们杀价到每颗70磅重的大炮弹以6角成交，于是每位"阿兜仔"老外都在他们的屋内或院落布置了这些纪念品。"[18]

由于没有了炮台的威胁，当天夜间，吃水很浅的炮舰"蝮蛇"受命对淡水港口的防材进行侦察，由原任淡水和基隆引水的英国人本特利（Bentley）引路，悄悄驶近港口防材。港道工程师雷诺（Renaud）、罗列德利（Rollet de I'Isle）、水雷军官梅林（Merlin）、武若姆（Vuillaume）、卢色尔（Rouxel）受命随舰侦察，最后在防材附近发现了一个高潮时可以通过的缺口。[19]

"寄南洋大臣曾福州将军等，本日奉旨：据李鸿章电称，闽口法船大队南行等语，其为复犯台湾，自无疑义。台防万紧，刘铭传当勤加侦探，极力备御……"

注释：

1.《马江观战记》，《马尾港图志》，福建省地图出版社 1984 年版，第 140 页。

2.《中国海关和中法战争》，科学出版社 1957 年版，第 214 页。

3. 中国近代史资料丛刊续编《中法战争 6》（下），中华书局 2017 年版，第 586 页。

4. 中国近代史资料丛刊《中法战争 3》，新知识出版社 1955 年版，第 557 页。

5.《会奏闽省接仗情形折》，《涧与集》，（台湾）文海出版社 1967 年版，第 575 页。

6.《孤拔元帅的小水手》，（台湾）"中央研究院"台湾史研究所筹备处 2004 年版，第 24 页。

7. 同上，第 25 页。

8. 中国近代史资料丛刊续编《中法战争 6》（上），中华书局 2017 年版，第 498 页。

9. 同上，第 500 页。

10. 同上，第 520 页。

11. 中国近代史资料丛刊《中法战争 5》，新知识出版社 1955 年版，第 518 页。

12. 中国近代史资料丛刊续编《中法战争 2》，中华书局出版社 1995 年版，第 448 页。

13.《海关密档 3》，中华书局 1992 年版，第 605 页。

14. 中国近代史资料丛刊《中法战争 3》，新知识出版社 1955 年版，第 561 页。

15.《清法战争台湾外记》，（台湾）台湾书房 2007 年版，第 43—44 页。中国近代史资料丛刊续编《中法战争 2》，中华书局 1995 年版，第 395 页。

16. 中国近代史资料丛刊《中法战争 3》，新知识出版社 1955 年版，第 565 页。

17. 同上，第 566 页。

18.《清法战争台湾外记》，（台湾）台湾书房 2007 年版，第 42 页。

19. 中国近代史资料丛刊《中法战争 3》，新知识出版社 1955 年版，第 566—567 页。

狼烟
四起

第九章

登陆淡水

1884 年 10 月 3 日凌晨 4 时 20 分，仍是夜幕笼罩中的台湾淡水河上，悄悄驶来两艘舢板船，鬼影幢幢的船里，突然伸出几支长杆，在水中四处搅动，似乎想要捞起什么东西。突然间，就在距离舢板船几百米的地方，发出了一阵沉闷的响声，随即水面上腾起壮观的水柱……

天色破晓后，法国远东舰队副司令利士比在旗舰上听取了凌晨行动的报告。淡水中国守军引爆的水雷，由于距目标过远，并没能摧毁两艘法国舢板，反而使得法军掌握了许多重要的信息：尽管没有能够实现悄悄破坏水雷的目的，但在水雷爆炸伴随的闪光中，法军不仅判明了淡水河口清军布设的水雷属于电发水雷，同时还发现其操作点就位于淡水港的白堡炮台附近。

"拉加利桑尼亚"舰尾甲板下的官舱里，利士比来回踱步，思忖下一步的行动办法。利士比分队此行的作战目标，从一开始就与孤拔率领的那支分队有所不同。当时法国远东舰队所能使用的登陆兵力极为有限，从马祖出发时，孤拔将占领基隆港作为此战的主要目标，带走了绝大部分登陆队。而利士比分队的任务里并没有登陆占领淡水港的内容，他的行动主要是首先封锁淡水河口，配合孤拔占领基隆，然后炮击摧毁淡水中国炮台，再利用船上运载的爆炸物，破除淡水河中的拦阻物，以使法军舰船能够顺利上溯淡水河，炮击沿岸的中国军队营舍、工事，从水上对淡水实施封锁。这种安排的目的显而易见，基隆港附近拥有煤矿，这对在远东缺乏可靠燃料供应站的法国舰队来说是首要的战略目标，所以必须登陆加以控制。而作为基隆配角的淡水港，只要能毁除其武力，实现封锁计划，防止中国人利用这个港口补给物资就行了。

然而现在，利士比似乎有些不甘心只充当孤拔的配角了，他也想以一次成功的登陆行动，来弥补第一次基隆之战中未能占领基隆的遗憾。利士比认为，清军在淡水河岸上有严密的监视哨，在这种情况下要想悄悄破除河中的水雷等拦阻物，根本没有可能，必然会遭到中国军队的攻击。而舰队从海上的炮击，又并不能彻底摧毁清军设在岸上的监察哨以及水雷引爆点。利士比认为只有采用登陆队来直接占领白堡炮台附近的引爆点，"利士比提督认为解除它们（淡水河水雷防材）的最好办法是军队登陆，夺取引爆点，让我们的水雷兵到那里去，把河上的水雷一个个全部引爆"[1]。

当天夜间，带着利士比的亲笔信，炮舰"德士丹"立刻开往基隆，请求孤拔分拨登陆队来淡水。当时孤拔手中的登陆兵力也只有 2000 多人而已，又要守住已经占取的基隆，又要调往淡水增援，一时感到捉襟见肘。最后孤拔决定留下从越南调来的 1800 人登陆队，以这支颇有战斗经验的队伍防御基隆，而派"杜居土路因"和"雷诺堡"运载各自舰上的登陆队前往淡水增援，旗舰"巴雅"的登陆队也全部下船，转乘"胆"号运输舰增援淡水。

10 月 5 日下午 5 时，孤拔从基隆派出的各舰到达淡水，尾随在法国军舰身后的还有一艘飘扬着太阳旗的日本军舰"天城"号。得到马江之战爆发的消息，日本海军便立刻派东乡平八郎舰长指挥的"天城"号前往中国观战，以增加阅历，观察局势。由于并不清楚法军的行动计划，"天城"此后又开往基隆拜会孤拔，实际错过了观战淡水的机会。

此时利士比手中所掌握的登陆兵力共包括"拉加利桑尼亚""凯旋"的登陆队共 240 人，"巴雅"登陆队 100 人，"德斯丹""雷诺堡"登陆队共130 人，"杜居土路因"登陆队 130 人，总计 600 人。[2] 而这基本就是孤拔在马江时所掌握的那支登陆队，当初面对船政岸上数千中国军队，孤拔以此600 人并不敢贸然登陆，然而利士比却没有孤拔那样老成持重，他远没有想到此刻淡水岸上的中国守军远比马江之战时马尾的守军多得多。

利士比计划将 600 人的登陆队交由曾参加过第一次基隆之战的"拉加利桑尼亚"大副马丁（Martin）上校指挥，于第二天，即 10 月 6 日在淡水港北侧的一个小海湾沙仑（即今天的淡水沙仑海水浴场处）实施登陆，攻上红堡炮台群，消除这个居高临下的威胁后，再从红堡向下进攻白堡，实现控制淡水河防御水雷引爆点的目的。

天意弄人的是，利士比做出部署的当天晚上，台湾北部海域风潮大作，根本无法实施登陆航行。在沙仑海滩附近徘徊一天后，第二天的风浪却更大了。"一直都很漂亮的大海开始翻腾起来，把我们摇得无法想象如何登陆。"直到10月8日，海上的风浪才终于平歇，利士比于清晨6时下令于当天发起战斗行动。很快，又一则懊丧的消息传到他耳中，原本圈选的登陆作战指挥官马丁居然风湿病发作，两脚根本无法走路。利士比被迫临阵换将，改派"雷诺堡"上的波林奴（Boulineau）中校作为指挥官，为弥补波林奴陆战经验的不足，"凯旋"号的杜华尔（Duval）上尉被委派为作战参谋。

经过一番更换指挥官造成的混乱，登陆时间一再推迟，直到8时45分，搭载在各舰的登陆队才在军官命令下纷纷爬出舷外，下到早已停放在海中的舢板里。除了600人的登陆队外，出征的队伍里还包括一些携带蓄电池等器材的水雷兵，以便控制引爆点后摧毁淡水河里的水雷。9时2分，几十艘舢板开始朝淡水海岸方向滑动，2分钟过后利士比下令军舰开始炮火掩护，炮击淡水河岸上目力所及的炮台和工事。

9时35分，法军舢板顺利抵达沙仑海滩，波林奴中校随即命令在海滩上整队。600人的登陆队根据原先各自搭载军舰的不同，分为5个连队："拉加利桑尼亚"和"凯旋"分别搭载的120人登陆队作为1、2连队，"德斯丹""雷诺堡"搭载的130人作为3连，"杜居土路因"的130人作为4连，"巴雅"的100人作为5连。9时55分，登陆队整队完毕，开始行动。直到此时，淡水岸上没有一丁点中国军队存在的迹象，波林奴感觉自己交了好运。

以1、2连为右翼，5连为左翼，3、4连为预备队，法军登陆队迅速在沙滩上奔跑起来。从登陆队出发开始，一直在"拉加利桑尼亚"飞桥上用望远镜注目的利士比，眉头突然皱了起来，波林奴竟然没有按照自己的作战安排行动！利士比的计划是首先夺取红堡再进攻白堡，而波林奴竟然甩开红堡不管，直接从海滩冲向白堡，这意味着他们不仅可能遭到来自红堡里的中国军队夹击，更严重的是，从海滩直接通向白堡的道路，是一片灌木丛林，而这是利士比反复强调应该避开的地域……

淡水大捷

法国军舰连日来在淡水外海的举动，其实完全收在守将孙开华的眼底。这位被法国士兵想象成法军炮击淡水时，"他却在喝香槟、吃午饭"，态度异常从容镇定的中国将军，从1874年日本侵台事件后，就被派赴台湾驻防，对当地地形、民风极为熟悉，对筹守防务也相对较为积极。基隆失守，刘铭传逃回台北后，曾下令孙开华放弃淡水，率部护卫台北，但被这位性格刚烈的湖南籍将领一口回绝。"刘爵帅先令孙总镇退回扈卫地方，孙不遵，回言'吾今誓死于吾汛地内矣'。"[3]

当时孙开华属下的军队，共由四个部分组成。首先是孙开华统率的3营擢胜军，其次还有1营由张李成统率，就地招募台湾土著组成的当地人部队。此外，清政府从驻防江苏江阴的淮系江南铭军中抽调4营增援台湾。9月21日，由铭军记名提督刘朝祜带领的600名先头部队化装成老百姓，乘坐冒险帮助其运兵的英国商船"万利""威利"抵达淡水，旋因风浪太大，转驳困难，仅有百余人登岸。[4]最后，基隆失守后，原驻防基隆的铭军将领章高元没有随刘铭传逃往台北，而是率所部数百人赶到淡水。上述淡水守军共计有8营番号，但人数只有3000人左右。

第一次淡水炮战后，尽管炮台遭到了较大损失，孙开华依旧部署军队加意防范。尤其是后来法国舰船数量增多，而且法军流露出将在沙仑海滩登陆的迹象后，孙开华更进一步对所部做了配置。防守淡水的主力是孙开华的3营擢胜军，其中孙开华亲自统率营官龚占鳌的右营，与营官李定明的中营以掎角之势，埋伏在从沙仑海滩通向红堡和白堡炮台的要路上，另以营官范惠

^ 剽悍的台湾土著，淡水之战中台湾土著部队让法军大吃苦头

意的左营作为预备队，埋伏在后方接应。对于章高元、刘朝祜率领的人数不多的铭军部队，孙开华并未流露出对刘铭传铭军的仇视、排挤，而是将这2部兵力较弱的部队部署在红堡炮台周边，主要负责炮台防御。张李成率领的1营台湾土著部队，则部署在接近白堡的位置上。

随着时间流逝，利士比愈发紧张地注视着岸上，波林奴的队伍已经完全消失在了密林之中，此时包括"拉加利桑尼亚"在内的所有外海法国军舰，都笼罩在一种莫名的不安中。

冲过了酷似敦刻尔克海滩的沙仑海滩后，法国登陆队立刻进入了一个他们完全陌生的环境，在四周葱葱郁郁的树林里艰难地探索前进。10时10分，当走在右翼的法军1、2连来到密林中的一块开阔地时，"突然，砰、砰、砰！一排子弹迎着我们打过来，瞧，一个个中国人从四面八方跑了出来……"[5] 孙开华统率的擢胜军右营最先开始向法军发起攻击，甚至发起了不常见的肉搏战。遭遇猝然枪击，法军损失惨重，包括2名连长在内的多名士兵伤亡，1连连长方丹（Fontaine）腿部中弹倒地，2连连长德欧特（Dehorter）胸部中弹摔倒。看到1、2连被突袭，法军剩余的3、4、5连立刻向右翼靠拢，提供火力支援，意图强行突破清军防线，冲向白堡。很快擢胜军的中、左2营也赶到，与孙开华部形成合力，淡水城旁的密林中，中法军队开始了拉锯战。

因为己方士兵出发时考虑到尽量轻装上阵，每人只携带了100余发子弹，而对手一方的中国军队大都埋伏在密林中射击，难以取准目标。波林奴担心过于激烈、无章法的射击会白白浪费本就不多的弹药，甚至于陷入弹尽的不利局面，于是下令号手发射信号，降低射击速度，但没想到唯一的一名号手竟然被清军枪弹击中头部受伤，遂被迫下达口传命令，但是收效甚微。将近1小时后，恶果开始显现，部分法军士兵的弹药耗尽，开始向海滩方向逃跑。缺乏陆战指挥经验的波林奴根本无法弹压住手下，只得重申了一遍向白堡方向发起冲锋的号令，意图做最后一搏，突破清军防线，以改变在密林中对射的不利战法，然而这道命令最终也无济于事。

从红堡炮台冲下来，意图截断法军中腰的章高元、刘朝祜部铭军，以及从白堡炮台杀上来，意图包抄法军

∧ 法国美术作品：《淡水肉搏战》

后路的张李成部台湾土著营，让法军倍感压力，不到600名法军面对3000多中国军队，完全丧失了战斗的勇气。12时左右，指挥官波林奴被迫下令全线撤退。"这是一场肉搏战，清军的冲杀之势，前所未闻，他们包围我们的士兵，并威胁我们士兵的退路，激战越来越激烈。再说，弹药也将告罄，取胜似乎不是很可能，我们必须放弃我们战士的尸体，撤退上船。"

接下来的情景，对法国登陆队来说简直是一场灾难。尽管清军本着见好就收的态度，并没有实施穷追猛打的策略，但奔向海滩的过程中，仍不断有法国士兵亡命飞奔，而且试图扔下伤员，令波林奴等军官恼火不已。到了海滩时，由于潮水缘故，想要走上舢板，必须从一段深至脖颈的海中走过，又有一些法国士兵打起了扔下同伴的算盘。

另外的悲剧发生在撤逃队伍的末尾，交战初期就因脚部中弹无法行走的1连连长方丹，撤逃时被3名手下抬着，结果在密林中出现了几把法国人从

∧ 淡水之战中被击伤的法军上
尉德欧特，回舰后死去

∧ 英国报纸上登载的表现法军占领淡水的想象图

未见过的钩镰枪，除 1 名士兵逃脱外，包括方丹在内的 3 人全部被钩镰枪拖倒，当场丢了头颅，方丹成为此战法军阵亡级别最高的军官。因为看到方丹军服衣袖上有标识军官级衔的袖章，很快又有中国士兵冲上来将其手臂割走。与方丹几乎同时中弹的第 2 连连长德欧特尽管被水兵拼死救出，逃脱了斩首的厄运，但因胸部中弹的严重伤势，回到舰上不久就死去。[6]

10 月 8 日中午 12 时 30 分，第一批满载法军登陆队的小艇挣扎着离开了淡水海面，下午 1 时 19 分，第二批法军登陆队小艇也离去，淡水之战宣告落幕。此战，法军共阵亡 9 人，失踪 8 人，受伤 48 人，遗失舢板 2 艘、哈乞开司 5 管机关炮 1 门。清军阵亡 80 余人，受伤 200 余人。[7]

大战过后不久，淡水城里立刻喧闹起来。比较有趣的是，因为法军的海上封锁，使得英国等外籍洋行的生意大受影响，对此次法国人的败退，所有淡水的外国人也都显得兴高采烈。租界区的英国医院里敞开大门收纳清军伤兵，"他们由僚友用门板从一二英里外远抬而来，医院各病房很快就被填满，经医疗后，同袍在旁细心照料，显露深厚的袍泽之情。"[8]

〈《点石斋画报》
登载的新闻画：
淡水大捷

　　到了傍晚，淡水街道上出现了一幕特殊的景象。得胜归来的清军举行古老的献俘仪式，十多个法国官兵的人头被扎在竹竿上示众。"我军兵勇于献俘后，各持所获赏银，欣欣相谓曰：'此法人首级也！相视而笑。'"在周围百姓的齐声叫好中，作战中异常勇猛的张李成部台湾土著部队开始肢解法军尸体，"土勇于奏凯之后，将法人之尸或肢解之，或分之，或饮其血，或吮其脑，且有破法尸之腹，出肝腑以示人者"⁹。淡水之战，虽然清军伤亡重于法军，但成功击败法军，且在刘铭传等大员的报告中出现了击毙法军数百的报告，被称为"淡水大捷"，是为马江惨败后对法军的首次成功报复。

　　……斩首二十五级，内有兵酋二人，枪毙三百余人，敌乃大溃。我军直追至海岸，敌兵溺海者更七、八十人……

　　　　　　　　刘铭传：《敌攻沪尾（淡水）血战获胜折》¹⁰

海峡封锁

我，海军中将，法国远东舰队总司令孤拔，鉴于目前法清战争状态，兹宣告如下：

自 1884 年 10 月 23 日起，从南岬（鹅銮鼻）经过西部及北部海岸，以迄乌石鼻，所有台湾各港埠、海湾，都处在法国海军封锁状态下。一切友好国及中立国船舰应于三天内装载完毕，并退出各封锁区。

对于企图侵犯上述封锁的船舰，将依国际公法及现行条约的规定处理。

孤拔发于基隆"巴雅"舰 10 月 20 日

副本知会利士比少将[11]

登陆淡水、破除航道水雷的行动失败后，本就对夺取东南城市作为担保品没多少兴趣，而积极建议应该直捣中国心脏、封锁渤海湾的孤拔，并没有流露出过多的失望。至于淡水登陆失败的原因，利士比也只是在悲叹法国陆战兵力不足，水兵上岸作战根本不适合等，而没有过多地去追究现场指挥官波林奴擅自更改进军路线，导致法军登陆队陷入不利境地的责任。

10 月 8 日后，利士比分队仍然在淡水外海徘徊不去，连续几日，这些法国军舰经常降半旗，对舰上又有淡水之战的伤兵去世而致哀，使得舰群上空笼罩着阵阵丧气，甚至于当时中国的报纸也捕捉到了这一消息，时常撰文尖刻地挪揄法军。

在法国政府为淡水一役失败后，究竟应该采用什么样的行动尚未取得一致时，海军将领孤拔又表现出了其在外交、政治方面的天分。10 月 20 日，孤拔在基隆向各国发出海峡封锁令，宣布封锁台湾海峡。

清政府秘密雇佣英、美、德等国商船，偷偷向台湾运送军队、武器的情况，早已被孤拔觉察，发布封锁令可以使他的舰队获得拦截、捕捉这些他国商船的法理依据。在孤拔看来，只要切断了台湾获得外界补给的途径，那么无疑就实现了远远超过封锁基隆、淡水的目标，此时被围困在海上的台湾岛，

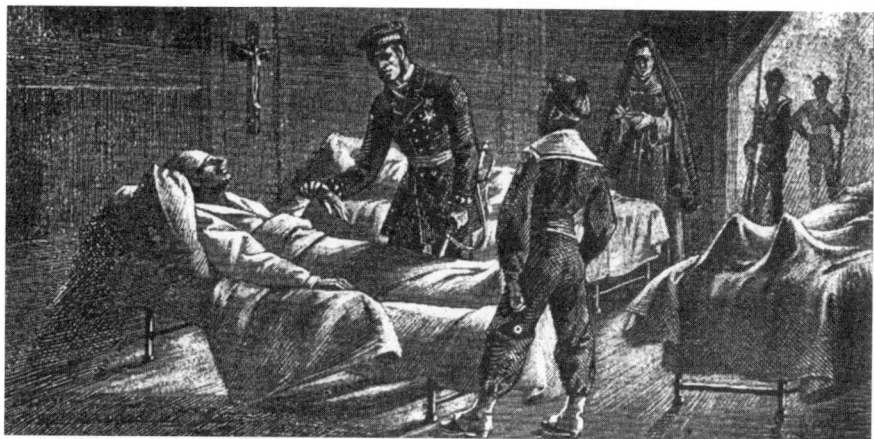

∧ 漫长的海峡封锁期间，驻在台湾的法国军队因为霍乱和各种热带流行病而大量减员，图为表现孤拔慰问法军病员的铜版画

∧ 《点石斋画报》新闻画：指挥对华作战的孤拔

就是一个更好的担保品。

听到海峡封锁令，英国政府很快提出异议，认为中法两国之间处在一个奇怪的状态，即两国虽然已经发生了军事冲突，但两国政府都没有互相宣战，尚没有进入战争状态。既然这样，法国就无权实施只有战争状态下才能执行的封锁行动。尽管存在很多质疑声音，孤拔发布的封锁令，还是立刻执行起来，整个台湾海峡进入远东舰队的监控中。

作为中法战争的一大特色，与军事行动同步，外交斡旋还在一刻不停地进行着。

淡水之战当天，法国驻天津领事林椿（Ristel hueber）来到直隶总督衙门，与李鸿章就中法和平问题进行接触。林椿发现此时的李鸿章已不再是马江之战刚结束时那种震怒的态度后，不失时机地于 10 月 11 日提交了法国政府新拟就的中法讲和新方案，即"10 月 11 日方案"。

这一方案的实质内容基本还是老生常谈，要求中国切实执行李鸿章与福禄诺签署的《中法简明条款》，为表示法国在此问题上的让步，法国政府放弃一直坚持的赔款，而是要求中国将正处在孤拔舰队占领和封锁下的基隆的关税、煤矿等收入让于法国若干年，另外为了确保中国履行条约，直到条约缔结成功前，基隆和淡水应该置于法军占领下。对新建议，李鸿章立刻表示不同看法，认为占领基隆、淡水作为缔约保证的做法很难接受，倘若真要这样，那中国军队也应占领越南境内的保胜和谅山作为对等保证。关于出让基隆、淡水的关税，煤矿利益，李鸿章也极为反对，转而提出了一个让法国人大为惊讶的建设性意见。李鸿章认为法国不应向中国索取赔款，但中国可以给予法国某些经济方面的优惠和利益，例如清政府可以在法国发行 2000 万两为期 40 年的债券，以其中的一半款项用于在法国订购新式军舰、弹药等。

李鸿章提出的带有建设性的方案，引起茹费理的极大兴趣，但李鸿章在台湾基隆、淡水等问题上毫不让步的做法，又使茹费理感到难以接受，遂下令法国谈判特使巴德诺务必促使中方接受"10 月 11 日方案"。

在美国居间调停，以及中法两国官员直接接触之外，英国的斡旋也在紧锣密鼓地开展。显然是受英、美外交界的某种委托，驻英公使曾纪泽致电总理衙门，询问如果法国不要赔款的话，中国是否可以接受和平条约。总理衙门对此做出了措辞强硬的答复，称"法人肇衅，现据基隆，惟有力求攻取，期操胜算"，如果法国自己悔过想要停战，那应该由中国提出停战条件。旋即，军机处经过讨论，提出了中国方面的和解条件，主要包括取消《中法简明条款》，将中越边界推进至保胜—谅山一线，法国只能在越南通商，不能干涉越南主权，以及法军解除台湾海峡的封锁等。

虽然英国方面竭力撮合，但终因中法双方底线差距太大，宣告失败。法国对中国持强硬态度的原因，英国外交官认为是"中国提案为战胜者致战败者之条件，法人尚未到淡水，如占据淡水，则易于与华人谈论"。对此，法国驻英公使回答："本国政府将尽其努力及一切牺牲，使华人恢复理智。"[12]

南、北洋水师集结

中法关系日益交恶，使得一批原本在中国军队中服务的第三国人士，相继应本国政府要求离职返国，北洋水师的英籍总教习琅威理就是一例。不过与这些纷纷为了己国的中立态度而离去的洋人相反，另外一批洋人正悄悄地进入中国。

早在中法越南问题棘手时，北洋大臣李鸿章就已经预先着手在做一些准备，指令驻德公使李凤苞在德国寻访、雇佣合适的德国人来华，充当海军、陆军的教习，顾问等职，同时为即将建造完成的"定远""镇远"2 舰选募能够帮助驾驶军舰回华的德籍船员。1884 年 8 月 21 日，随着中法关系紧张到一触即发的地步，清廷正式下旨，命令从速招募一批德籍军事顾问来华。之所以当时李鸿章和清政府都将目光盯住了德国，除了有中国在德订购军火等因素外，有着大败法国经验的德国雇佣军事顾问，被认为在对法战争中具有十分重要的现实价值。

虽然德国政府为了保持中立立场，严禁本国现役乃至预备役军人受雇于中国，但是中国公使馆开出的每年俸禄和杂费18000马克的高额佣金，仍然吸引了一大批德国人，"许多谋事的人在中国公使馆报名"。原本聘用来准备护送"定远""镇远"回华的德国退役海军少校式百龄等11名德国退役军官，以及陈才瑞、黎晋贤等6名中国派在德国学习鱼雷技术的学生、工匠，最先踏上前往中国的旅途。因为雇用时明确告知可能将要为中国政府作战，"均系情愿临敌接仗，不辞艰苦"，为了避免德国外交机构干涉，引来不必要的麻烦，李凤苞将这批人的旅程安排得极为隐蔽，所有军事官员都更改姓名，首先公开地从德国前往奥匈帝国"旅游"。到达奥匈帝国后，再搭乘从奥匈帝国开往香港的邮轮，最后由香港秘密潜入中国接受派遣。

作为首批来华德国军官中级别最高的一名，德国退役海军少校式百龄因为曾参加过美国南北战争，深受李鸿章器重，到达中国后即被派遣顶替琅威

北洋海防秘密雇佣的德国军官名录 [13]

原 名	原身份	化 名	中方给予的年薪
式百龄	三等水师提督	万里城	25000 马克
亨迎	炮台工程师副将	哲宁	30000 马克
芬锐飞	陆路守备	爱弗瑗	18000 马克
本克仑	陆路头等千总	施本格	12000 马克
巴珥	军医官	（不更名）	12000 马克
文得力希	水师军火官千总	陆伯德	7200 马克
美们	鱼雷营千总	金美	7200 马克
亨式尔	水师军火官千总	赫力士	7200 马克
范阿那	伏雷营千总	施密士	7200 马克
怀士	水师炮械哨长	白朗客	3600 马克

理遗下的职位，充当北洋水师总教习。为称呼方便，以及对外隐蔽起见，式百龄改用一个李鸿章指定的中国名字——万里城。

未过多久，一项重任来到了万里城肩上。

中法马江之战爆发前，钦差大臣张佩纶虽然屡屡吁请南北洋军舰入闽增援，可始终未有积极回应。延至孤拔舰队封锁台湾海峡后，一切发生了转变。

1884 年 10 月 26 日，受任督办福建军务的钦差大臣左宗棠上奏清廷，担心台湾海峡如果继续被封锁，不仅基隆难以收复，全岛都有落入法军手中的危险，请求进行一次大规模的海上输送援兵行动，提议由北洋水师派四五艘军舰，南洋水师派五艘军舰，在上海会合后护送装载 8 营楚军[①]的商船设法前往台湾登陆。11 月 2 日，清廷下旨，要求南北洋水师派出军舰在上海会齐，"赴闽援助"。

11 月 13 日，李鸿章最先做出回应，上奏表示将立即派遣军舰南下。

当时北洋水师的军舰数量有限，其中 6 艘蚊子船正用于在北洋的要隘大沽、北塘、旅顺口守口防御，不仅舰型不利于远洋作战，而且也根本无法外调；"威远""康济" 2 舰只是练习舰，也不便调用，李鸿章于是决定将北洋当时惟有的家底——仅有的 2 艘十分新锐的撞击巡洋舰 "超勇""扬威" 派调南下，由林泰曾、邓世昌分别担任管带，新任总教习德国人万里城担任编队的统领。[14]

当时北洋水师的军官，虽然大都有船政学堂科班出身的资历，部分还曾留学英国，但无论是船政学堂还是英国留学期间的培育，都只是旨在培育优秀的舰长为最高目的。对于舰队的战时编组、运用、战术，鲜有专门教育。南洋水

---

① 左部云部恪靖军右营、郝长庆部恪靖军先锋营、贺兴隆部恪靖军副中营、刘春庭部恪靖军正后营、喻先知部恪靖军卫队营、易上林部恪靖军良营、刘见荣部恪靖军威营、叶少林部恪靖军礼营。

268

师这方面的缺陷更为严重，不仅缺乏具备近代化海战指挥能力的高层军官，甚至南洋水师内连旗语、阵型演变等训练都十分薄弱。以往北洋水师雇佣外籍总教习，以及现在李鸿章选派万里城带队南下，即有弥补这些不足的考虑在内。

△ 北洋水师装备的"超勇"级撞击巡洋舰

　　李鸿章的迅速安排令清政府中枢十分满意，11月16日清廷电谕南洋大臣、两江总督曾国荃，通报李鸿章派万里城带两舰南下的情况，要求南洋水师迅即拨出军舰，待北洋水师军舰抵达上海时会合一起前往台湾海峡。同时要求南洋水师"或有训练未精、见识未到之处，即嘱百龄随事帮同教练指示"[15]。

　　曾国荃经与李鸿章及南洋水师提督李成谋商议，最后从南洋属下的舰船内挑出了5艘援闽舰只。

　　其中的主力是福建船政建造的巡洋舰"开济"，以及左宗棠开府两江时在德国船厂订购的"开济"型姊妹舰"南琛""南瑞"。这3艘军舰均是以此时正在台海横行的法国巡洋舰"杜居土路因"的图纸为原型，经船政工程人员改良设计而成的新锐军舰，"开济"于前一年年底问世而加入南洋水师，而"南琛""南瑞"则是1884年当年问世的产物，经德国商人从中设法，在中法龃龉，德国为了严守中立而不允许中国订造军舰回国的情况下，异常神奇地于当年5月间到达上海交付。除上述3艘主力外，南洋水师另选出船政建造的"威远"级炮舰"澄庆"，以及江南制造局建造的"威靖"号炮舰。5艘援台军舰一起委任总理南洋轮船营务处总兵，湘军水师出身的将领吴安康统领。

　　除调度出军舰在上海等待北洋水师军舰南来外，曾国荃根据李鸿章等的提议，由南洋筹防局承办，紧锣密鼓地为援台舰队筹备后勤物资。其中最为重要的就是燃煤，南洋水师以往使用的燃煤主要是日本可介煤和台湾基隆煤。中法启衅后，基隆煤无从获得，南洋于是首先从海外购煤预储，特别值得关注的是，曾国荃还下令预先购买了数千吨价格高，但是燃烧值高、烟气小的外洋松白煤供援台舰队使用。[16]

在曾国荃调动下，原先驻泊金陵、江阴等长江下游要隘的5艘军舰齐聚上海。一切准备大致停当时，11月20日入夜，2艘外形低矮、双桅单烟囱的军舰披着夜幕，悄悄地进入了吴淞口，"超勇""扬威"秘密抵达上海。

为充分发挥"超勇""扬威"2艘撞击巡洋舰的优长，北洋水师统领丁汝

∧《点石斋画报》新闻画：集结在吴淞口的南洋水师舰船

∧ 南洋水师援台舰队的旗舰"开济"

∧ 中法矛盾期间奇迹般得以返回祖国的"开济"级"南琛"舰

昌预先和沪上联系，由万里城和2舰的队长林泰曾着手将军舰送入上海船坞，刮洗船底，以尽量提高军舰的航速。得到军舰已抵上海的汇报后，李鸿章又专门致电林泰曾，要求与南洋军舰统领严密商议援台办法。"我船修好应往何处会齐，应由何路前进，七船如何号令、次序，均需商定，不可泄露风声！"[17]

南北洋军舰原本因左宗棠的奏请而派出援台，但左宗棠奏折中只是非常泛泛地提出了一些谋略，眼下南北洋军舰好不容易已经调派聚集，但究竟怎样才能援台，一下子成了个异常巨大的难题。

传统的意见认为，南下舰队应进驻台湾海峡西岸，在马江伺机而动，攻击法国商船或落单的法国军舰，为从福建一带秘密出行的运兵船提供护航。可当时控扼马江口的马祖岛掌握在法国远东舰队手中，"我船非将马祖澳法船逐去，难入闽口"[18]。"除此一线之泓，别无他路可入，是马祖澳乃入闽一大关键也……各船必须极力拼命轰打，方能进口。"[19]

万里城则提出了一个极为大胆的策略，认为可以避免在马祖一带与法国军舰硬仗。建议不走台湾海峡，而从台湾岛东侧的大洋绕过，开往马来西亚、新加坡一带，截夺法国从越南至台湾间航行的运兵船、运输船。万里城认为这一办法"必易得手，且无危险，而彼船自不能专力于台，即是援台"[20]。惟有的麻烦是燃料补给，中国在南洋地区没有任何可靠的补给点，只能预先安排一些满载燃煤的商轮，"匿于南洋不通商小岛，以供我船接济"。李鸿章对这一计划颇为看好，认为"此系奇计，转为稳招"，但是担心运煤补给的计划能否实现。

数月后，两广总督张之洞还曾提出一个略有马后炮嫌疑的计划。张之洞对万里城的谋略极为欣赏，不过认为援台舰队不用前往马来西亚一带，停泊到香港外海就行，一旦有法军运输船经过就可以截夺，倘若法国舰队来袭则可以驶入虎门。可能张之洞自己都没预想到，这个提议在朝廷里立刻被视作是张之洞要把援台军舰调往广东之举。[21]

"超""扬"北返

究竟怎样进行援台的讨论，还在清廷和督抚大员中热烈地进行。万里城和吴安康则就援台在技术层面上着手预作准备。

查看完南洋水师调用的军舰，万里城认为其中的"威靖"舰样式过老，蒸汽机、锅炉均高出水线，作战时极容易受伤，而且"威靖"舰小，炮位少，航速也慢，于是建议另换 1 艘。经过检视，体形高大、炮位众多的巡洋舰"驭远"入选。

根据实际查验的情况，万里城还对援台各舰提出了不同程度的修改要求。德国建造的"南琛""南瑞"因为工厂施工时对原图纸做了不少改动，结构的合理性、机动能力都不如福建船政造的母型"开济"，在万里城建议下，"南琛""南瑞"主炮炮座下增加 6 根铁柱作为结构加强。所有援台的 5 艘军舰，均在舵楼外包覆 2 英寸厚钢板，以防备法国军舰大量装备的哈乞开司 5 管机关炮。另外，除"南琛"原装备有 2 门哈乞开司 5 管机关炮外，包括"超勇""扬威"在内的其他军舰都没有这项高射速武器，经过会商，李鸿章决定将为"定远"级军舰购买，预储在上海地亚士洋行的 12 门这种机关炮全部调出，先给援台军舰装备，以加强近战时的火力。

除硬件之外，万里城发现南洋水师的训练的确大成问题，基本停留在各舰各自为政的训练层次，几乎没有近代化的编队训练基础。万里城又临阵抱佛脚，将南、北洋军舰混编进行阵型，旗语等战术强化训练。"吴安康转述式百龄之语，出洋鏖战，进止迟速分合，皆有一定机宜，旗语各不相同，号令宜归画一，必须七船在江合操数次，互相练习，俾各船兵勇咸知旗语，最为紧要。"[22]

正当援台舰队在紧张准备出发之时，距上海几千里外的朝鲜半岛上，一场又是因为属国而起的风云目不暇接地上演了。抓住中国与法国交恶的机会，日本政府和其支持的朝鲜亲日改革派，发起了旨在冲击朝鲜中国宗藩关系的维新政变。1884 年 12 月 4 日，朝鲜京城为庆祝电报局落成举行宴会，预料到掌握政权的闵姓外戚大都会参加宴会，以金玉均为首的亲日开化党人在暗杀的枪声中开始了政变行动。随即在日本军队的支援下攻入王宫，宣布成立亲日政府。第二天，京城又爆发了民众冲击日本使馆的反日活动。12 月 6 日，中国驻朝军队在袁世凯率领下攻入朝鲜王宫，抓捕开化党人，朝鲜局势就此发生巨变。

感觉到朝鲜事态严重，担忧日本会借机生事，李鸿章于 12 月 10 日紧急上奏，认为朝鲜事变较之台湾更为严重，请求将南北洋援台舰队火速调派朝鲜，并再派出一两艘军舰前往日本威慑，"东驶朝鲜，援应弹压。以敌法船不足，以遏日谋尚足壮声势"。清廷经过讨论，决定南北并重，下令只调派"超勇""扬威"二舰北上。德国顾问万里城经李鸿章询问后，也决定随舰北回。

12 月 14 日，清政府又紧急电旨修改前命，要求"超勇""扬威"继续留在援台舰队内，改调南洋水师的"澄庆""驭远"北上。李鸿章以"澄庆""驭远"尚不知在何处，何日能开，恐有迟误为由，提出异议。15 日清廷下密旨收回前命，要求"李仍将北洋两快船调回，俟船到即饬丁汝昌酌带队伍驶行。南洋援闽五船，着电知曾仍遵前旨办理"[23]。

12 月 16 日午后，"超勇""扬威"拉响汽笛，在盘桓沪上近 1 月之后，重新北返，德籍总教习万里城也随船而去。清政府中枢对北洋将 2 艘主力舰重新调回的行动本就心存不满，而屡屡电令万里城等德员留在南洋参加援台行动，又被拒绝，万里城这个德国人不久就渐渐从中国海军史中淡出了。

对中法战争中这段北洋水师舰船来而又去的历史，很多论著将其归结为是李鸿章内心里不敢和法国军舰开战，然而却很少有人注意到当时朝鲜局势的现实紧迫性。更鲜有人注意的是，朝鲜甲申政变发生后，孤拔舰队曾计划派出军舰北上，拦截中国前往朝鲜的运兵船只，借助甲申事变要挟清政府就范。倘若当时中国北方没有一支具有一定力量的舰队，后果不堪设想。

上海邵道电称："与式百龄晤商，据云七船援台，本无把握，再减两船更为难。我固愿北，惧违旨，南船非素习，非操演月余不能成行等语。询以援台之策，半晌无言。"

南洋水师出动

听到"超勇""扬威"要被北调，富有海战经验的德籍洋员式百龄（万里城）就感到援台活动希望渺茫，坚决要求北上。此时，无论是"超勇""扬威"还是式百龄都已离去，根本没有近代海战知识的援台南洋军舰统领吴安康，更是感到茫然无措。

12月17日，清廷下旨，委任湘军水师老将杨岳斌一面率领所部乾军赴福建准备渡海援台，一面负责"调度南洋五船援台"。在进行万里城部署的舰船改造以及武备添置等工作同时，吴安康溯江而上，在芜湖找到了新上级杨岳斌，请示机宜。旧式水师出身的杨岳斌，对近代化海军的了解并不比吴安康多，所作的训示空话连篇。"饬令吴安康钦遵谕旨，刻日在沪整备各件，添安炮位，探明前路的实情形，开驶出洋，以便相机乘隙稳慎前进，方不致挫败取辱。"[24] 南洋大臣曾国荃将这番情形上奏后，清政府立即下达了援台舰队出发令，更为重要的是，对援台策略做出了明确部署，"即日前进马祖澳"。

鉴于南洋水师缺乏近代化的海上指挥、联络知识，此次又是5艘军舰大规模出动，加上部分军舰里还有德国雇佣来的管轮、炮手等洋员，"吴安康一人指挥其间，耳目难以周到"，曾国荃又为吴安康添加了一名副手。由苏松太道邵友濂推荐的候补副将丁华容，曾经跟随曾纪泽出使英、法、俄国，掌握英、法文，被任命为援台舰队营务帮办。[25]

1885年1月18日，天气阴霾，南洋水师援台舰队从吴淞口起航，踏上了前景莫测的南下之路。统领吴安康以"开济"为领队旗舰，帮办丁华容则驻在队尾的"澄庆"舰上，以互为联络。全舰队的5艘军舰管带分别为："开

济"舰管带尽先副将升补吴淞营参将徐传隆，"南琛"舰管带记名总兵袁九皋，
"南瑞"舰管带副将衔尽先参将徐长顺，"澄庆"舰管带留闽尽先游击蒋超英，
"驭远"舰管带副将衔补用参将准补太湖右营都司金荣。除"澄庆"管带蒋
超英是福建船政后学堂一期毕业，且曾留学英国的科班外，其余4人均没有
接受过正规的近代海军教育。

5艘中国军舰出洋后的情形，显得极不正常。可能是出于对直驶马祖，
必然会与法国军舰发生的遭遇战缺乏信心，南洋援台舰队竟然在浙江沿海转
起了圈。一路停停走走，进进退退，26日停泊在浙江玉田，到了月底才到达
玉环，2月初则干脆在温州一带停留不前。[26]

有别于这支舰队缺乏信心的真实情况，援台舰队从上海出发时，当地各
种报纸都加以特别报道，称这意味着中国海军南下报复法国人。随即类似的
新闻又传至海外报媒，一时间媒体成了援台舰队实力的放大镜，沸沸扬扬的
炒作报道，将南洋水师出动的声音也传到了孤拔的耳中。

1月末确知有5艘中国军舰南来的消息后，孤拔以极高的效率完成了远
东舰队的重新部署。封锁台湾海峡的任务，他转交给利士比负责，相应地，
舰只也做了很大调整。台湾北部海域由"拉加利桑尼亚""窝尔达""阿达
朗德""德斯丹"执行，南部海域由"费勒斯""雷诺堡"号执行，其余的
主力舰只纷纷聚集向马祖。

2月6日，马祖聚集起了一支力量雄厚的法国舰队，"巴雅""凯旋""杜
居土路因""益士弼""梭尼""尼埃利""警戒""里戈·热努依里"（Rigault
de Genouilly）。2月7日上午10时，孤拔在旗舰"巴雅"上下令起航，中午
时分全队向北搜索截击中国援台舰队。连续几日的搜寻，孤拔带领舰队一路
到达了舟山附近，但是没有发现一丁点中国军舰的踪迹，根据获得的中国舰
队出发日期来看，还没有找到中国军舰着实是一桩奇怪的事情，"大家都失
望了，人人焦急地问是否要被迫放弃这次狩猎计划"。2月10日下午，"杜

∧ 马江之战后加入远东舰队的三等巡洋舰"里戈·热努依里"，排水量 1722 吨，长 73.91 米，宽 10.8 米，吃水 5.36 米，航速 11.3 节，装备 140 毫米口径炮 8 门

∧ 参加北上搜寻中国军舰行动的 "梭尼"

∧ 法国二等巡洋舰"雷诺堡",排水量 1820 吨,长 78.18 米,宽 10.74 米,吃水 5.74 米,航速 12.3 节,装备 160 毫米口径炮 1 门, 140 毫米口径炮 6 门。中法战争期间,参加过台湾海峡封锁行动

居土路因"因为舰上的燃煤即将耗尽,被迫离队独自前往基隆补给。孤拔也失去了继续搜寻舟山群岛的耐心,甚至怀疑中国援台舰队是个虚假的消息,而决定直接向长江口方向前进。

2 月 11 日清晨,法国舰队在向长江口航行的途中,停泊大赤山锚地时,通过电报站得到了一条来自上海的消息。不知名的情报提供者向法国舰队告知,中国南洋水师 5 舰正停泊在浙江三门湾……

注释：

1. 中国近代史资料丛刊《中法战争 3》，新知识出版社 1955 年版，第 567—568 页。

2. 同上，第 568 页。

3. 中国近代史资料丛刊续编《中法战争 2》，中华书局，第 395 页。

4.《法船并犯台北基沪俱危移保后路折》，《刘铭传集》，黄山书社 2014 年版，第 99—100 页。

5.《孤拔元帅的小水手》，（台湾）"中央研究院"台湾史研究所筹备处 2004 年版，第 49 页。

6. 同上，第 53—54 页。

7. 中国近代史资料丛刊《中法战争 3》，新知识出版社 1955 年版，第 571 页。

8.《清法战争台湾外记》，（台湾）台湾书房 2007 年版，第 53 页。

9.《述报法军侵台纪事残辑》，（台湾）台湾银行经济研究室 1994 年版，第 31 页。

10.《刘铭传集》，黄山书社 2014 年版，第 102 页。

11.《清法战争台湾外记》，（台湾）台湾书房 2007 年版，第 67—68 页。

12. 龙章：《越南与中法战争》，台湾商务印书馆 1996 年版，第 302 页。

13. 中国近代史资料丛刊续编《中法战争》，中华书局 1995 年版，第 449—450 页。

14.《北洋大臣李鸿章向总署抄送拟令式百龄统带援闽兵船折》，中国近代史资料丛刊续编《中法战争》2，中华书局 1995 年版，第 446—448 页。

15.《曾国荃全集 2》，岳麓书社 2006 年版，第 283 页。

16. 同上，第 285 页。

17.《李鸿章全集》（电稿一），上海人民出版社 1985 年版，第 333 页。

18. 同上。

19.《曾国荃全集 2》，岳麓书社 2006 年版，第 294 页。

20.《李鸿章全集》（电稿一），上海人民出版社 1985 年版，第 330 页。

21. 同上，第 410 页。

22.《曾国荃全集 2》，岳麓书社 2006 年版，第 288 页。

23.《李鸿章全集》（电稿一），上海人民出版社 1985 年版，第 353 页。

24.《曾国荃全集 2》，岳麓书社 2006 年版，第 294—295 页。

25. 同上，第 297 页。

26. 同上，第 524 页。

大战落幕

第十章

夜袭石浦

浙江省宁波市象山县的檀头山岛，位于象山县城东南方向外的海中，小岛西侧隔海相望的就是象山县著名的石浦渔港。今天这一带是江浙沪小有名气的海滨旅游胜地，以及品尝海鲜美味的绝妙场所。而1885年，笼罩着檀头山岛附近海面的却是战云阵阵，一场中法舰队的不期而遇，把这座小岛的名字留在了历史中。

孤拔搜寻途中得到的来自上海的情报完全准确，当时南洋水师援台舰队确实就在三门湾海域。1885年1月18日吴安康率领舰队南下后，视闽海为畏途，始终在浙江沿海左右盘桓，拖拉近半个月后，援台舰队又于2月1日借口燃煤用尽无法前往福建，自行折回三门湾附近的宁波石浦港，又在此继续迁延不前。[1]

浙江沿海岛屿密布，对不熟悉当地地理水文的人来说，犹如是海上迷宫一般，孤拔舰队连日细细搜寻，却怎样也没料到目标竟然已经掉到了自己的身后。从大赤山电报站获悉重要情报后，视南洋援台舰队为台湾封锁计划重要威胁的孤拔，立即下令舰队调转航向，回头重新驶向三门湾。原路返回的孤拔舰队，经过在海流激烈的舟山群岛中又一次的艰苦航行，于2月13日的凌晨进入大目洋，到达接近檀头山岛附近的海域。

鬼使神差的是，吴安康恰好也定于当天带领援台舰队北归。停留在石浦期间，吴安康始终心神不定，不敢再带领舰队南下，经过多日的盘算，决定仍以补给不足，需要补充燃煤为由，率领舰队干脆返回出发地上海。因为连日来署定海镇总兵贝锦泉、宁镇海防营务处杜冠英等通报舟山群岛等处海面发现有法国军舰活动的情况，为尽量保证北回途中航行的安全，吴安康在2月13日凌晨天色未明时就率领舰队出发，计划以北方的镇海港作为北归的第一站，到达镇海休整后再图继续北上。

2月13日凌晨5时30分，"巴雅"舰桅盘内的哨兵突然发现己方先导舰"警戒"挂出了一组示警旗语："5 艘巡洋舰在南边！"得到这一消息，苦苦狩猎多日没有所获的孤拔大喜过望，立即发出口令："吃香料面包的小伙子们，我们准备战斗！"中法舰队就这样在檀头山附近海域不期而遇，相遇时双方成对向航行的态势。[2]

"巴雅""凯旋""益士弼""梭尼""尼埃利""警戒""里戈·热努依里"7 艘法国军舰上的官兵立刻动作起来，很快所有的炮位都进入待命状态。上午 7 时，檀头山外海面太阳完全跃出了海平线，法国军舰彻底辨清前方 5 艘军舰就是南洋水师援台舰只。旗舰"巴雅"的桅杆上张开了一面面风帆，桅顶上跃出了巨大的三色旗帜，以此为例，其余法国军舰也全部换挂这种战时旗帜[1]，并张起了风帆提高航行速度。

南洋水师援台舰队此时也终于发现了正对着自己杀气腾腾而来的法国军舰，根据吴安康事后的供称，自己当时立刻指挥军舰"前驶迎敌"，然而法军的情况则完全相反。见到前路有法国军舰后，吴安康率领"开济""南琛""南瑞"3 舰立刻改变航向调转逃跑，营务处丁华荣督队的"驭远""澄庆"因

∧ 美术作品：《孤拔在"巴雅"舰上的办公室》。画面上可以看到舰内还有一门火炮

∧ 美术作品：《孤拔在"巴雅"舰上的起居室》

① 海军使用的巨型国旗称为战旗，主要在作战和重大礼仪场合使用。

∧ "巴雅"舰早在孤拔赴任越南时就定为他的旗舰,马江之战后孤拔重返"巴雅",一直到其病死澎湖,始终以"巴雅"为旗舰

为航速较慢,从石浦港出发时就被"开济"等3舰甩在身后,看着"开济"等3舰转向逃跑,"驭远""澄庆"显得颇有自知之明,没有尾随其后,而是扭头就近朝向三门湾内航行躲避。

　　眼看中国军舰分成航向不同的两队散开,孤拔随即下令吃水浅的"梭尼""益士弼"和航速缓慢的"凯旋"前往三门湾追踪、监视"驭远""澄庆",自己亲率"巴雅"等4舰高速追击南逃的"开济"等军舰。然而恰好就在这个时候,南方海面上居然升腾起了浓雾,飞速奔逃的"开济""南琛""南瑞"瞬间隐入雾色中,就此消失不见。"在这种情况下追赶是不可能的,无论如何都要停止……只好埋怨运气,在目前只能满足于那两艘不能逃脱的战舰了。"3

"驭远""澄庆"进入三门湾后，绕过南田岛水道，回到了当天的出发地石浦港，在石浦城附近的天后宫前水域下锚停泊。营务处丁华容、"驭远"管带金荣、"澄庆"管带蒋超英随即上岸，和石浦同知黄贻桥、练军营官刘青山等当地官员商议防守方略，金荣等要求石浦地方官赶紧组织民船，帮助从两舰上卸载一些燃煤和物资，以减少军舰吃水，便于在内港和法军机动作战，虽然当地立刻组织了一批民船，但不知道什么原因，卸驳物资的行动迟迟没有进行。

与此同时，檀头山外海面上的法国舰队合兵一处，孤拔判断两艘中国军舰可能退进了石浦港，但他没有直接下令军舰冒进追击，而是定下一个毒辣的瓮中捉鳖计策。7艘法国军舰被孤拔分派成3队，分别把守石浦港与外界

∧ 浙江石浦港今景。拍摄：陈悦

相通的 3 条航道，当天下午 1 时，法国军舰部署就位，石浦港海域陷入法军的封锁中。

显得有些奇怪的是，完成上述部署行动后，法国舰队进入休息状态，整个夜间没有任何活动。直到 2 月 14 日的晨曦出现，法国舰队才开始对石浦海域实施试探性的侦察。当天是中国农历的大年三十，已经如同惊弓之鸟的南洋二舰上，有些水兵开始擅自离舰脱逃，港边岸上石浦城里，也因为不速之客的到来而陷在惊恐中。上午，几艘法国火轮舢板的踪影在石浦港附近出现，旋即不见，情形极为诡异，"法夷用火轮舢板拖带舢板测量口门水道，并入港窥探，见我兵轮即行退去"。

这几艘瞬间消失的法国舰艇是炮舰"益士弼"和几艘舢板，出现在石浦港附近是为了确定"驭远""澄庆"的停泊位置、港内的防御布置，同时测定航道水深，为第二天军舰入港作战预作准备。得到了所有需要的信息后，孤拔为了减少入港海战的威胁，决定先于当天夜间实施一次杆雷艇偷袭，然后再考虑军舰直接入港作战。当时孤拔的拦截舰队内并没有随行的杆雷艇，只能采用临时改装火轮舢板的方法。上午入港侦察的两艘火轮舢板因为对航道情况已经有所掌握，被孤拔选定用来进行改装，每艘舢板加装一套雷杆和电击发装置，携带一枚装有 13 公斤棉火药的杆雷。

14 日的整个下午，法国人一直忙于改造杆雷艇。石浦港里，因为上午法国火轮舢板出现的缘故，则一直处在大战将至的紧张状态，黄昏时分"驭远""澄庆"突然鸣响火炮，让港内一度陷入混乱，炮声响过才发现是虚惊一场。入夜，是中国传统的除夕夜，岸上石浦城里家家户户都秉灯守岁，港边的两艘南洋军舰里，官兵们更是平添思乡之情。

晚上 11 时 30 分，"巴雅"舰大副咕当（P.F.C.Gourdon）中校和水雷军官杜波克（E.C.E.Duboc）上尉分别指挥两艘杆雷艇，悄悄地开始行动。哈维勒（Ravel）上尉因为是当天上午发现中国军舰泊位的舢板指挥官，他和他的武装火轮舢板被派在最前方,从上海雇佣的引水员缪列(Muller)乘坐另一艘舢板随后出发,共同充当向导。两艘杆雷艇也紧随其后,从"巴雅"舰旁鼓轮出发。[4]

由于途中遇到了海流的阻滞,而且当晚风浪很大,法国小艇队的行进速度非常缓慢,直到15日凌晨3时30分才进入石浦港。月光下,咕当中校指挥的2号艇在入港的同时,就发现了"驭远"舰庞大的身影,随即便开始独自向目标冲去。寂静的夜里,四周悄无声息,身处露天的火轮舢板里,法国官兵一个个屏住呼吸,提心吊胆,可是2号艇那台名叫"静谧"的古董蒸汽机发出的噪音这时简直到了震耳欲聋的程度,咕当中校忍不住大骂:"该死的烂货。"

3时45分,2号艇前进到距离"驭远"只有200米的位置,"驭远"舰上还是没有任何动静,咕当和艇上的水兵合力将雷杆支出舢板,同时把连接杆雷的电线接到了蓄电池上。战斗准备完成后,在雷鸣般的蒸汽机噪音中,

△ 参加石浦夜袭的法军杆雷艇士兵合影

◁ 石浦之战法军2号杆雷艇的指挥官咕当(照片中右侧的人物)

2号艇开足马力猛地发起冲锋。也就在这时，"驭远"巨大的黑影里突然发出一阵阵的光亮，犹如夜幕中的闪电一般，随后惊雷般的炮声便传到了法国人耳中。

接下来的瞬间，2号艇的杆雷直接撞上了"驭远"的后部，引起猛烈爆炸，为此2号艇付出的代价是被击毙了1名士兵。完成袭击后，2号艇紧急倒车准备撤离，但是马江之战中，法国人拉都指挥的杆雷艇遭遇的一幕尴尬情形在这里又上演了，2号艇的雷杆卡在"驭远"的舰体上怎样也拔不出来，咕当最后当机立断，命令拆掉雷杆后撤。见到2号艇偷袭得手，随同入港的其他法国小艇也都见好就收，不再进行简直犹如自杀式的杆雷袭击，纷纷跟随撤离。身躯高大的"驭远"犹如被激怒的巨人，虽然一面在下沉，但是它的舷炮开始愈发猛烈地射击起来，管带金荣判断此刻的局面是法国大批军舰进港偷袭。果然，黑夜里开始有军舰向"驭远"射来炮弹，和"驭远"开始了激烈交火……

法军2号杆雷艇进攻"驭远"舰

2月15日大年初一，天色破晓后石浦港边寂静无声，凌晨被炮声惊得不知所措的同知黄贻桥等地方官员这时赶到港边，眼前的景象让他们大吃一惊，"驭远"和"澄庆"居然都倒在海中。凌晨听到杆雷爆炸声，"澄庆"管带蒋超英也判断是法国军舰入港偷袭，于是下令向夜幕里开火射击，结果和"驭远"进入不辨目标的胡乱内讧。最终"澄庆"被"驭远"击沉，"驭远"因为先中杆雷又遭"澄庆"炮击，也半沉在港中。事后，这段过于荒唐

∧ 法军杆雷艇用杆雷击中"驭远"时的情景

的历史在官方的报告中被改得更合乎"情理"，称两舰都被法国杆雷艇击伤，因为受伤引起的大火都逼近火药舱，担心爆炸会破坏舰上的火炮，而且会祸及岸上的石浦城，为了保炮、保城市，而毅然自沉军舰。

法国拦阻舰队这个清晨完全处在欢乐中，只损失 1 名士兵而获得敌方 2 艘军舰沉没的重大战果，令平日不苟言笑的孤拔也抑制不住激动的心情。随着出袭的小艇一艘艘平安归来，"巴雅"等军舰上充满了欢呼声，"所有陆战队士兵都跑来拥抱我们的脖子……船上全体人员都为我们欢呼喝彩"。孤拔下令，当天发双分口粮以示庆贺。

"巴雅"舰的水兵舱里，饱餐美味的水兵们，随口唱起一首现编的歌：

他们是"巴雅"号上的水手，

鸭肝啊！

∧ 美术作品:《"驭远"(右侧)和"澄庆"(左侧)深夜里互相误击》。画面居中可以看到体量较小、身形隐蔽的法国杆雷艇。创作: 顾伟欣

把中国人都炸死了,

鹅油啊!

由咕当先生指挥……

嘿! 我们乘着"巴雅"号, 嘿!

他们一点也没把它洞穿,

"澄庆"号! "驭远"号!

愿上帝祝福你们! [5]

对于此战:

"查'驭远'船副队总李时珍首先逃走,即应严拿务获,一俟到案,即行正法。其'澄庆'管驾留闽尽先游击蒋超英、'驭远'管驾副将衔补用参将准补太湖右营都司金荣,临到危险不能保护本船,即拟发往军台,亦属咎有应得。惟因众寡不敌,意在救船救炮,情尚可原……" [6]

"镇海大捷"

"澄庆""驭远"沉没后，石浦港对法国舰队已经没有任何价值，封锁在石浦外海的法国军舰于2月16日中午就拔锚起航，全部离去。孤拔率领"巴雅""益士弼""警戒"仍然返回到闽江口的马祖锚地，"凯旋""梭尼""尼埃利"被命令驶往基隆，继续加入海峡封锁行动。

当"凯旋"等军舰抵达基隆港时，听闻石浦大捷而兴高采烈的利士比少将又向来自石浦的军舰通报了陆地上的大胜利，几乎就在远东舰队封锁台湾海峡的同时期，法国远征军在中越边境接连获得大胜。

1884年9月7日，法国政府新任命出生于加勒比海殖民地的陆军准将波里叶（Briere de L'Isle）出任驻顺化总监，主管越南军事行动。预先侦察到中国云南、广西军队分两路在越南境内集结推进，波里叶于10月兵分两路发起攻势，分别击败提督苏元春率领的广西军和记名提督方友升等率领的云南军，占领越北宣光、船头、郎甲等城市。1885年2月，法军准将尼格里（De

Negrier）取得了越北战场的重大胜利，13 日击溃苏元春部中国军队，占领重镇谅山。不久，法军又于 23 日攻占镇南关，虽然随后不久撤出，但三色旗竟然飘扬至中国境内，使得清廷大为震惊。

为了继续加大对清政府的压力，迫使重新恢复和谈，1885 年 2 月 26 日法国政府又赋予远东舰队一项特殊使命，宣布从即日起，稻米也视作战争禁运物资，任何国家的船只都不允许在中国沿海载运稻米，以此切断清政府的重要经济命脉——漕运。

禁运稻米令一经宣布，又使已经为越北兵败焦头烂额的清政府中枢大为震惊，当时上海的英文报纸《字林西报》曾对此评价："这个措施将对中国产生一个比轰击十几个基隆和福州更快、更有效的作用。粮食的禁运将导致动乱，北京也就会让步。"旋即，天津等地市面上的米价开始一路攀升。不仅如此，切断漕粮运输，对英、美、德等国都产生了直接的经济影响，清政府漕粮海运除使用轮船招商局的船只外，还有大量业务是委托外国在华轮船公司承运，如此一来使得这些船运公司业务大受损失。另外，中国是英国重要的粮食进口地，禁止中国粮食海运，对英国的粮食进口又产生了影响。上述诸国在向法国抗议无效的情况下，也转而向清政府施压。[7]

接获执行稻米禁运令的任务，孤拔于命令公布后又亲力亲为，率领舰队踏上航程，准备前往长江口搜寻运粮船只，仍然以"巴雅"为旗舰，"凯旋""梭尼""尼埃利"尾随出发。因为心中对檀头山岛遭遇中逃脱的 3 艘中国军舰念念不忘，从一些掌握的情报进行判断，孤拔认为这几艘军舰可能正躲在宁波的镇海港内，于是决定赴沪途中先折往宁波镇海侦察一番。2 月 28 日下午 7 时，法国军舰抵达浙江宁波镇海口外下锚，夜晚 10 时，孤拔命令舰队加强警戒，倘若发现可疑船只一律开炮攻击。

第二天上午 7 时 30 分，4 艘法国军舰离开昨晚停泊的临时锚地，驶向镇海口航道，观察港内的情况，孤拔的望远镜中赫然出现了南洋水师 3 艘军舰的踪影。

在檀头山洋面和法国军舰遭遇后，吴安康率领"开济"等3艘军舰亡命南下飞奔，有意思的是，逃了一阵后吴安康发现再往南走就是福建洋面，比起浙海更加危险，3舰中途又偷偷硬着头皮折返北上。

镇海位于宁波东南，是浙江省的重要门户通商口岸。中法战争期间，湘军水师出身的浙江提督欧阳利见受命督办镇海防务，宁绍台道薛福成充任海防营务处。镇海口入口处两岸有山，均修建有炮台工事，地势十分险要，浙江提督欧阳利见亲自率领达字、健字以及宁波练军驻守北岸，淮军记名提督杨岐珍率浙江巡抚抚标军队驻扎南岸，此外北岸招宝山一带修建有威远、定远、安远等炮台，南岸金鸡山一带修筑有靖远、镇远、天然、自然等炮台，炮台的守军统由镇海南北两岸炮台管带候补守备吴杰指挥。中法马江之战后，闽浙沿海警讯频传，浙江巡抚刘秉璋下令在炮台防御基础上，在江口用沉船构筑封锁线，只留下不到100米宽的一处航道以供出入，另在航道上密布48颗电发水雷作为防备万一。总体来看，镇海口的陆上机动守御兵力众多，海口防御相当严密，并不容易攻入。

宁镇营务处杜冠英是负责镇海防守工程的官员，2月14日凌晨他在睡梦中被警讯惊起，属下报告称有3艘军舰闯进了镇海港。大惊失色的杜冠英赶到海边，发现眼前竟然是南洋水师援台舰队的"开济""南琛""南瑞"3舰，对这几艘军舰"黑夜进口，并不关照我处"的做法杜冠英大为不满，更加让他恼火的是"开济"入港时胡乱下锚，竟拉断了2根海底电线，导致16枚守口水雷失去维系。[8]

南洋3舰的到来从一开始就让镇海守军十分反感，当天薛福成立即电报曾国荃，流露了这种反感的根源，薛福成担心南洋3舰来到镇海"恐致引敌"，会把法国军舰招引到镇海，破坏一方平安，要求曾国荃火速命令其离开。当得知石浦夜袭的消息后，薛福成再次郑重致电曾国荃，要求南洋军舰离开镇

∧ 从镇海招宝山上远眺镇海口。拍摄：陈悦

∧ 镇海口安远炮台遗迹。拍摄：陈悦

海。得到报告后，浙江巡抚刘秉璋对南洋水师军舰不请自来的行为也大为恼火，认为连累了浙江省，痛骂南洋援台军舰"乱跑真无法"。面对浙江官员的极力抗议排斥，曾国荃立刻电令吴安康率领 3 舰北返江阴。听闻浙江省抗议的清政府，也发出正式电谕要求南洋军舰北返。

相比起外海上可怕莫测的形势，无论是当地官员的冷言冷语，还是南洋大臣和清廷的电催，都显得不是那么重要了，3 艘南洋军舰竟如同就地扎根一般，牢牢赖在了镇海。经历了一次和法舰的遭遇，南洋 3 舰犹如吓破了胆，哪怕通报说外海并没有法国军舰行踪，也坚决不再出海。更有甚者，"开济"舰管带徐传隆和"南瑞"舰管带徐长顺都是镇海本地人，逃入镇海口后干脆上岸回家过年，援台舰队统领吴安康也搬入徐家居住，而 3 艘南洋舰上的水兵更大多是宁波、镇海籍贯，宁可待在老家，也不愿意到海上去冒险。[9]浙江提督欧阳利见急得没有办法，只好采用"危言悚惠"，计划吓走 3 舰。终于在 2 月 24 日，吴安康答应当天起锚出口返回南洋，镇海军民万目企盼到天黑，可南洋 3 舰根本没有任何行动。欧阳利见曾愤怒地致信属下，大倒苦水。"此三船自有统领，非我部属。弟每得一信，必送一阅，能尽一言，聊尽一心，究竟进止之权，操之自彼，我不能登彼之舰，斩缆拔碇，驱诸口外而强之使去也……突如其来，挥之不去，弟真无法以处此！"[10]"管驾如鼠畏猫，欲钻入墙洞，可耻！"[11]

2 月 26 日，在镇海官员的连日威逼利诱和催促恐吓下，南洋 3 舰终于于晚上 10 时出港，离开镇海。刚刚松了一口气，以为镇海就此不会遭到法军骚扰的欧阳利见等人怎样也不会想到，晚上 12 时这 3 艘军舰又偷偷回到了镇海港内，吴安康的理由是出海后，据相遇的一条商船称大赤山洋面有 6 艘法国军舰，所以要退回以求安全，"吴统领对探使云，适遇商船，称大旗山洋面有法船六只，故仍退回"[12]。而事实上，当时法国军舰完全在台湾海峡一线，浙江洋面根本没有法国军舰在活动。

赖在镇海港里怎么也不肯离去的南洋 3 舰，就这样错失了返回南洋的机会，在3月1日上午进入法国军舰的视野。行事沉稳的孤拔还是不愿贸然进攻，于中午转乘吃水浅的"尼埃利"号驶近镇海口，计划详细观察港内的布防情况后，再制定进攻方略。距镇海口1.5海里时，"尼埃利"依托一座小岛礁停泊下来，以便孤拔司令能够更好地了解局势。镇海口炮台布置、港口拦阻防材，以及防材之后的南洋水师援台军舰尽在眼底。

看到法国军舰真的出现了，镇海口内的气氛旋即变得紧张起来，在对惹祸上身的南洋3舰的怨恨声中，镇海军民紧急开始备战。身在宁波城里的营务处薛福成担心南洋水师3舰过于胆怯，急电南洋大臣曾国荃，要求立刻"电

∧《点石斋画报》刊登的新闻画：镇海口炮战

饬三轮同心守御"。因为港内除援台3舰外，还有因为运兵或者布防在此的南洋水师"元凯""超武"两艘军舰，薛福成担心南洋3舰如果在战事中发生退缩，可能会牵带"元凯""超武"。等不及曾国荃回电，薛福成又致电浙江巡抚刘秉璋，请其饬令援台舰队3名管带"如有再移进白家浦一步者，应并前罪严参，先行就地正法"。致电巡抚的同时，薛福成又通过电报向处在前线的提督欧阳利见等发出建议，要求炮台"宜装齐子药，对准彼船，俟其再近，百炮齐发"。

下午2时15分，镇海口传出隆隆炮声，守备吴杰指挥招宝山炮台群向"尼埃利"首先发起炮击，镇海之战就此打响。"尼埃利"入港时就已经被镇海炮台反复瞄准，镇海炮台射出的一颗炮弹虽然没有直接命中，但落在40米外的海中，也足以惊人。被炮弹破片打断了几根桅杆支索的"尼埃利"用左舷火炮还击，远处的3艘法国军舰也遥发大炮支援。炮击持续了不长一段时间，双方都没有什么战果，"尼埃利"显得无心恋战，在收回了测量水深的舢板后扬长而去，镇海之战就此结束。

在分析了当天的侦察结果后，孤拔认为镇海口航道狭窄，两岸炮台过多，在没有足够登陆兵力可用的情况下，只能单纯依靠军舰火力将其摧毁。但是经过测量，镇海口水深条件不行，拥有重炮的"巴雅"和"凯旋"至多能够驶到距炮台1800米左右，无法实施抵近炮击，而"尼埃利""梭尼"的炮火对镇海炮台又没有多少威慑力。此外，法军追击的目标——南洋水师3舰的停泊位置更为靠内，距离法国军舰能够到达的水域约有4500米，在如此大的距离上进行炮击的难度非常大，而且即使法舰摧毁了炮台和拦阻防材，一旦南洋水师军舰逃入宁波内河，吃水深的法舰就更只有望洋兴叹了。

权衡利弊后，孤拔做出果断决策，即对镇海口实施围而不打的策略。之所以要摧毁南洋水师援台军舰，因为派出援台的是南洋水师的全部主力，会对台湾海峡封锁行动以及法国补给船产生不小的威胁。现在既然不具备攻入

∧ 清代舆图：《镇海保卫战》。画面左侧可以看到躲在镇海口内的南洋水师军舰

镇海口的条件，不如将南洋水师军舰封锁在港里，让其无法对台湾海峡封锁计划产生任何威胁，如此，这些军舰就与被击沉了没什么区别。3月1日镇海之战后，法国远东舰队就调派军舰封锁住镇海。直到战争结束，南洋3舰也始终未敢出镇海口一步。

在法国远东舰队看来，镇海之战可谓平淡无奇，可是在清政府内，靠着各种吹嘘夸大之词和编造出来的故事，上下蒙骗，镇海之战竟然被描绘成了所谓的镇海大捷，在国内广为流传，乃至今天很多时候，关于中法战争的文章中还会沿用这种荒唐的观点。

3月1日战斗结束后，欧阳利见和薛福成上报各处，称当天法国军舰4艘前来进攻，镇海守军水陆合心，"齐力痛剿"，击穿了1艘法舰，"该船连中 5 炮，创甚败退"[13]。此后镇海口漫长的被封锁期，在守将们的汇报下变成了一幕可歌可泣的保卫战壮举。各类电报、奏稿中，有称击退入港偷袭的法国鱼雷艇，有称法国军队登陆被陆军英勇击退，甚至最后还创造出了击毙孤拔的盖世奇功。而镇海口事实上被法军封锁数月，南洋水师援台 3 舰事实上龟缩不出的真情，都被有选择地遗忘了。

迨十二月间，敌船突入浙境，往来游弋。正月十五以后，叠次猛攻镇海炮台，均经击退。仰仗天威，将士用命，勇气百倍，幸催强敌，而相持至两月之久。自统领以至弁勇，无不枕戈露宿，彻夜提防。迹其危险艰苦之状，实为从来军营所未有。

查（南洋）三船在镇海口，迭经法船往来冲突，显得甘心。经该统带已革记名总兵吴安康及管驾官等督率各船弁勇，扼守要隘，昼夜严防……法船迭次来犯，均经该三船轰炮击退，重伤敌船，相持数月之久，尚能士气百倍，始终不懈。

花翎尽先补用副将丁华容……屡冒奇险，击退鱼雷，功绩卓著。

管带"开济"轮船花翎尽先副将吴淞营参将徐传隆，每战当先，迭次获胜。

管带"南轮"船花翎记名总兵袁九皋，勇敢善战，奋不顾身。

管带"南瑞"轮船花翎副将衔尽先参将徐长顺，勇胆过人，屡催敌焰。[14]

"飞虎"转机

法军对台湾海峡实施封锁，拦截掠夺民船，给中国东南海运和渔业带来极大冲击，一大批货船、渔船被洗劫一空后焚毁，沿海居民怨声载道。不过在当时并不为人所知的是，封锁带来的阵痛中，竟萌发了中法和平的最终希望。

"飞虎"号巡船是中国海关从英国订购的一艘缉私舰，当时负责在东南沿海巡缉，打击海盗，为各处的灯塔运送补给。法军袭击基隆、淡水时，正在台湾给灯塔运输补给物资的"飞虎"遭"拉加利桑尼亚"盘查，随后法方

∧ 美术作品:《被法国海军扣留的中国海关"飞虎"号巡船》

认为"飞虎"有偷运军事物资的嫌疑而将其扣留。

得知这一消息后,中国海关总税务司赫德与远东舰队进行交涉,指责其破坏了英法间就中国海关灯塔供应船可以自由活动的协定,要求归还"飞虎"。远东舰队辩称自己只管执行封锁任务,无权处理这类外交事务,中国海关如果想要索回"飞虎",应该直接找法国政府。赫德随后就在 1885 年 1 月 7 日电报中国海关驻伦敦办事处主任金登干,指示其就近直接找法国政府交涉,"你立刻动身赴巴黎见茹费理,向他解释,并要求释放","你仍住大陆旅馆,告诉友人只说暂离伦敦一周,不要多说"[15]。旋即,赫德敏锐地觉察到办理"飞虎"交涉对于中法关系可能会是个重要的转机,决心展现一下自己在外交舞台上的影响力。第二天赶忙电报金登干补充训令:"如果灯塔供应船之事能使你与茹费理会晤,你应趁机利用,向他解释说,我主张和平,曾多方试图解决,我已劝导总理衙门说出中国的真实目的,接受英国的调停,并同意附加条款等等，我这样做，是为了谈判能以继续，希望最后成功。"[16]

风尘仆仆赶到巴黎后，金登干惊讶地发现法国政府对来自交战状态国家的使者，表现出的态度仍然非常友好。茹费理连续与金登干展开私下的秘密会议，夜幕下的巴黎，赫德自作主张挥举出的橄榄枝就这样传递给了法国人。

金登干在巴黎说服法国人的同时，赫德利用其在北京官场上的各种关系，尤其是和一些清流党重要人物的特殊关系，竭力说服清廷接受自己的谋划。时值台海封锁，东南沿海漕运被切断，在现实的威胁面前，清政府的态度悄悄向和谈方向转移。而茹费理从观音桥事变之前就想与中国签署和平条约，为之不惜以进攻马尾、台湾来逼迫清政府和谈，对来自中国政府的和谈建议已经等待了太长时间，赫德的居间在中法两国都显得异常顺利、一拍即合。中法秘密和谈通过中国海关管道，开始悄悄进行。

谈判中，清政府很快表示如果法国不附加条件的话，可以同意批准"李福天津简明条款"，由此中法和谈讨论的焦点实际主要落在了谈判实质内容之外的程序方面。经历了李福和谈等交涉挫折的茹费理，对通过间接途径与清政府交谈还是满腹狐疑，认为中国过往的表现太过反复无常，前脚签约，后脚又宣布合约废除，坚持称这次必须看到清政府以政府谕令的形式来表明态度才能放心。经过赫德从中积极斡旋，清政府最后发布谕令，宣布金登干的活动代表了清政府的官方态度，法国人这才放下心来。

秘密交涉进行到3月中旬，进展极快，金登干的努力获得很大成功。清政府同意批准李鸿章和福禄诺签署的简明条款，撤回在越南境内的中国军队，法国表示不在条款外另作要求，并约期解除台湾海峡封锁，终止两国的战争状态。3月22日，茹费理向金登干出示了一份准备下发给远东军队的命令，做出十分积极的示好表态。命令内容为，一旦中国颁布同意中法和谈内容的诏书，法国"所有陆上、海上、台湾及中国海岸之军事行动一概停止，东京法军指挥官奉令不得逾越边界。中国军队退回边界命令到达之时起，台湾与北海之封锁立即解除"，"详细条约签署并经诏旨认可后，向中国北方运输米谷的封锁立即解除"。"为使云南、广西中国军队尽快得到撤军命令，法国政府应给予一切便利使这项命令从东京转道传递。"

和平的曙光终于开始升上天际，然而一场暴雨又突如其来。

就在茹费理做出积极表态的第二天，3月23日越南前线发生了之后令法国举国震惊的事情。

1885年2月，法军准将尼格里一度率军攻入镇南关，因为法国政府不想将战事扩大到中法全面开战的程度，旋即又退出中国。[17]法军从镇南关撤走后，帮办广西军务冯子材、右江镇总兵王孝祺等部数万人即进驻镇南关一带，积极设防，严防法军再度侵入中国。看到中国方面军队人数不断增加，而且修筑了大量工事，尼格里决定先发制人，越境再重创一次中国军队，以消除其对越南北部的威胁。

23日黎明，拥有率部击溃中国军队经历的尼格里显得心骄气傲，仅率领2137人就向中国军队重兵设防的镇南关发起攻击，结果战事果不其然陷入胶着状态。24日战局重开，镇南关一带预设的工事要塞，以及当地突发的大雾，令法军的作战处境更为不利。加之法军后方补给告急，尼格里被迫下令放弃这次战斗行动后撤，此战法军阵亡达74人，中国称之为"镇南关大捷"。难能可贵的是，击退法军进攻后，冯子材等清军将领显现出了高度的积极性，立刻率军尾随追击。3月28日，清军追至谅山，由于尼

∧ 法国陆军准将尼格里

∧ 美术作品:《法军炮轰镇南关》

格里在战斗中中弹，指挥权交给了一名没有越南战争经验的军官赫本哲，面对数万中国军队的围攻，赫本哲举止失措，下令撤离谅山，由此导致法国军队在越南北部的战略布局严重受损。[18]

3月26日，法国军队在越北失利的零星消息传回法国，虽然还未了解事件的全貌，但对茹费理内阁早已有微词的反对党终于等到了他们的机会。国会议员对于此事议论纷纷，反对党议员戈拉奈要求国会就越南问题进行公开辩论。28 日，针对戈拉奈的不信任质询，法国众议院召开辩论会，茹费理做长篇演讲："遥远地区之事业与更近吾国之军事行动不同，吾人不应以一时之印象、易变之情绪、匆骤之判断以衡量此项事业，此项事业有意外与暂时失利，但吾人不应因此丧失冷静、坚定与毅力。"最后在鼓掌声中，茹费理获得众议院 259 对 209 票的微弱优势，侥幸度过了众院的信任危机。

29 日，谅山弃守的电报到达巴黎，刚刚平息的法国国内政局顿时再掀狂澜。30 日，作为茹费理内阁坚定支持者的共和国联盟、左翼共和派两大政治派系派出代表，要求茹费理以辞职来担负此事的责任。继之，茹费理在众议院要求通过一项 200 亿法郎的军费预算，遭到反对党人群起而抨击，但与今天很多中国人的理解有所不同的是，反对党的抨击实际仅仅针对茹费理内阁本身，"众议院决心以一切牺牲维护国家荣誉之完整，但谴责所犯错误"。最终，预算案以 149 票对 306 票告败，茹费理当即离席，内阁各部部长也跟随其后，集体前往总统府递交辞呈，一些反对党议员则尾随其后高呼口号"打倒、打倒"，茹费理内阁就此解体。[19]

因为媒体对谅山战役的失败做了过分夸张的渲染，受其引导，巴黎民众群情激愤，众议员开会时会场之外已经聚集了数万巴黎市民，到处都是"打倒茹费理"，"推茹费理下水"，"打死东京人"的狂躁口号。[20]

从众议院的侧门悄悄而出，仰首望了望巴黎的天空，茹费理一脸悲哀。

在我们四周有人会这样说："不应采取这种方式的行动，倒不如干脆派遣二到三万人到那儿，必要的时候对中国说：'你得承认我们在北圻的胜利，否则我们对你宣战。'诸位先生们，我们不采取这种政策，我们是属于忍耐和冷静派……我们以耐心和冷静武装自己，我们以最大的谨慎来做这件伟大的事情，随着时间的消逝，就某种方面而言，我们是为未来的后代，为我们的子子孙孙工作，我们是会计师，做的是家庭好父亲放款生息，遗泽子孙的工作。"

茹费理

澎湖陷落

按照观音桥事件的经验，哪怕外交和谈已经完成了全部的工作，甚至签字画押，突然到来的一次战斗波折，也有可能会立即撕破和约。然而这次的情况却大出意外，遇挫的法国没有扬言毁约报复，获胜的中国也没有要直捣黄龙，原因就在于谅山事变实际在中法战争中并没有今日宣传的那般重要，而且法国人的挫败和中国人的胜利，还被孤拔在台湾外海的一次行动大大抵消了。

澎湖列岛是位于台湾岛西部的一连串岛屿的统称，这些岛屿刚好散布在台湾海峡中，战略价值极大，诸多岛屿中，又以一座面积最大的主岛最为重要。主岛上自古建有祭祀妈祖的天后宫，称为"妈宫岛"，现代被讹称为马公岛。妈宫岛的地形极为特别，本岛俯瞰近似一个朝向东侧的凹型，凹处是一个天然的避风港湾妈宫湾，妈宫岛的行政和居民中心都在妈宫湾的北岸。妈宫湾之外，还有一个更大的海湾。妈宫岛东侧横亘着一座渔翁岛，北侧横亘有白

∨ 美术作品：《澎湖妈宫城》

沙岛，三岛环绕中又形成一个天然港湾澎湖湾。总体上形成了海湾口朝南的大澎湖湾里套着海湾口朝西的小妈宫湾的格局。因为妈宫岛的行政居民中心都在妈宫湾北岸的妈祖庙一带，妈宫湾则是妈宫防御的重点。中法战争时，妈宫湾入口南岸修建有蛇头山炮台（又称荷兰炮台、红毛炮台），装备230毫米和140毫米口径要塞炮各1门，北岸修建有金龟头炮台（装备230毫米、140毫米口径炮各1门，100毫米口径炮3门）、穿窖炮台、测天岛炮台。妈宫湾入口的一处岛礁上还修建了四角屿炮台。驻守在这些炮台上的，是澎湖副将周善初统率的绥靖、德义等番号的4营步兵和1营旧式水师，约2500名士兵。

法国远东舰队对台湾海峡实施封锁后，澎湖群岛就陷入孤悬海中的境地，形势显得岌岌可危，孤拔立刻盯上了这处战略要地。无论是攻占基隆还是封锁淡水，法军的主要目的除了夺取质物，逼清政府和谈外，同时还有为远东舰队寻找一处基地的考虑。但是自占领基隆开始，当地严苛的自然条件和季候，使法军因热带疾病大量减员，而周边中国军民不断而来的扰袭，也使法

∨ 法国 Bourayne 级三等巡洋舰，排水量1330吨，装备160毫米口径炮1门、140毫米口径炮5至6门。参加攻打澎湖的法国军舰"迪沙佛"就属于这级

军困扰不已。同时，法军选中基隆进攻，为的是能从基隆煤矿就近获得燃煤补给，然而真正占领后才发现基隆煤矿开采出的煤块并不能直接使用，需要经过机器提炼，可是中国军队撤离基隆前已经破坏了机器设备，这意味着法国人如果想要使用基隆的煤矿资源，必须在基隆重建整套采煤工业。

权衡之后，孤拔遂定下夺取台湾海峡中的妈宫岛，以澎湖湾为远东舰队基地的计划，如果不考虑煤矿资源，相比起基隆来，孤悬海中的澎湖列岛要比基隆防御起来更为简单。

3月28日，即越南法军从谅山撤逃的同一天，孤拔率领装甲巡洋舰"巴雅""凯旋"，三等巡洋舰"迪沙佛"（Duchaffaut），炮舰"德斯丹""蝮蛇"，护送载有700余登陆队的运输舰"安南人"开往澎湖。

29日清晨，除"蝮蛇"因为航行途中迷途掉队外，其他法舰均到达澎湖湾外。按照孤拔事前的部署，上午7时"巴雅""凯旋""迪沙佛"3舰以纵队队形直接闯入澎湖湾，意图以这些或拥有重甲，或火炮口径较大的军舰，来炮击摧毁妈宫岛炮台。看到有法国军舰擅自入港，指挥妈宫岛入口南岸炮台的营官梁璟夫等当即下令开火，受其号召，很快妈宫岛各炮台纷纷开火射击。孤拔则亲自指挥"巴雅"等军舰还击，交火中法军的240毫米重炮显露出压倒性的火力优势，直接摧毁了北岸穹窖炮台的一门火炮，法军各舰的机关炮火也对都是露天炮台形式的妈宫炮台产生了很大的威胁。交火到7时30分，中国炮台的炮火就渐渐被压制，测天岛炮台已经没有了声音。8时，蛇头山等炮台也被击溃，守军纷纷奔逃。此后的战斗，简直成了法军的打靶训练，"巴雅"等舰继续对没有了人的炮台开火加以摧毁。吃过午饭后，"德斯丹"和于上午9时循着炮声方向终于归队的"蝮蛇"也加入战群，对妈宫岛对面的渔翁岛进行炮击。

看到澎湖的炮台已经被摧毁殆尽，中午12时30分孤拔下令登陆队开始进行准备。由于妈宫岛沿岸大都是断崖地带，登陆场被迫选择在妈宫岛北部外侧的圆顶湾，登陆队从此登陆后还需要经过一段路途不短的陆上行军才能到达妈宫岛的核心位置——妈宫。下午 4 时，法军登陆队全部转乘到舢板中，立刻开始划向圆顶湾，于 5 时成功登陆，就地设立营帐露宿。

第二天上午 8 时 15 分，法军登陆队从圆顶湾宿营地出发，向妈宫方向搜

∧ 法军攻进妈宫城

索前进，炮舰"德斯丹""益士弼"则从妈宫岛的外侧贴近岛屿跟随前进，以便必要时提供火力支援。走出后不久，法军与陈得胜管带的绥靖军副中营遭遇，短暂交火后清军溃散。此后法军登陆队再也没有遇到阻拦，行进至下午4时转入宿营。

31日清晨，孤拔加派舢板行营炮队在登陆队宿营地附近位置登陆会合，8时30分继续向妈宫方向前进。澎湖守将周善初率领德义军中营、后营，绥靖军后营等部发起了一次总攻，由于火力不敌而最后溃败，纷纷乘帆

∧ 孤拔在法军登陆队簇拥下登上妈宫岛，他怎样也不会想到，这里是他生命的终点

船逃离澎湖，当天傍晚5时15分法军登陆队到达妈宫港，在天后宫前升起三色旗，澎湖陷落。此战法军阵亡5人，清军阵亡400余人。澎湖之战，成为中法战争期间海上战场的最后一次大规模作战。

孤拔之死

受孤拔无心插柳的攻占澎湖行动影响，谅山战事没有对已经指日可待的中法和谈产生任何影响。清政府对茹费理下发给远东军队的预备指示表示满意，同意先签署停战协议，并通过赫德催促法方也尽快签字。"总理衙门深恐谅山胜利迫使朝廷听从不负责任之主战派，故亟愿速获解决，一周之拖延可使吾等三个月来耐心而持续之努力归于失败。"胜利就在眼前之际，茹费理也分外谨慎，深恐自己辞职后接任的内阁别生枝节，影响中法政策，这位看守内阁总理于4月4日清早召集已经辞职的各部部长到外交部商讨，达成立即签约的一致

意见后，由外交部政务司首席司长毕乐负责直接向法国总统请求授权。

1885年4月4日午后是近代中法关系史上的一个重要时刻，毕乐代表法国，金登干代表中国，在中法停战议定书上正式签字。[21]4月7日，清政府颁发上谕："法人现来请和，于津约外，别无要求，业经允其所请，约定越南宣光以东三月初一日停战……台湾定于三月初一日停战，法国即开各处封口。"[22]

因为对条约理解的不同，中法两国主战派的掣肘，外交沟通的滞碍，白白耽误了近一年后，中法两国又重新回到了1884年5月11日李鸿章与福禄诺在天津签署的不赔款、不割地的中法简明条款上，由法国业余外交官福禄诺签约不慎酿成的中法冲突，最后由中国方面的业余外交官赫德、金登干圆满解决了。然而在这近一年的时间里，中国承受了太多本来完全可以不发生的损失。

由于清廷谕旨传递的延误，法方直到4月13日才知悉清政府已经批准和约，而在此前远东舰队又在台湾海峡拦截了一艘西方轮船，俘虏了船上乘载的700余名清军。

4月14日，孤拔在澎湖湾接到了利士比转发的中法停战电报，第二天即下令解除对台湾海峡的封锁。6月3日中国海关巡船"飞虎"号被放还。与此同时，尽管彭玉麟、张之洞等主战派官员纷纷上奏表示反对中法议和，越南境内的中国军队还是在清政府的严令下开始分批撤回国内，三心二意的属国越南就此沦为法国控制。原本因在中国境内被官军痛剿而没有出路的黑旗军，借此全部归国，"此时一般将士，个个欢欣，人人喜乐，皆相谓得回祖国，光宗耀祖，亲友交游，重相见面"[23]。而一些不知时局的清流文人，则正在编造"中国不败而败、法国不胜而胜"的夸张言词，以发泄自己的愤懑情绪。

6月9日，中法和约的正式文本《中法和平友好贸易条约》在天津由李鸿章与法国特使巴德诺签署，签约完成后，巴德诺致辞："此条约结束中法纠纷，并使其迅速遗忘，同时增进两国接触以加强并发展双方共同利益。"

李鸿章答词："中国谚语云，友谊之光辉有如阳光，以之形容两大国间之关系甚为恰当。中国所希望者为各国之福祉与利益，中法两国今后友谊之强固有如夜雾消逝后之旭日。"[24]

同一天，在战争中为法国立下累累奇功，被视为法国民族英雄的孤拔就在可以荣誉凯旋的时刻，陷入了弥留。根据法方档案，早在4月孤拔就沾染上了严重的热带疾病赤痢，紧接着又出现了高度的贫血症状，当时经过百方设法而治愈，但此时突然复发。6月10日，孤拔已经瘦削地脱了形，声音极度微弱。到了11日病情急剧加重，当天下午6时30分在旗舰"巴雅"的官

∧ 《点石斋画报》刊载的新闻画：《中法和平友好贸易条约》缔约

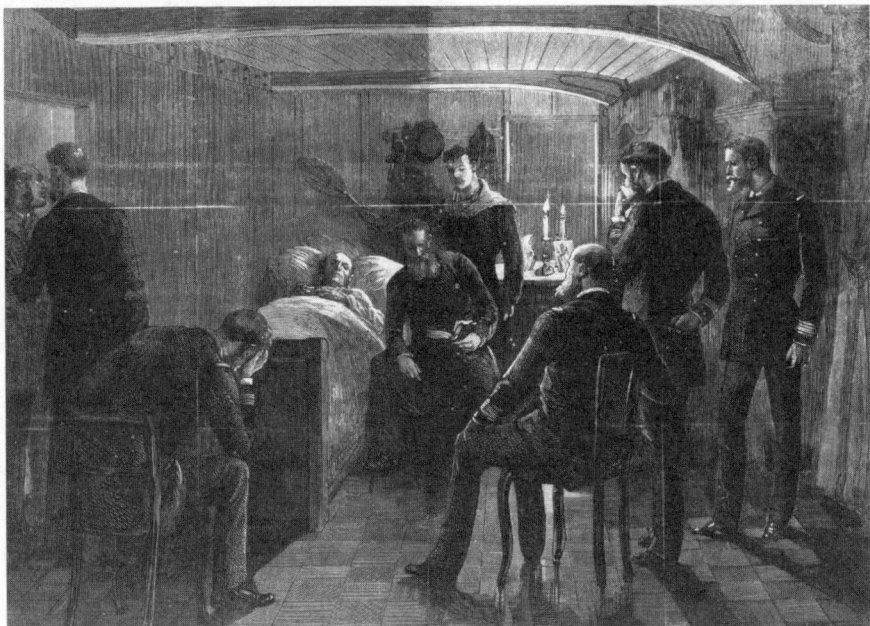

∧ 孤拔的弥留时刻

∧ 法军在澎湖妈宫举行弥撒悼念孤拔

舱内停止了呼吸。此后，远东舰队于 12 日在停泊澎湖的"巴雅"上举行弥撒悼念孤拔，并竖立碑石以作纪念，在悼念会上，利士兵致辞"那些认识他、喜欢他的人都知其一生是军中美德的典范"[25]。

当时"凯旋"舰上一位文笔颇佳的法国军官记录下了孤拔去世时远东舰队内的情景：

"他在我们眼中是荣誉、勇敢、牺牲、祖国等这类古老而崇高言词的化身……提督具有既严肃，但又受爱戴的双重特质。因为他对别人正如对他自己一样，是一名冷酷而又执拗的首长，除了对已死的人，他从不让任何人看到他内在的恻隐之心和眼泪。他一方面绝不容许部下对他的命令有所争辩，另一方面却又非常彬彬有礼。他以特有的简单而不可抗拒的方式发令：'您懂得我的意思了吗，朋友？嗯，好……去吧。'说完，另加上一个招呼，一个握手，于是属下便领命而去——不论什么险地，即使只带极少的士兵，都怀抱信心去执行。因为计划是提督拟订的，部下从不怀疑其可行性，即使是又困难又危险的任务。此地数千名将士，每个人都将自己的生命交托在这位首长手中，无怨无悔地信任他、服从他。"

"啊！福尔摩沙岛！谁敢述说那里悲壮的战事呢？谁敢记录战死当地的殉国者长长的名单呢？他们死于各种苦痛、暴风雨、严寒、酷热、赤痢、热病，然而却毫无怨言。在敌人的枪林弹雨下，刚熬过一场战争，精疲力竭地回来，衣服早被基隆永远落个不停的雨水淋透了，然而提督再一声令下，士兵又毫不迟疑地挺身而起，开赴前线，直到战死沙场——而且是为了法国国内政客这一种没有收获的动机。"

……

"本日上午九点，远东舰队所有军舰开出小艇，载着舰长和幕僚人员到'巴雅'旗舰，参加一项追悼孤拔提督的私人弥撒。这些人绝不像普通的吊丧者，没有矫饰的脸孔，没有嗡嗡的耳语。即使彼此是多年不见的军校同窗，也只不过互相轻握手致意。"

"继军官之后,水兵接踵而来,悄无声息地哀悼,脸上挂着茫然若失的神情。"

"在一片深沉凝肃的气氛下,主祭神父低声念完弥撒,之后大家绕行祭坛一周,向提督致最后的敬意。没有排场、没有音乐,只有一群泪流满面,低头不语的部署慢慢地、静悄悄地走过……"

"做完弥撒,'巴雅'的大炮立即以低沉的炮声致上最终的敬礼,随后利士比少将用简短的话向我们逝去的首长道别,他致辞时带着痛苦的战栗和几乎忍不住哭出声的神情,使得我们都泪流满襟,即或强忍的最后也不禁哭出声来……"

"我从不曾见过持枪的水兵哭泣,但是此刻所有仪仗队的水兵都在静静地流泪。"

"这间小小的礼拜堂非常朴素,当提督的遗体运回祖国时,毫无疑问,国人会举行一个比这里,比在谪居的澎湖湾辉煌万丈的丧仪。可是,有什么能比此刻将士们发自内心的眼泪更美的东西呢?"

——皮埃尔·洛蒂(法国文豪,《冰岛渔夫》作者)1885年6月12日于"凯旋"号。[26]

7月29日,法国宣布解散远东舰队,这支伴随着孤拔一起来到和逝去的舰队成为法国海军史上一个特殊的例子。

1885年8月25日,"巴雅"舰顶着酷暑越过半个地球,缓缓驶入法国土伦军港,航行中"巴雅"桅杆上的横桁全部呈特殊的交叉斜放姿态,以示发生了重大丧事。被香料包裹的孤拔遗体放置在三重棺内,旗舰带他回到了法国。26日,在万人簇拥下,孤拔的灵柩被移上陆地,并于28日在巴黎举行盛大的国葬仪式。此后,遵照他生前的遗愿,遗体被送回了故乡安葬。

作为这场战争的后话,1885年9月5日,生前极力促成对法主战的督办

∧ "巴雅" 在拖轮引导下到达法国土伦

∧ 丧仪状态的 "巴雅"，将横桁交错斜放是一种标准的海军礼节，表示重大丧仪。照片摄于 "巴雅" 运送孤拔灵柩回国期间，尽管尸体用香料做了防腐处理，但是夏季持续数月之久的海上航行仍令人不能放心，从照片中就可以看到 "巴雅" 的桅杆上都临时吊装了漏斗形的帆布风筒，以增强舱内通风

∧ 停放在 "巴雅" 舰内的孤拔灵柩

∧ 竖立在孤拔家乡的纪念塑像

〈 法国政府为孤拔举行国葬仪式的现场。因为此时中法战争已经结束，中国外交使节可能也出席了这次葬仪，图中可以看到在教堂顶部悬挂的各国国旗中有一面中国的龙旗

福建海防事务的左宗棠在福州因消化不良去世，临终遗疏：

"方今西域初安，东洋思逞，欧洲各国环视眈眈。若不并力补牢，先期求艾，再有衅隙，愈弱愈甚，振奋愈难……臣尤愿皇上益勤典学，无急万机，日近正人，光纳谠论，移不急之费以充军实，节有用之财以济时艰，上下一心，实事求是，臣虽死之日，犹生之年。喘息啼泪，谨口授折，缕缕上陈，伏乞皇太后、皇上圣鉴。"

此时，北洋大臣李鸿章正在与驻英、德公使交涉，寻购新式巡洋舰，以加强中法战争中暴露出来的海防薄弱问题。

曾为李鸿章建设北洋海防谋划战略的前督办福建海防事务大臣张佩纶，因为马江之败获罪，正在口外的充军发配之地，细细体味李鸿章对他的惋惜和责备："此次声名之裂，鄙所痛惜……公会办实系贬谪，只合浮湛，乃如此勇于任事，又任必不可任之事。为中外众射之的，能毋痛惜耶？天下知公者无如鄙人，惟知之深故责之备。"

黑旗军统领刘永福受主战派举荐署理碣石镇总兵，在北京接受完光绪召见，四散送银感谢完各清流大员保举后，正在上海盘桓。

"上谕：'现在和局虽定，海防不可稍弛，亟应切实筹办善后，为久远可恃之计。自海上有事以来，法国恃其船坚炮利，横行无忌，我之筹划备御，以尝开设船厂，创立水师，而造船不坚，制器不备，选将不精，筹费不广。当此事定之时，自以大治水师为主。'"

注释:

1.《曾国荃全集 4》，岳麓书社 2006 年版，第 525 页，第 527 页。

2. 中国近代史资料丛刊《中法战争 3》，新知识出版社 1955 年版，第 577 页。《孤拔元帅的小水手》，（台湾）"中央研究院"台湾史研究所筹备处 2004 年版，第 83 页。

3. 中国近代史资料丛刊《中法战争 3》，新知识出版社 1955 年版，第 578 页。

4. 同上，第 580 页。

5.《孤拔元帅的小水手》，（台湾）"中央研究院"台湾史研究所筹备处 2004 年版，第 93—94 页。

6.《曾国荃全集 2》，岳麓书社 2006 年版，第 311 页。

7. 龙章：《越南与中法战争》，台湾商务印书馆 1996 年版，第 308—310 页。

8.《中法战争镇海之役史料》，光明日报出版社 1988 年版，第 226—227 页。

9. 同上，第 232 页。

10. 同上，第 237 页。

11. 同上，第 235 页。

12. 同上，第 238 页。

13. 同上，第 256 页。

14. 同上，第 385 页。

15.《海关密档 8》，中华书局 1995 年版，第 375 页。

16. 同上，第 376 页。

17. 龙章：《越南与中法战争》，台湾商务印书馆 1996 年版，第 334—335 页。

18. 同上，第 336—339 页。

19. 同上，第 343 页。

20. 同上，第 344 页。

21.《帝国主义与中国海关》第四编"中国海关与中法战争"，科学出版社 1957 年版，第 196 页。

22. 中国近代史资料丛刊《中法战争 6》，新知识出版社 1955 年版，第 382 页。

23.《刘永福历史草》，《钦州文史》第 4 辑，第 238 页。

24. 龙章：《越南与中法战争》，台湾商务印书馆 1996 年版，第 369 页。

25.《孤拔元帅的小水手》，（台湾）"中央研究院"台湾史研究所筹备处 2004 年版，第 136 页。

26.《清法战争台湾外记》，（台湾）台湾书房 2007 年版，第 176—178 页。

马江之战
殉国烈士名录

附录一

———○ "扬武"巡洋舰 ○———

副管驾：梁梓芳

二副：林鹏

三管轮：庞廷桢

正管队：郑葆辰

副管队：郭玉麟

管炮正头目：张涌泉

水手正头目：余怀

水手副头目：杨保

管水缸：林奇山

管水汽表：陈仁图

号手：吴进福

鼓手：黄扶

舵工：邱济、陈裘、陈三、陈承、欧模、孟长雅

水手：洪来、林鼎、林俦、朱必、洪集、吴聘、陈胜、林金钊、翁从、黄化、李灿、林实、林魁、黄安、庞翰、吴百达、郭灶、何洪宽、林长安、邱永丰、徐发、洪同、张举、何汉、张绍文、冯福平、李秩祥、林保升、余明、余振升、陈叶、张兴泉、杨泉、梁新

炮勇：周世源、张祝、谢恒升

水勇：林阿松、严连登、张禄、林鸿标、杨淡、孙梅、陈白、杨喜、唐瑞标、孙世长、孙双、张忠、候平安、林金才、陈进隆、蔡德雄、任世德、杨平、陈捷西、陈占魁、梁亨承、林一枝、陈庆标、王孙兴、陈济惠、张量、林天豹、邵金利、严其韬、任得福、林登深、刘其济、林金同、林长有、卞有顺、王天金

升火：黄水、区荣业、周玖、陈得贵、张森、陆逸、严良喜

报效勇丁：严良善

厨夫：周理、周细弟

跟丁：林泉泉

练生：杨兆楠、薛有福、黄季良、杨绍广

"济安"炮舰

医生：吴进阶

管炮：梁琛

管水汽表：李顺生

管油：周玉书

号手：周凤翔

鼓手：杨豹

舵工：陈全、周容根

水手：魏成灿、孟长振、陈春淦、许坚、王贞、陈朝、冯福培、庄顺、李炳、梁基、何显、萧正、黄世、卓庆、黄就、吴立、何世弟、李礼、张洪、吴哨

炮勇：陈九如、严允、沈砵、陈蒂、黄菜、陈章、李日、李浦、李恩、吴波、薛游、刘大、吴玉、黄鸟、梁祖同、陈床、林堆、黄别、吴永华、郑有、许兴、陈云章、刘清、欧文彬、梁同、梁安、陈关明、何国华、卢三娘、龚秉衡、黄生、文福庆、林有、郭彬、麦祈、江朝志、冯明清、林安、林平、江福

升火：杨松柏

厨夫：吴清

"福星"炮舰

管驾：陈英

二副：张春

三副：王涟

副管轮：陈士秀

三管轮：陈常筹

管水汽表：彭容富

水手头目：黄良庆

号手：林榆、吴安南

鼓手： 林呈光

舵工： 杨国安、翁有华、张如委

水手： 欧发贵、黄章、欧合美、欧合明、阮猷睦、王大发、郑在旺、陈用恭、郑金球、翁合渐、江论冬、连贵、张天才、杨连年、吴玉安、龚寿、林福成、王得标、卜蓝鱼

炮勇： 郑枝元、苏玉、王春旺、陈孝弟、吴学成、郑永太、任 朗、任国礼、王木霖、张天福、林升发、郭升杨、张新月、林邦玉、王仁齐、郑金略、董阿标、李德、高天瑞、邓制诚、刘绩、王天良、高定机、杨绍年

升火： 李泉、任利发、董连升、唐忠、林得才、裘得胜、严仪侯、陈常利、林宝

厨夫： 王利用、任细弟、郑依妹

理发匠： 陈嫩弟

───────────○ **"振威"炮舰** ○───────────

管驾： 许寿山

大副： 梁祖勋

二副： 邝咏钟

三副： 邱芳泉

正管轮： 林维三

管油： 陈兆新

管水汽表： 郭子廉

鼓手： 林春涛

舵工： 郑仁律、杨合平、卜兰如

水手： 张天禄、张得利、李波、江一鹏、欧天寿、欧万美、林良得、吴得胜、陈钟祺、卢高标、林成禹、洪益瑞、侯钟淇、萨福星、张吉景、欧一鉴

炮勇： 林有福、钱以通、严文法、陈恒祥、梁其扬、郑济通、林以宝、吴瑞发、杨国兴、潘其英、许定胜、任胜标、欧绥智

水勇： 林红其、林木、潘声庸、曾 伍、张玉成、王春钿、任如仁、林云悌、陈阿太

升火： 陈汝安、倪一顺、黄胜友、林睦发、林春兴

木匠： 陈以扬

◦ "福胜"蚊子船 ◦

"福胜""建胜"督带： 吕翰

管驾： 叶琛

大副： 翁守恭

正管轮： 任三穆

副管轮： 戴庆涛

水手头目： 杨昌胜

升火头目： 任阿焕

舵工： 林玉胪

水手： 陈双喜、林振新、郑兴、唐顺金、林景、王才利、郑福、薛心思、任成材、任秋、任玉龙、陈胜基、郑家和

升火： 曾文辉、王竹卿、叶志麟、陈慎水、陈心良

◦ "建胜"蚊子船 ◦

管驾： 林森林

大副： 丁兆中

正管轮： 陆崇业

副管轮： 郑守三

管炮： 江鸿珍

升火头目： 郑德春

舵工： 翁长吉

水手： 林天才、戴本道、刘锦江、郑凤岐、吴得胜、杨细弟、江大任、郑桂芳、郑庄、江大训、陈煊、陈宽、王庆兰、陈恺、陈锦章、王利夏、姚锡桢、张宝升、张微、陈木金、任阿题、林清音、郑昱

升火： 陈家铨、邓捷光、邓建祥、任国柱、陈坤和、李绍芬

厨夫： 张细弟、郑国凤

跟丁： 陈喜、张升

理发匠： 陈春荣

学习管轮学生： 陈锦超

"飞云"炮舰

督带： 高腾云

大副： 谢润德

正管轮： 潘锡基

三管轮： 马应波

水手头目： 刘就

管水汽表： 吴介

水手： 林元、林贵、叶前、叶东、许贤、刘谟、刘添福、翁金培、洪霄、许楚元

炮勇： 许回清、仪来焱、林崇勋、黄安、林养、许福水、洗珠、周池、周因、傅益宗、余荣标、刘赞廷、冯焕、姚得华、翁得升、薛细弟、吴其清、黄更新、薛道灼、邹得胜

升火： 林胜发、黄福胜、庚根、梁功珪、蔡和辉、裘得胜、廖鸿春、梁松

差丁： 何航、林容

"永保"运输舰

舵工： 林裕

水手： 叶达、林亦水、林鲁、江亦辉、萧旺英

"伏波"炮舰

舵工：纪牙

"琛航"运输舰

黄祖培、黄金满、薛诗群、卢金、王天申、杨天赐、严贞祥、郭胜喜、蔡柏、薛干、霍义、陈昌、姜细胜、林生、陈源、郑吉、黄得标、徐春华、徐官寿、李晓、卢锦标、万先卑、陈容华、陆事福、郑合、陈斌贵、程敏修、陈贵、蔡忠、吴德彪、吴德康、蔡性芬、萧子尽、李光华、卢孔炽、容通、容郁满、刘大地、林升、涂俊廷、沈殿祥、陈元、吴义、刘爽、庄金獭、陈和畅、陈瑚、林月镇、邱见、邱年、吴满、陈坤、陈道、林振忠、林宾、许有魁、蔡懿珠、蔡亮、何以金、林月明、张国勋、冯来、卢好、洪养、李华、张容九、郭四、王改、林金胜、蔡得耀、郭细汉、郭连登、庄宝庆、卢城、高天顺、潘贤郎

霆庆前营

凌万意、萧得云、洪得胜、黎 七、王文保、黄 柏、陈 标、金 水、陈 忠、王 胜、陈为珠、郭连进、朱元臣、陈 芳、龚保湖、陈 芳、李 五、张 吉

四号师船

张沾晃、张福喜、蔡东发、应起顺、何兴、梁得胜、黄成、黄灿、庄滩、郑冠英、林技、杨乐、郭禧、何光淋、庄有得

平海右营一、二号师船

雷殿球、布聚、赵细、林依孙、谭九、郑卓芬、邓澜胜、陈成贵、何东、林允长、吴大标、余福

三号师船

古蓝芬、吴龙标、徐顺彪、陈昭、陈长留、郑远、林宝富、黄春发、吴进

平海左营一号师船

管驾: 蔡接

炮手: 蔡五埙、张林、殷明恒

司事: 林荣光

平海左营二号师船

司事: 胡定魁

平海左营三号师船

管驾: 蔡福安

平海左营四号师船

管驾： 张启

司事： 倪竹虚

闽四师船

管驾： 陈猛

闽安左右营师船

魏胜标、林昌松、田永隆、江升铨、郑成标、施朝顺

得胜一号船

林春升、陈再成

福靖老、新后营

老后营差弁： 胡式翼

戴汉超、李云海、罗桂生、张维贵、张大德、郭胜春、余金元、陈宝堂、姚爱之、陈海棠、严贞祥、姚玉田、陈俊才、欧鹏飞、李海楼、李俊云、魏得清、刘得朝、谢福华

全福右营

林得亮、段少仪、江启厚，戴伟齐、戴进思、莫维汉、莫廷晋、张成

督水营捷字师船

水勇： 刘拱星、王景福、方龙光、林观德、陈乌枣

宁字三号

总头目： 郑景涛

队长： 黄得才、黄有福

队目： 王益年

勇丁： 陈清胜、朱江连、朱桂元、黄声木、朱火品、朱本标、李汉被、陈惠、陈金芦、游泳桂、陈永清、林金龙、郑宝国、邵雄武、陈新正、陈增福、吴康、吴则发、林道巧、陈成芬、陈同木、何如珍、黄仁春、赵炳天、陈宝泰、五先达、郑玉贵、李邵先、徐锦泰、吴福荣、吴宝蓉、范文炳、黄自申、程锦祥、郑身标、王天成、谢飞彪、王有金、黄有才、王金谭、陈文连、蔡得标、李得中、陈用兵、郑枚春、黄青标、朱联标、王玉熙、陈有贵、陈得胜、陈金金、江犬犬

镇海左右营

勇丁： 林祥经、林弟、陈备、黄连升、李宝春、王德春、郑得升、郑连升、吴天喜、朱佶、柳信春、陈春福、刘春弟、许子春、李春发、黄永泉、潘福、林明包、蔡升、蔡炽、蔡子、

王銮、朱合义、赵栋、李阿桂、曾抛、刘四、柯玉成、杨进、林捷为、朱科、朱兆准、李升、张正旺、李传彩、赵只海、林化、王金、林天送、李子兴、黄身标、王发兴、游木龙、赖得川、郑高升、郑凤章、王海元、朱嫩面、王吉水、林开春、程福星、李得春、林大高、杜奇、严中、任得、卢得泰、伍何忠、曾玉琳、郑福标、吴玉蓉、陈国寿、张大有、何春、何宇、陈春贵、郭海、谢金松、吴皆标、王末泉、李金标、李连高、连得升、李凌云、蔡长琴、丁兴旺、蒋仁利

镇海水师营

谢朝福、王得升、叶大标、杨保年、林金鉴、吴学龄、潘魁

镇海右营渔船

管驾：李来生

潮普营

许尚、杨顺、杨山、萧甲、陈进、李立、余启、赖发、方信福

潮水军

勇丁：王福、陈松、蔡兴、陈德、陈铨、黄亨宝、王进、陈福标、黄春瑞、何经元、王人堪、陈阿元、陈得标、苏国芳、陈有利、李玉坦、黄天送、郑胜春、陈世福、郑国全、许定方、

林四四、林韩川、李发升、黄进得、吕宗庙、杨来成、林福春、林春、郭向、魏前、吴金胜、吴文林、邱进生、邱进世、吴朝进、邱进隆、杨文查、吴万隆、李庚、吴乞、杨得成、林尔泉、陈求、刘锦、林成高、林牧花、蔡曰、柳火生、刘得升、林有祥、林文齐、傅如清、倪春芳、陈复春、倪天良、张阿木、黄房、陈东罗、倪阿来、陈得安、柯道、吕执、万和、秦游、庄顺、黄日升、陈旺亮、黄春元、李正兴、柯江水、李聚升、张歪、张叠、张班、张良泗、黄得调、陈蕙、翁华林

船政

版筑所工匠：汪齐金、汪齐善、鄢阿十
巡更：严香
广储所长夫：宋履冰
看管坞口差弁：陈俊

未详何舰

六品军功陈善元

"金益寿"商船

洪由

中法战争两国
参战舰艇一览

附录二

中法战争中国参战主要舰艇一览

船政水师

舰名	舰型	排水量（吨）	材质	主尺度（米）（长、宽、吃水）	航速（节）	武备
"扬武"	巡洋舰	1560	木肋木壳	60.8×11.52×5.12	12	190mm×1，160mm 前膛炮 ×10，100mm×2
"伏波"	炮舰	1258	木肋木壳	69.6×11.2×3.51	10	160mm 前膛炮 ×1，120mm 前膛炮 ×2，120mm×4
"飞云"	炮舰	1258	木肋木壳	64×9.6×3.8	10	160mm 前膛炮 ×1，120mm 前膛炮 ×2，120mm×4
"济安"	炮舰	1258	木肋木壳	64×9.6×3.8	10	160mm 前膛炮 ×1，120mm 前膛炮 ×2，120mm×4
"福星"	炮艇	515	木肋木壳	51.8×7.48×3.39	9	160mm 前膛炮 ×1，100mm×4
"振威"	炮艇	572	木肋木壳	53.12×8.32×3.77	9	160mm 前膛炮 ×1，100mm×4
"艺新"	炮舰	245	木肋木壳	38×5.44×2.43	10	20 磅 ×1，9 磅 ×2，6 磅前膛炮 ×2
"福胜"	炮艇	256	铁肋木壳	26.52×7.92×2.51	8	254mm×1
"建胜"	炮艇	256	铁肋木壳	26.52×7.92×2.51	8	254mm×1

南洋水师

舰名	舰型	排水量（吨）	材质	主尺度（米）（长、宽、吃水）	航速（节）	武备
"南琛"	巡洋舰	2200	铁肋铁壳	85.9×11×5.49	14.5	203mm×2，120mm×8
"南瑞"	炮舰	2200	铁肋铁壳	85.9×11×5.49	14.5	203mm×2，120mm×8
"开济"	炮舰	2200	铁肋铁壳	83×11.5×5.44	16	210mm×2，120mm×8
"澄庆"	炮舰	1268	木肋木壳	69.47×9.95×5.08	12	160mm×1，120mm×6
"驭远"	巡洋舰	2800	木肋木壳	91.44×13.4×6.4	10	90 磅 ×2，42 磅 ×24

中法战争法国参战主要舰艇一览①

东京支队
Division Navale du Tonkin

舰名	舰型	排水量（吨）	材质	主尺度（米）（长、宽、吃水）	航速（节）	武备
"巴雅" Bayard	装甲巡洋舰	5915	铁甲	81×17.45×7.67	14.5	240mm×1, 190mm×2, 140mm×6 47mm×4, 37mm5管×12
"阿达郎德" Atalante	装甲巡洋舰	3513	铁甲	68.88×14.2×6.66	11.9	190mm×6, 140mm×4, 37mm5管×8
"雷诺堡" Chateau-Renaud	巡洋舰	1820	木胁木壳	78.18×10.74×5.74	14.3	160mm×1, 140mm×6
"凯圣" Kersaint	巡洋舰	1330	木胁木壳	63.24×10.41×4.98	12.8	160mm×1, 140mm×5, 37mm5管×8
"巴斯瓦尔" Parseval	通报舰	856	木胁木壳	60.75×8.56×3.96	11.4	140mm×4, 37mm5管×5/6
"阿米林" Hamelin	巡洋舰	1323	木胁木壳	63.4×10.36×4.85	12.5	160mm×1, 140mm×4
"野猫" Lynx	炮舰	492	铁胁木壳	44.07×7.29×3.3	11	140mm×2, 100mm×2, 37mm5管×2/4
"蝮蛇" Vipere	炮艇	492	铁胁木壳	44.07×7.29×3.3	11	140mm×2, 100mm×2, 37mm5管×2/4
"益士弼" Aspic	炮艇	492	铁胁木壳	44.07×7.29×3.3	11	140mm×2, 100mm×2, 37mm5管×2/4
NO.45	杆雷艇	31	钢	26×3.6×0.8	18	杆雷×1
NO.46	杆雷艇	31	钢	26×3.6×0.8	18	杆雷×1

① 本表中未列入运输船等辅助舰船。东京支队在 1884 年 8 月 23 日马江之战后与中国、日本海支队合并，编为远东舰队。

中国、日本海支队
Division Navale des Mes de Chine et du Japon

舰名	舰型	排水量 （吨）	材质	主尺度（米） （长、宽、吃水）	航速 （节）	武备
"拉加利桑尼亚" La Galissonniere	装甲 巡洋舰	4645	铁甲	78.03×14.94×7.37	12.7	240mm×4，190mm×1， 140mm×6
"凯旋" Triomphante	装甲 巡洋舰	4585	铁甲	78.64×14.86×7.37	12.7	240mm×4，190mm×1， 140mm×6
"杜居土路因" Duguay Trouin	巡洋舰	3479	铁胁 铁壳	89.76×13.18×6.25	15.5	190mm×5，140mm×10， 37mm5管×10，鱼雷管×2
"维拉" Villars	巡洋舰	2382	铁胁 木壳	75.97×11.58×5.49	14.5	140mm×15，37mm5管×8
"德斯丹" d'Estaing	巡洋舰	2363	铁胁 木壳	81.92×11.38×5.87	15	140mm×15，37mm5管×10
"窝尔达" Volta	巡洋舰	1323	木胁 木壳	63.4×10.36×4.85	12.5	160mm×1，140mm×4
"鲁汀" Lutin	炮舰	492	铁胁 木壳	44.07×7.29×3.3	11	140mm×2，100mm×2， 37mm5管×2/4
"成功" Victorieuse	装甲 巡洋舰	4585	铁甲	78.64×14.86×7.37	12.7	240mm×4，190mm×1， 140mm×6
"图尔维尔" Tourville	装甲 巡洋舰	5698	铁甲	98.6×15.39×7.85	16.9	190mm×7，127mm×14， 90mm×1，37mm5管×8

中法海战两国主要舰艇线图

法国参战舰艇

/ 绘制：顾伟欣 /

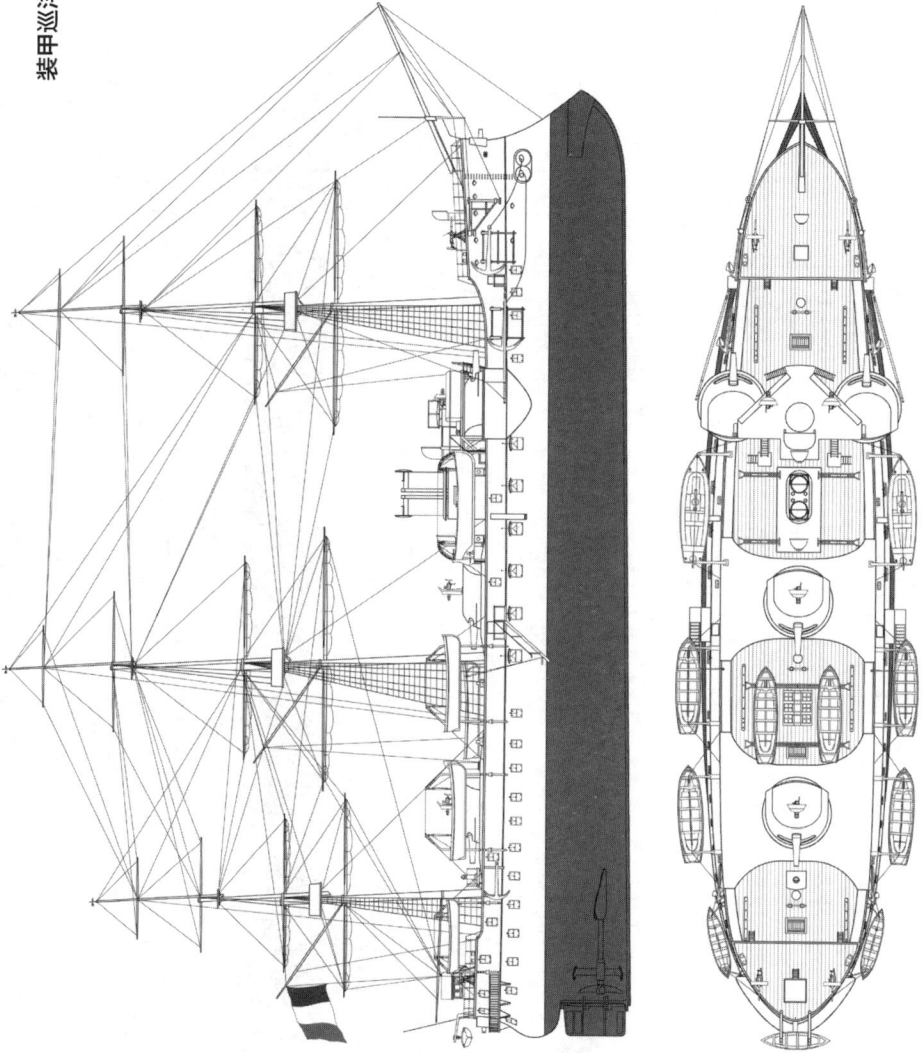

装甲巡洋舰 "巴雅"

装甲巡洋舰 "凯旋"

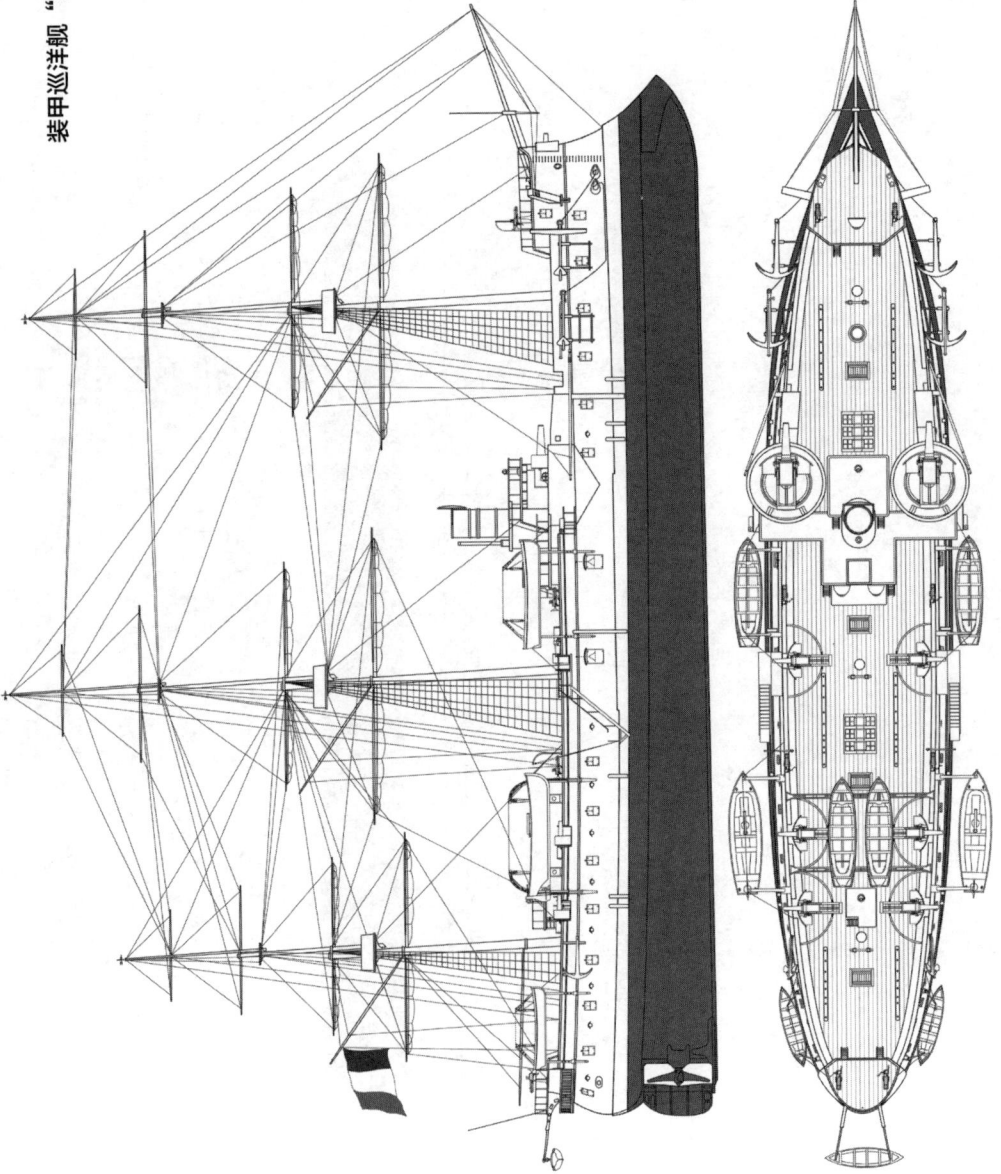

装甲巡洋舰 "拉加利桑尼亚"

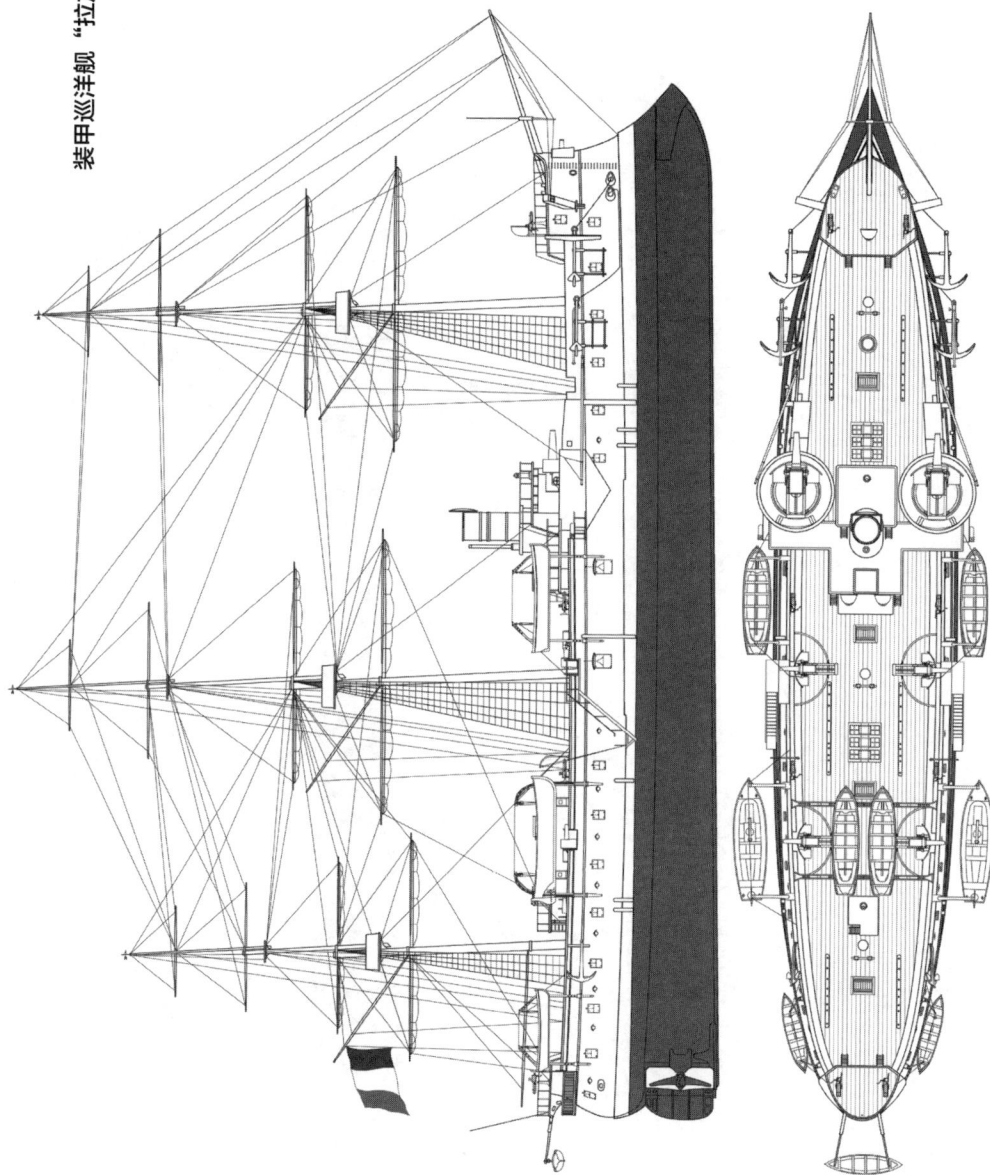

装甲巡洋舰 "阿达郎德"

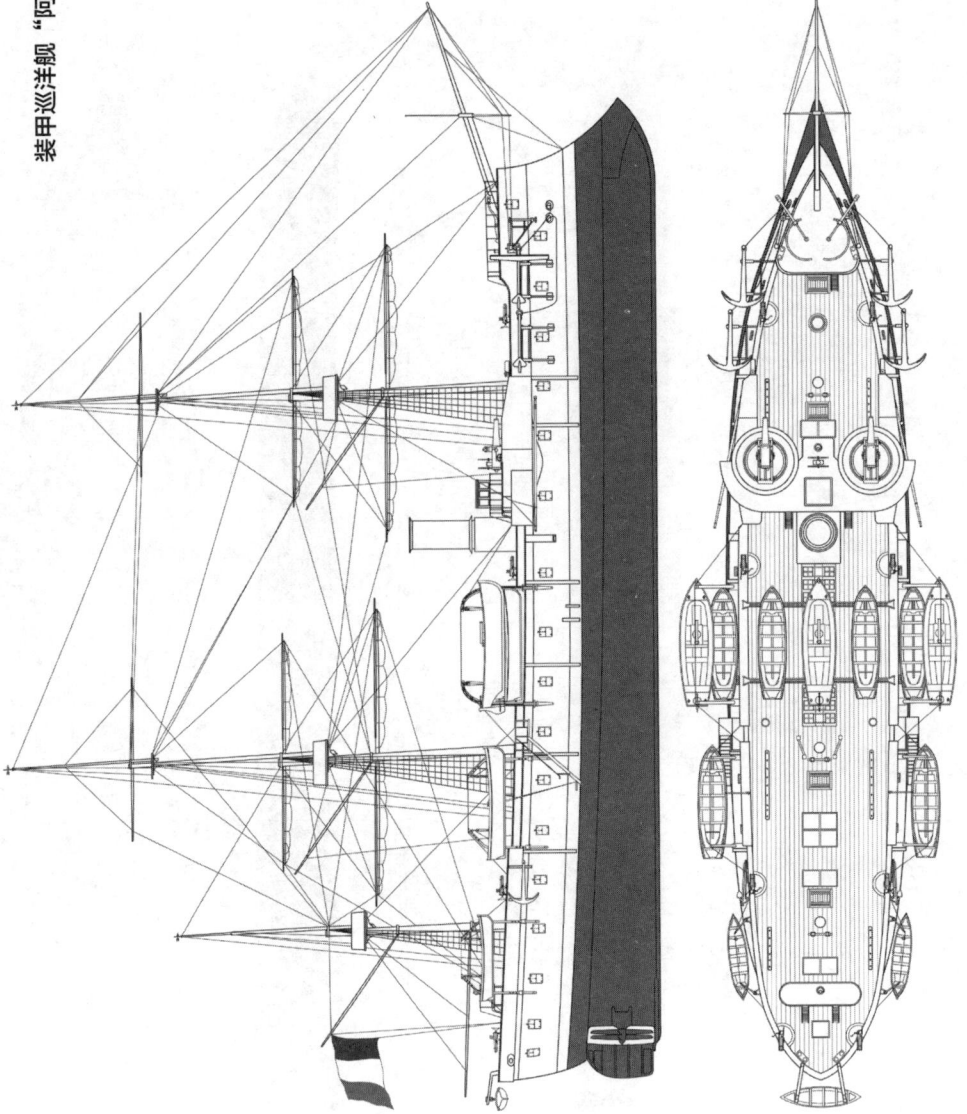

巡洋舰"杜居土路因"

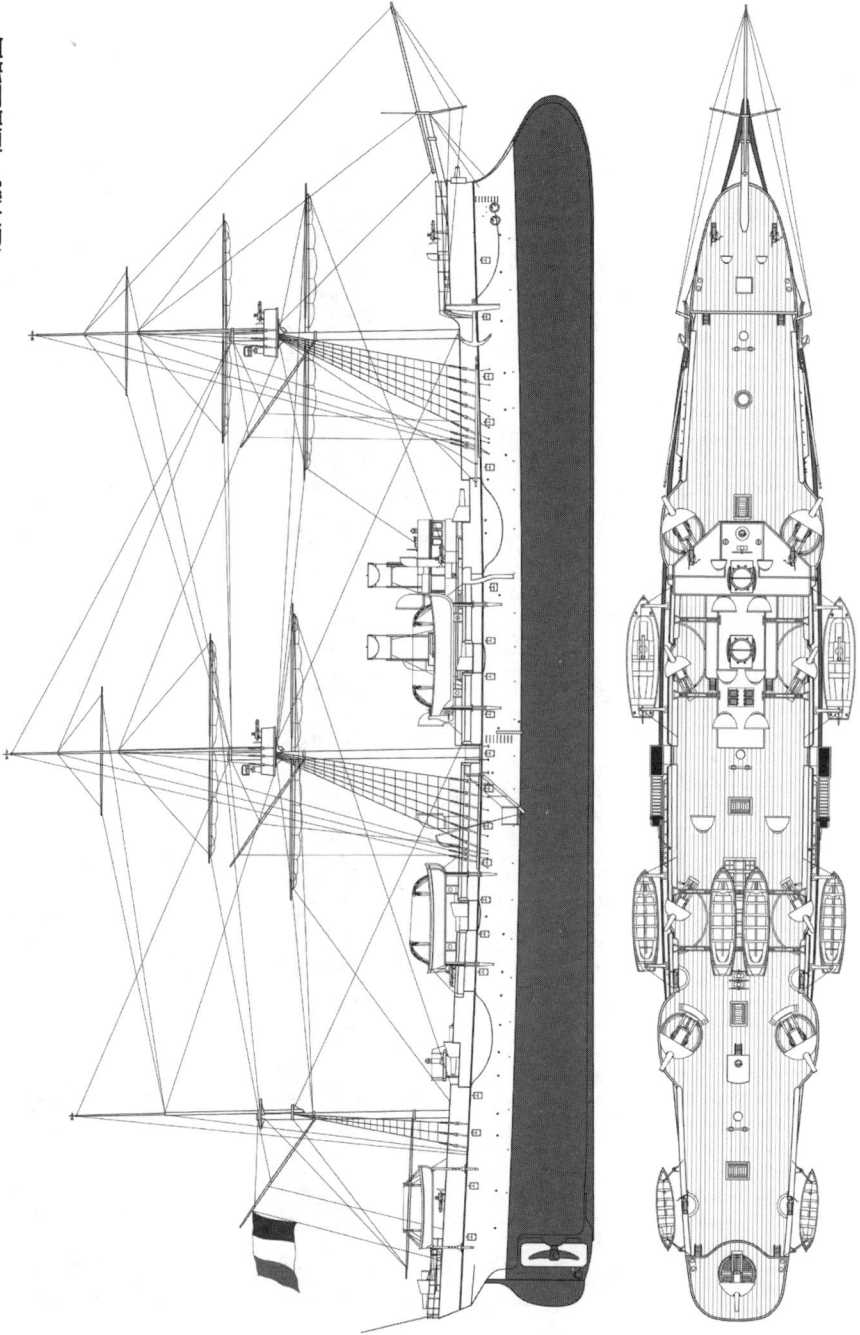

巡洋舰 "德斯丹"

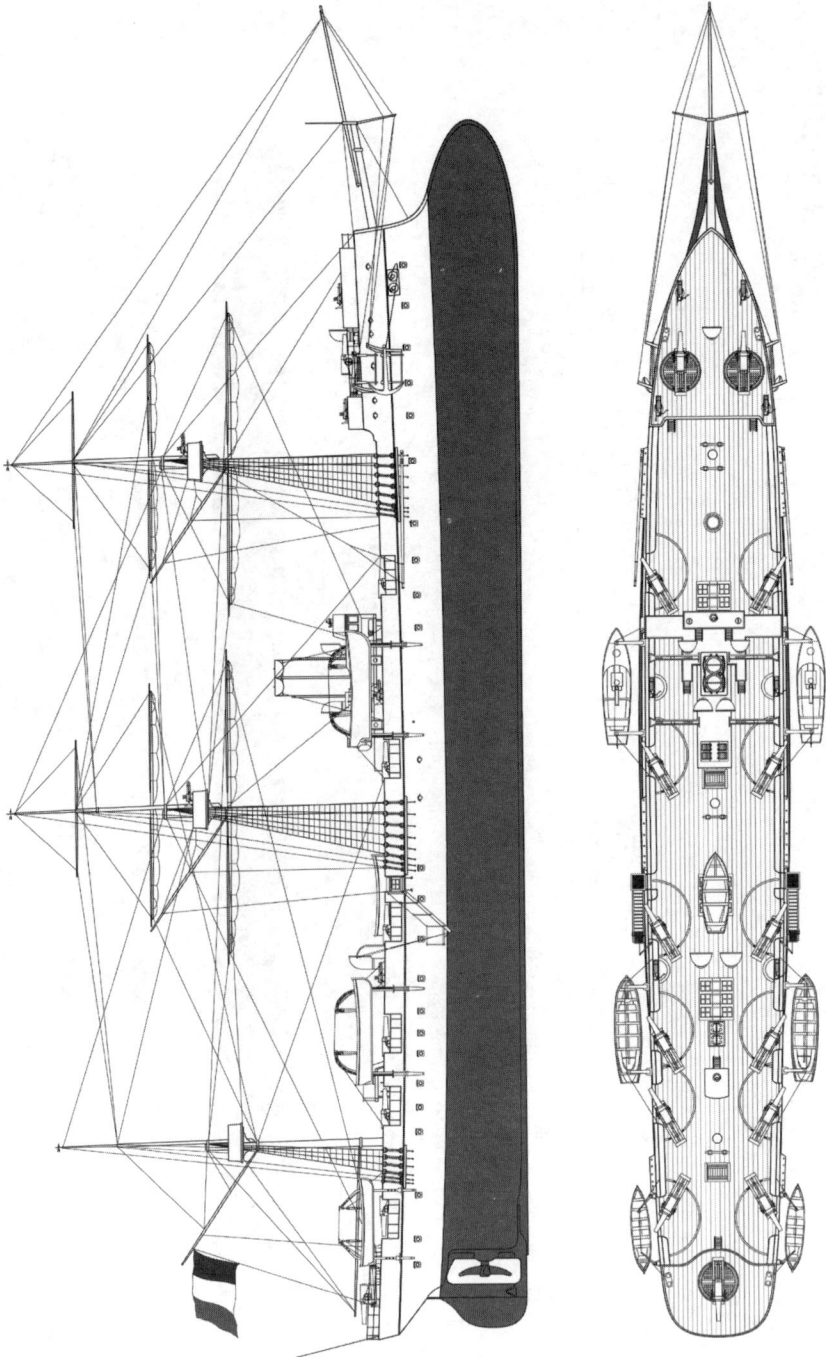

巡洋舰 "雷诺堡"

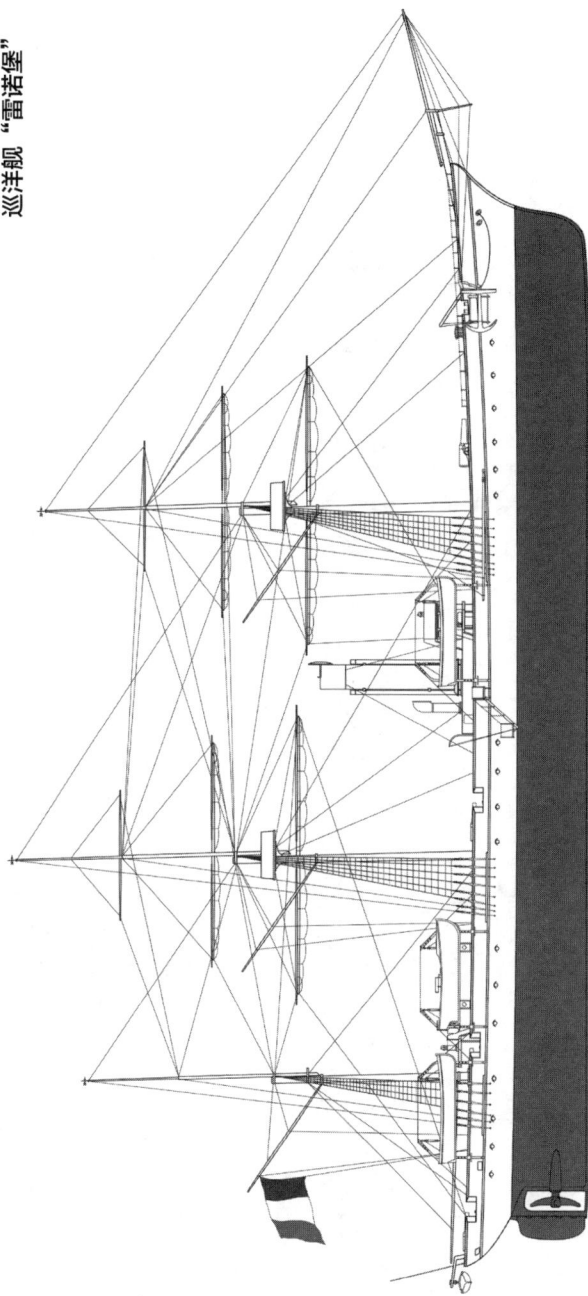

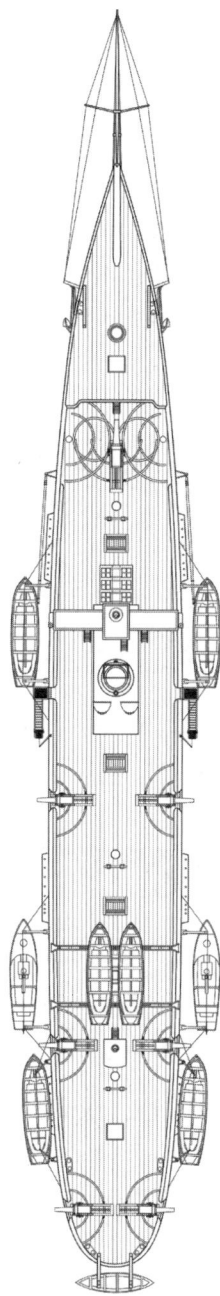

巡洋舰 "维拉"

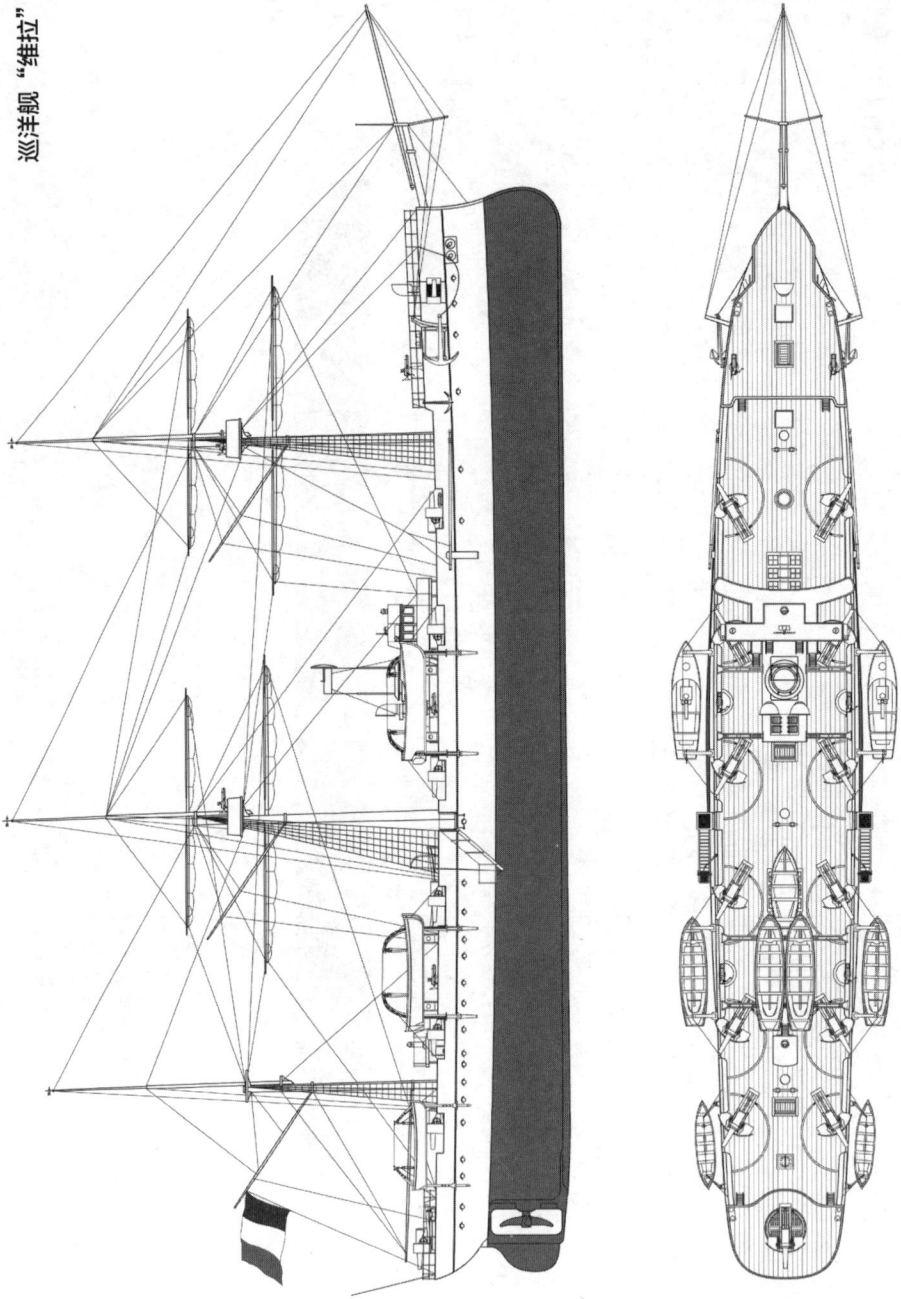

巡洋舰 "窝尔达"

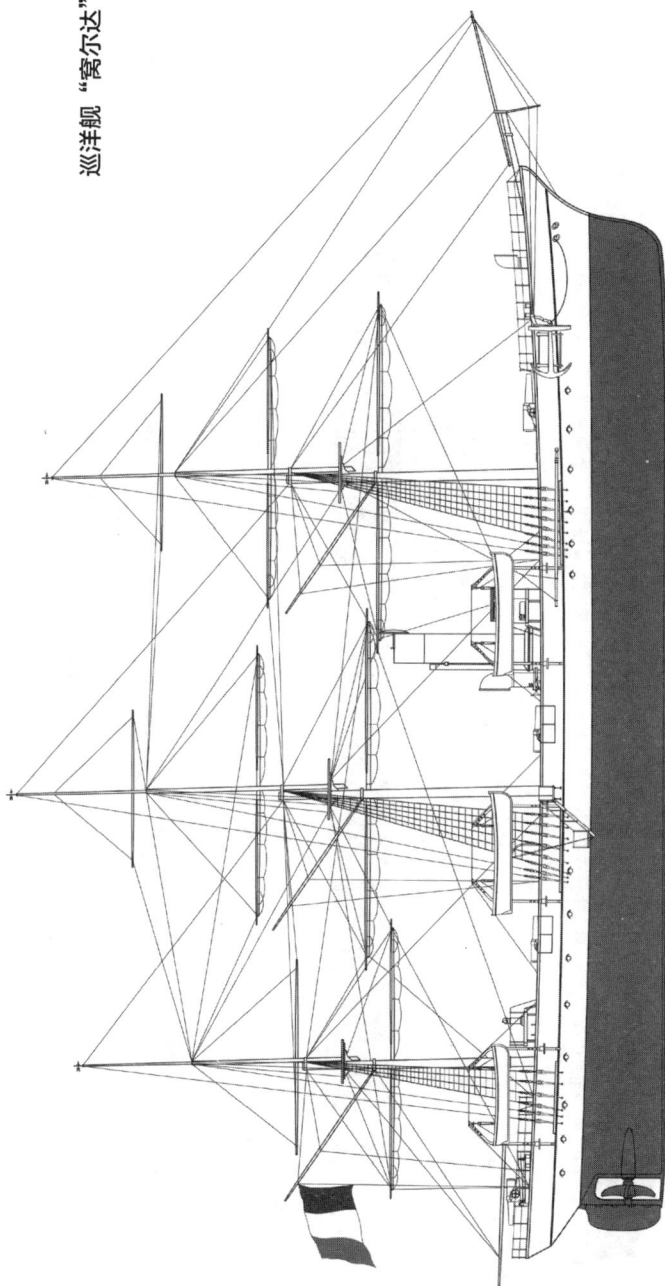

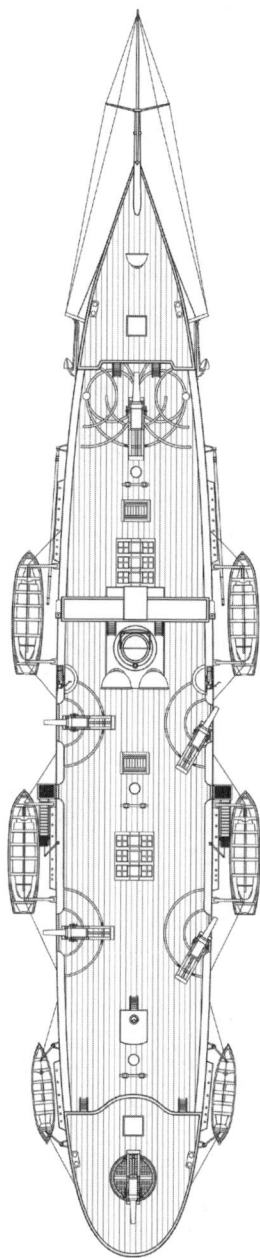

炮舰 "鲁汀"

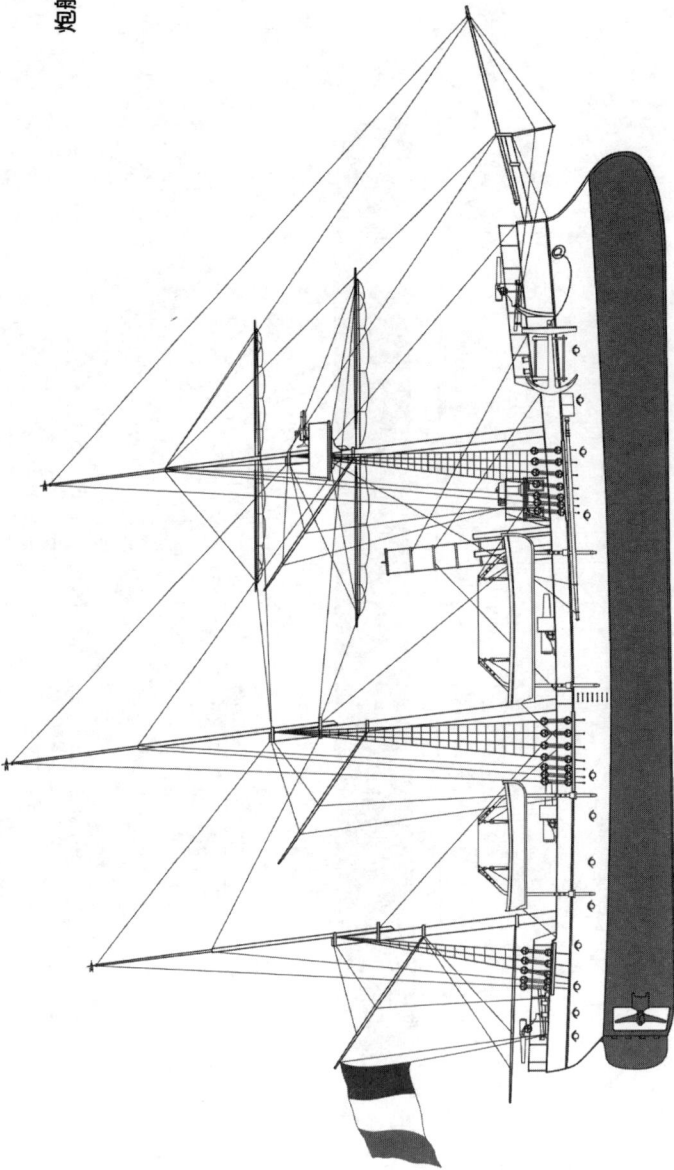

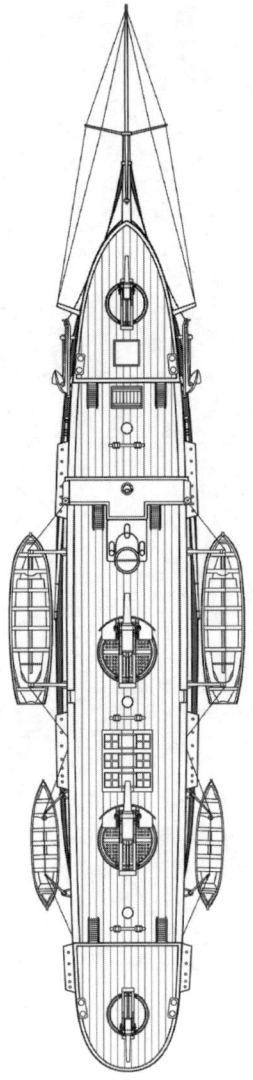

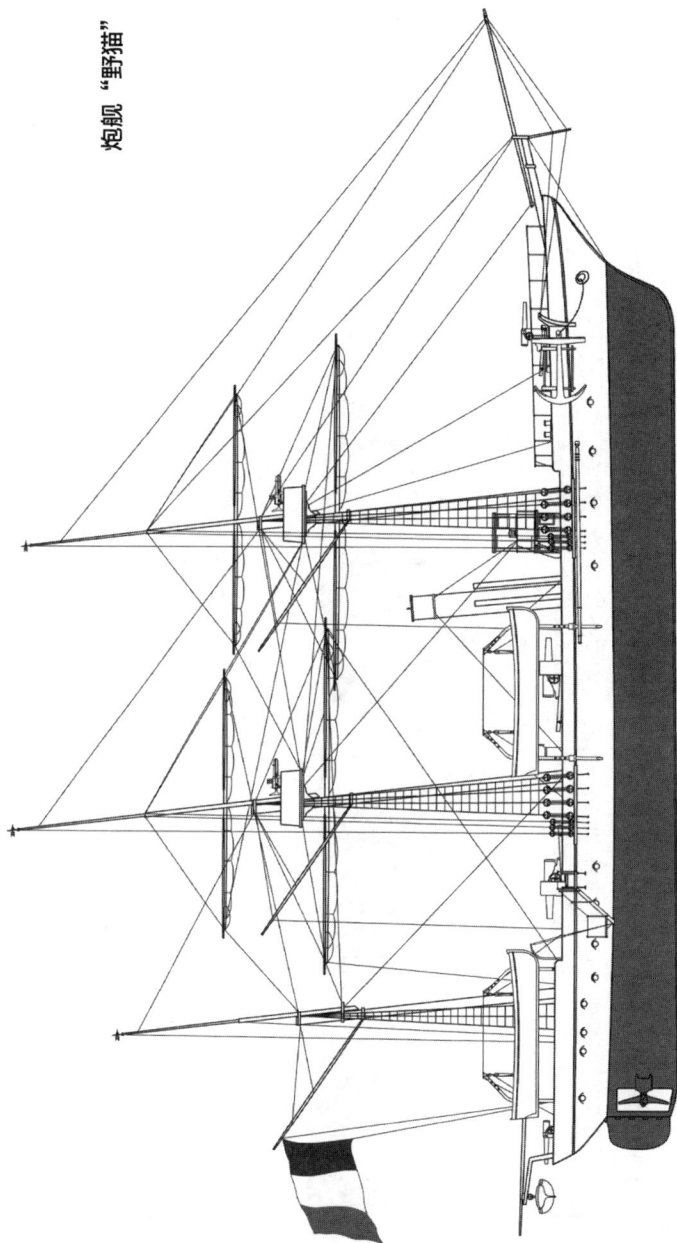

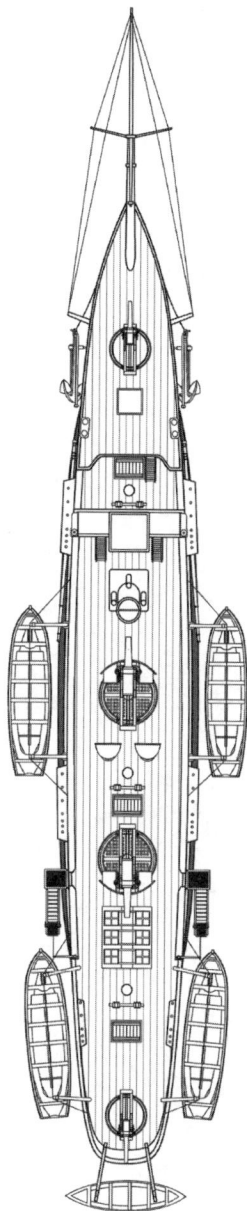

炮舰 "野猫"

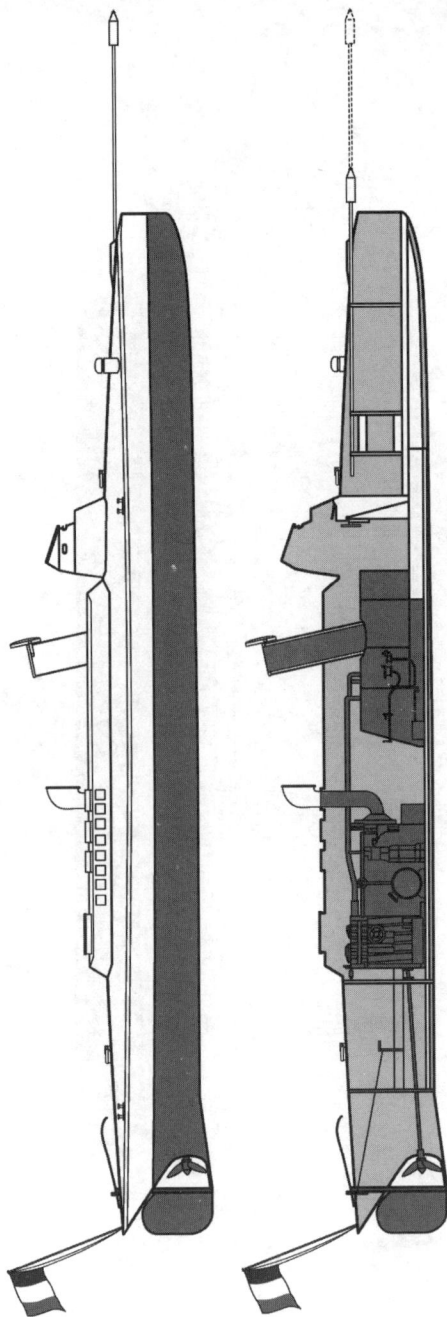

"45号" 杆雷艇

中方参战舰艇

/ 绘制：顾伟欣 /

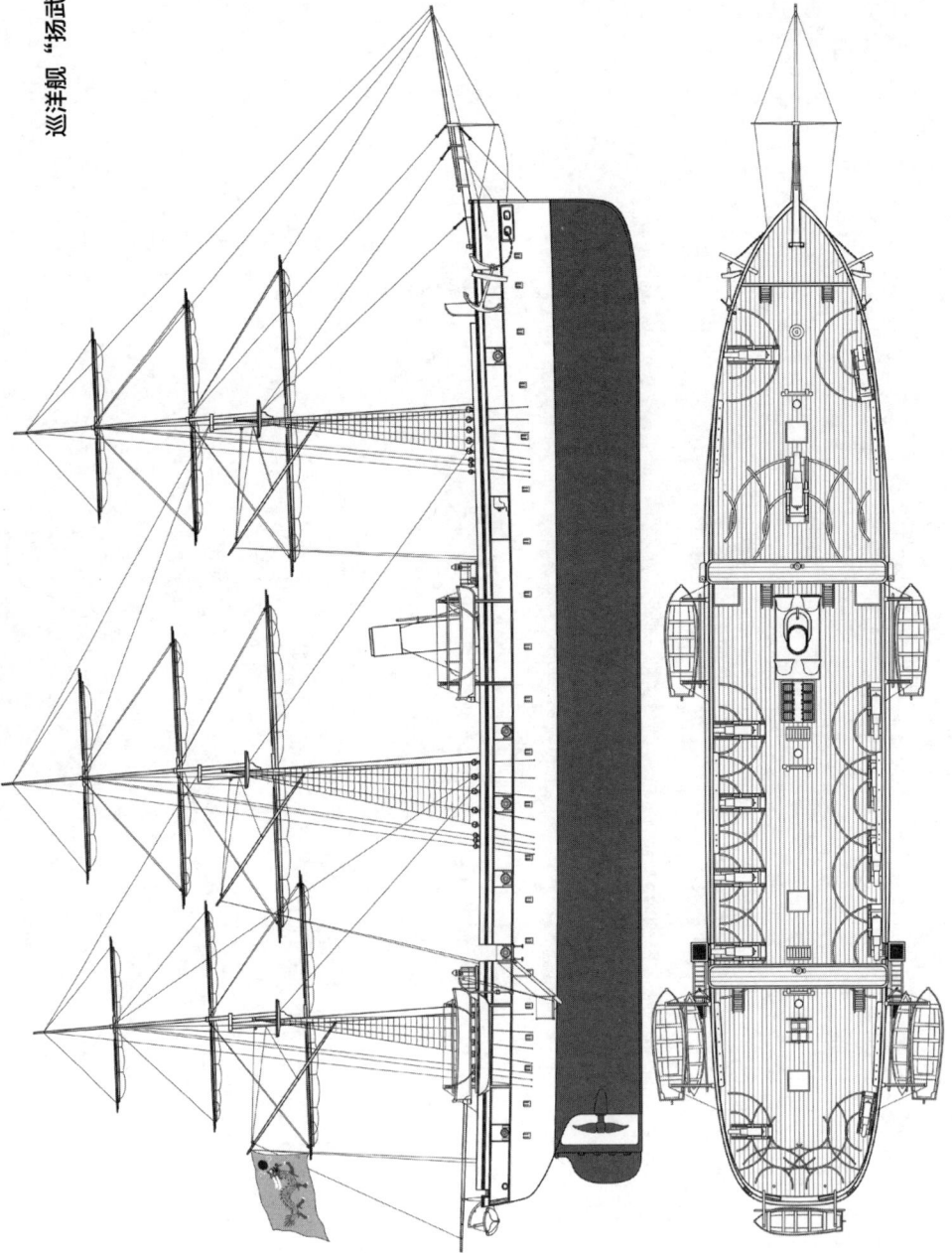

巡洋舰 "扬武"

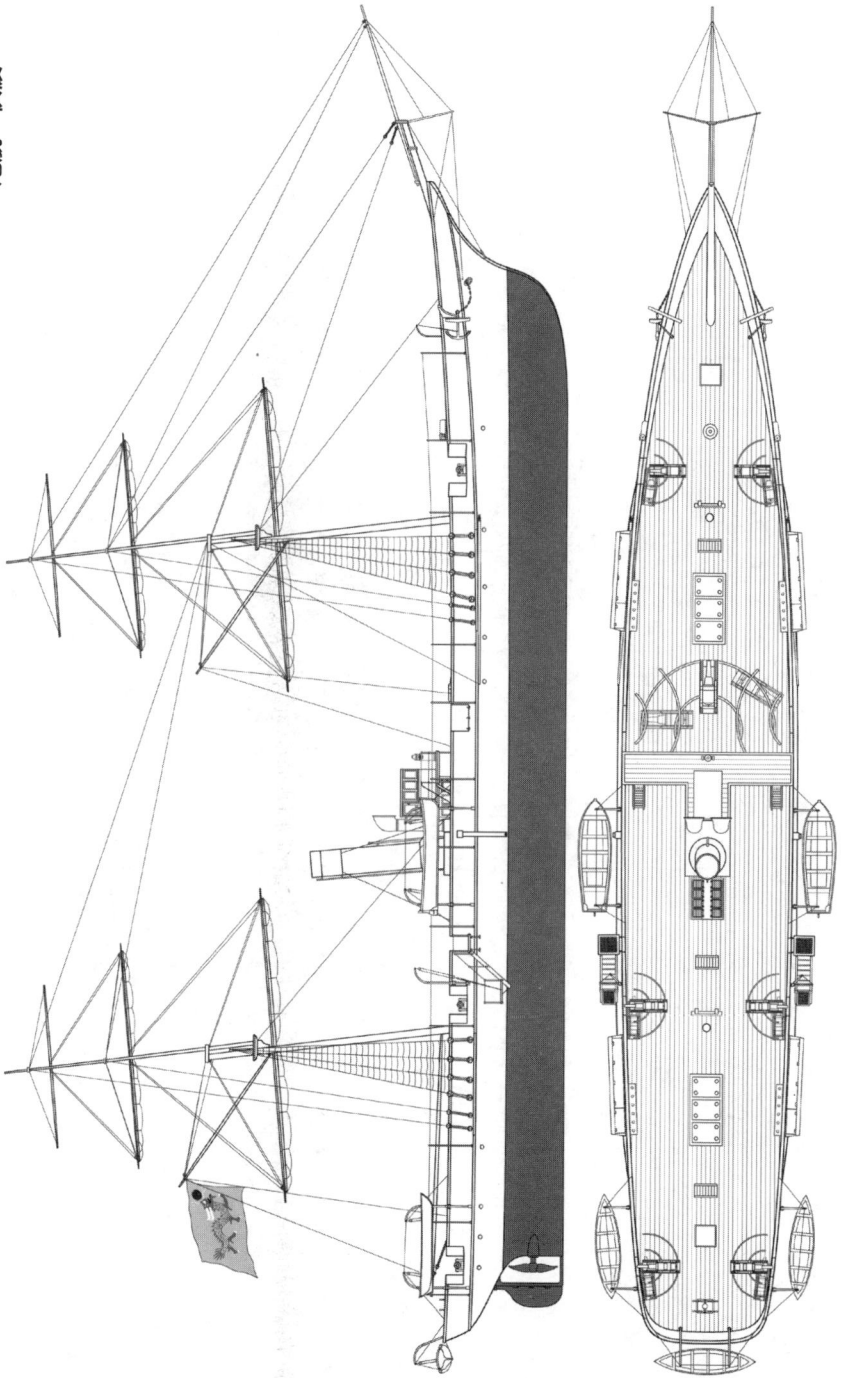

炮舰 "伏波"

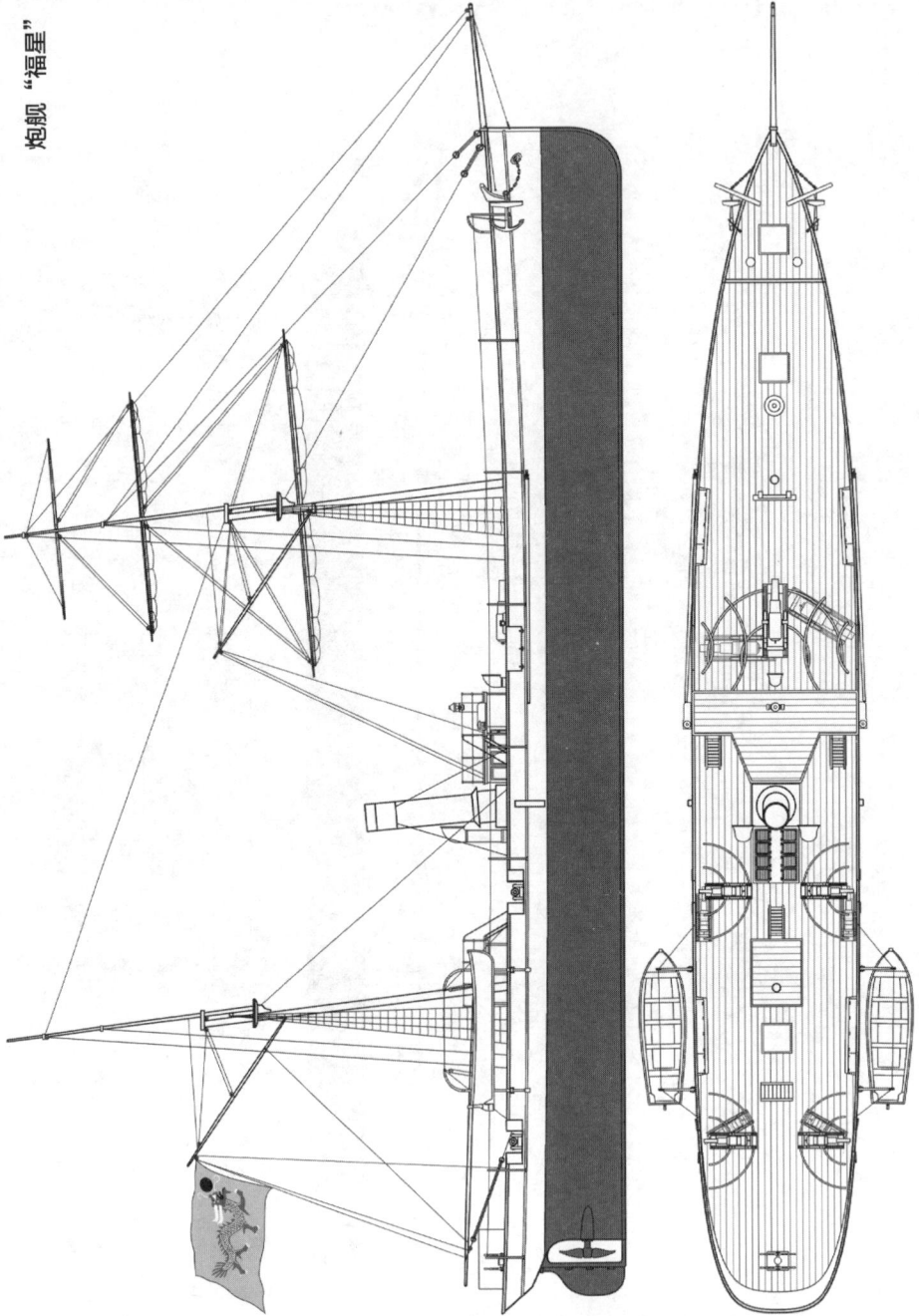

炮舰"福星"

炮舰 "振威"

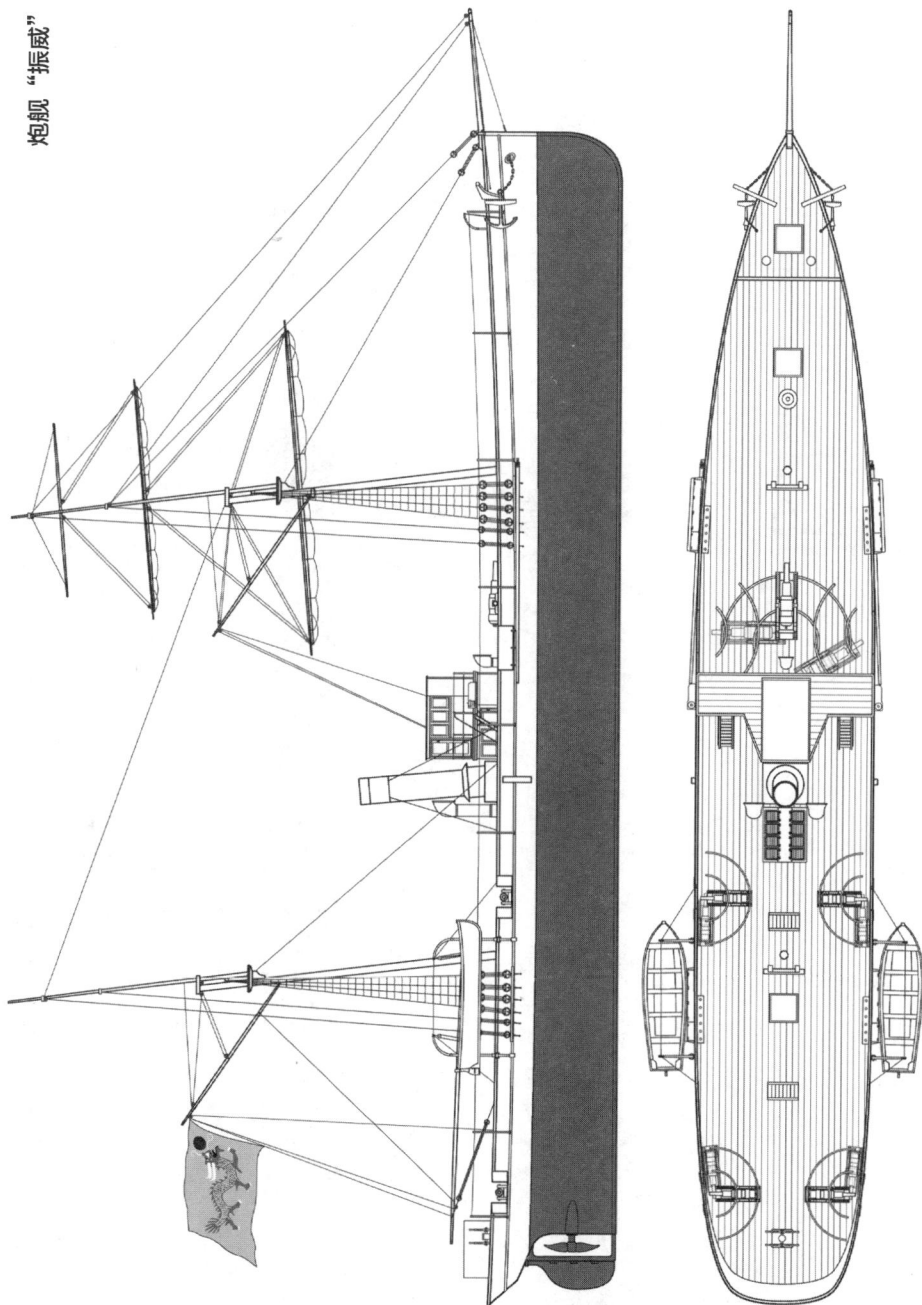

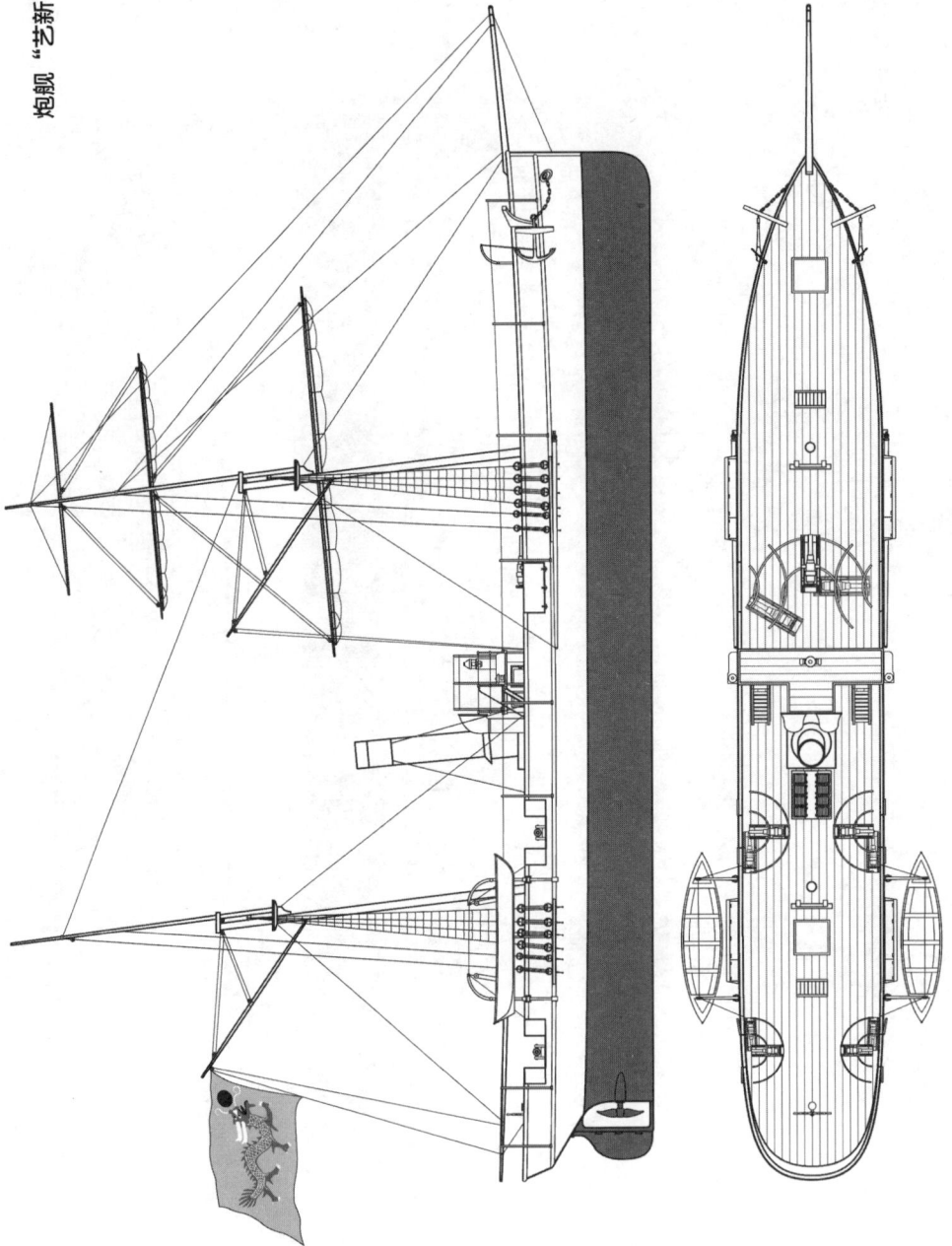

炮舰"艺新"

蚊子船 "福胜"

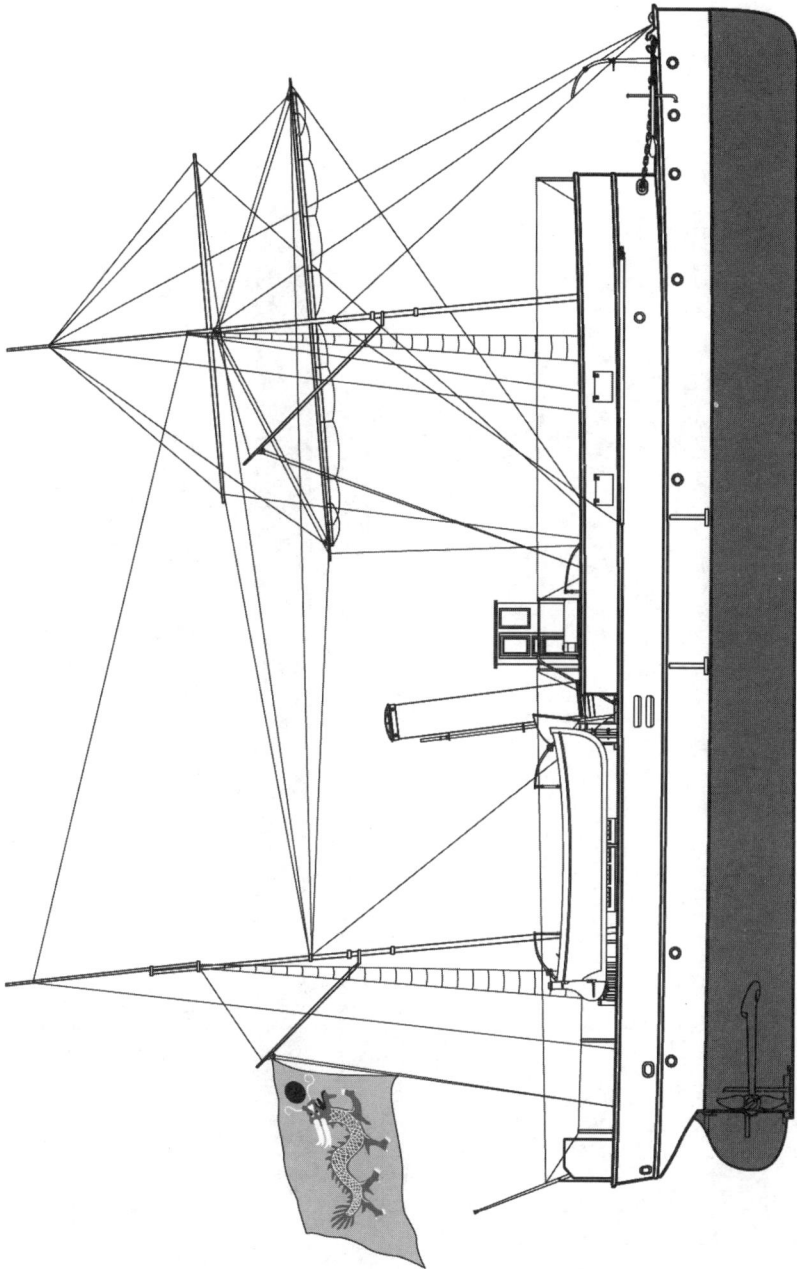

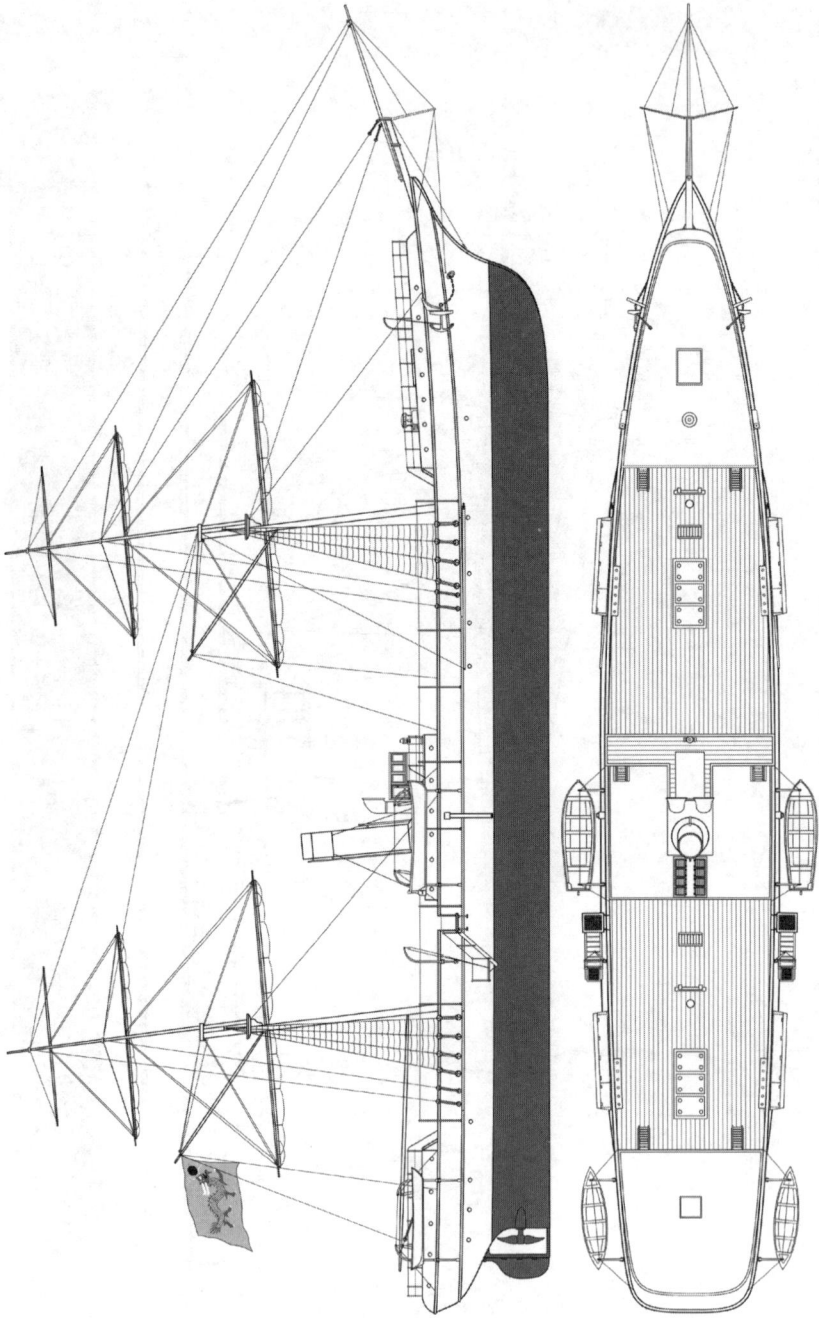

运输舰 "琛航"

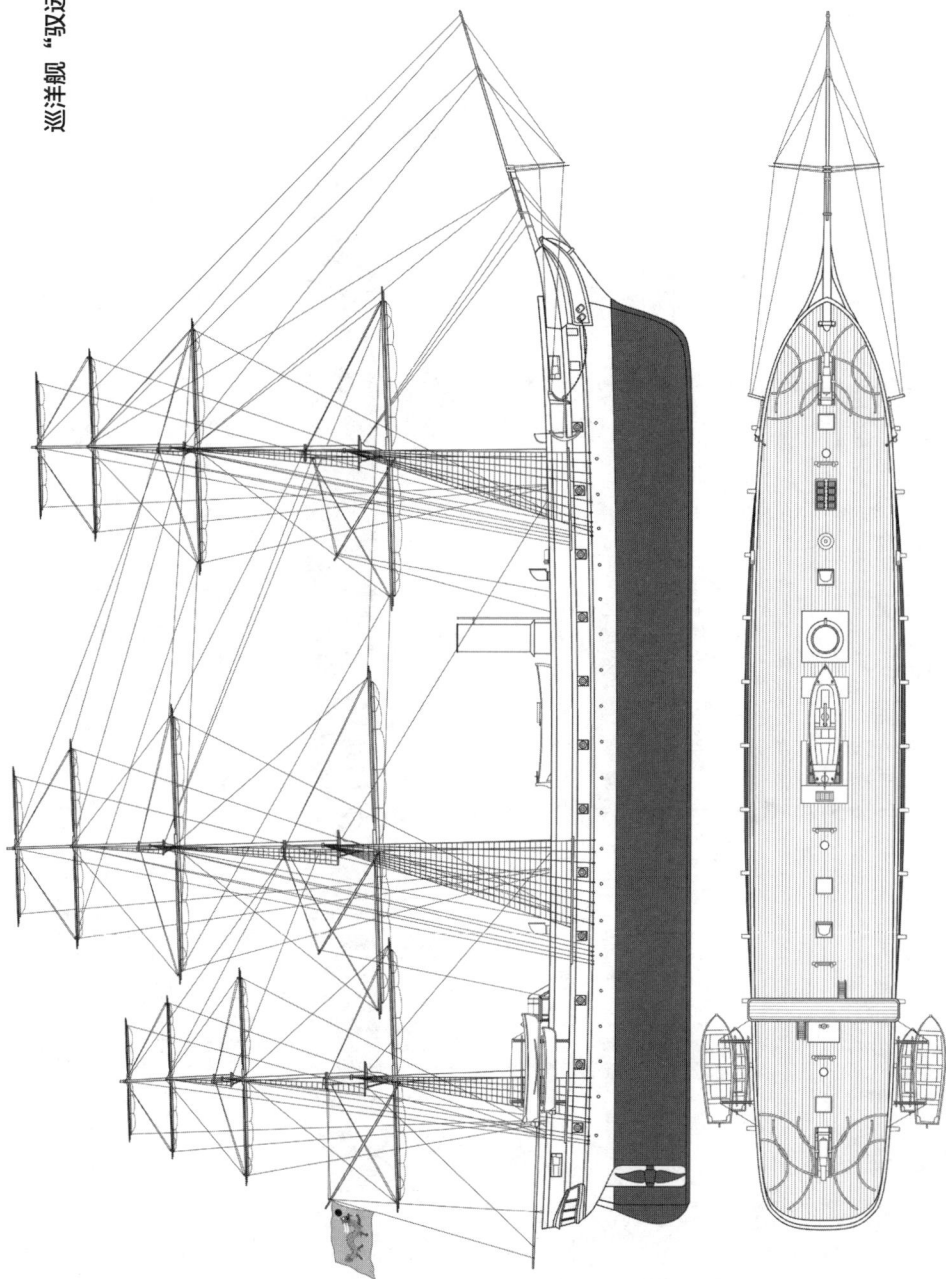

巡洋舰 "驭远"

炮舰 "澄庆"

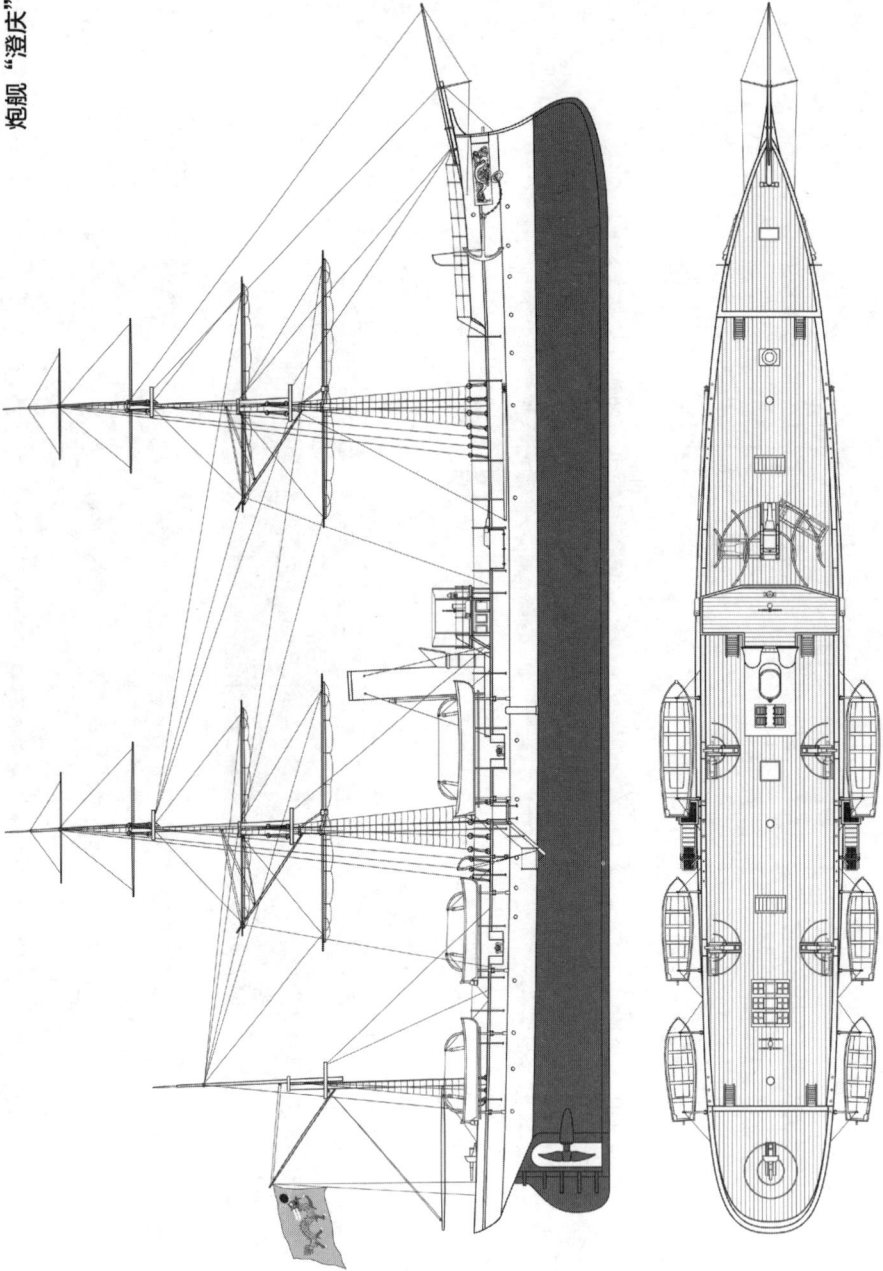

巡洋舰"开济"

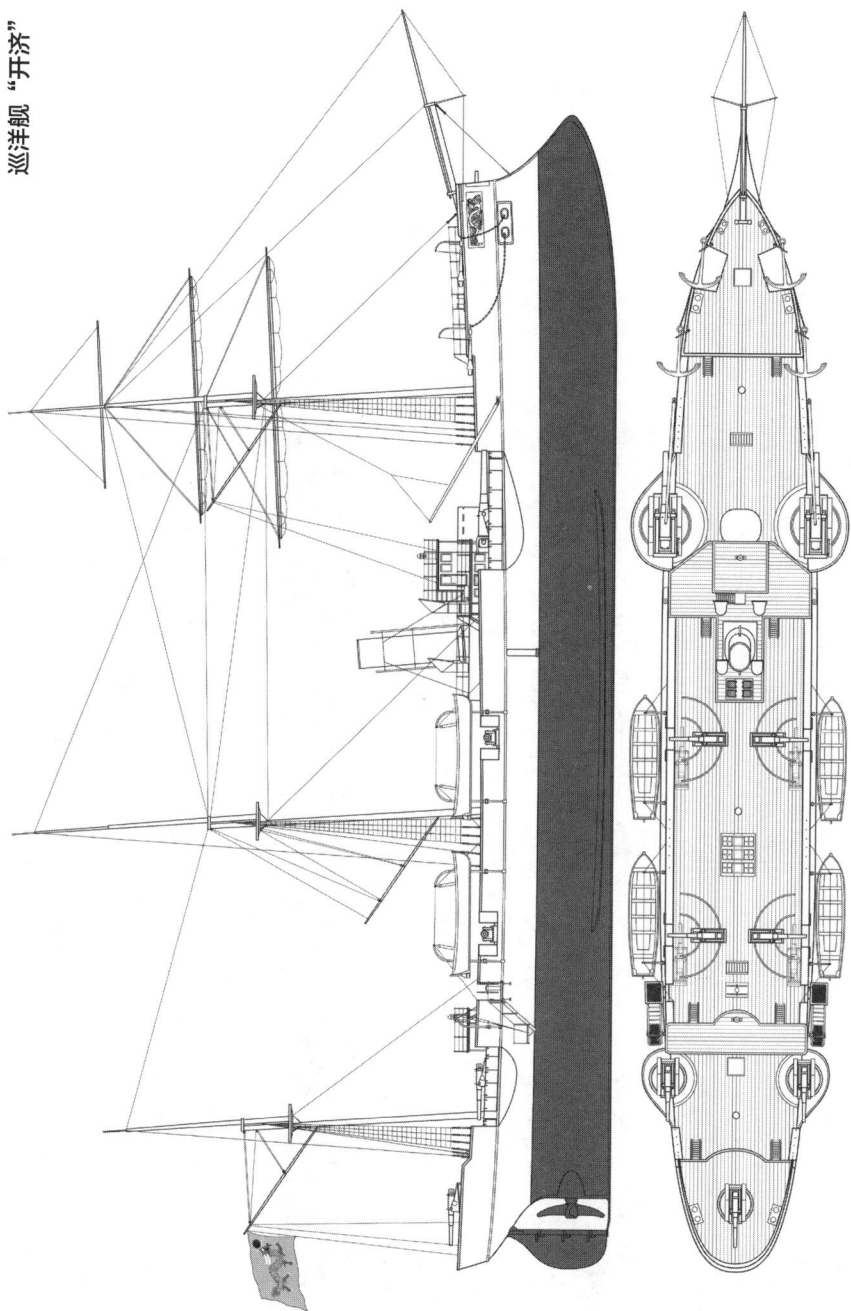

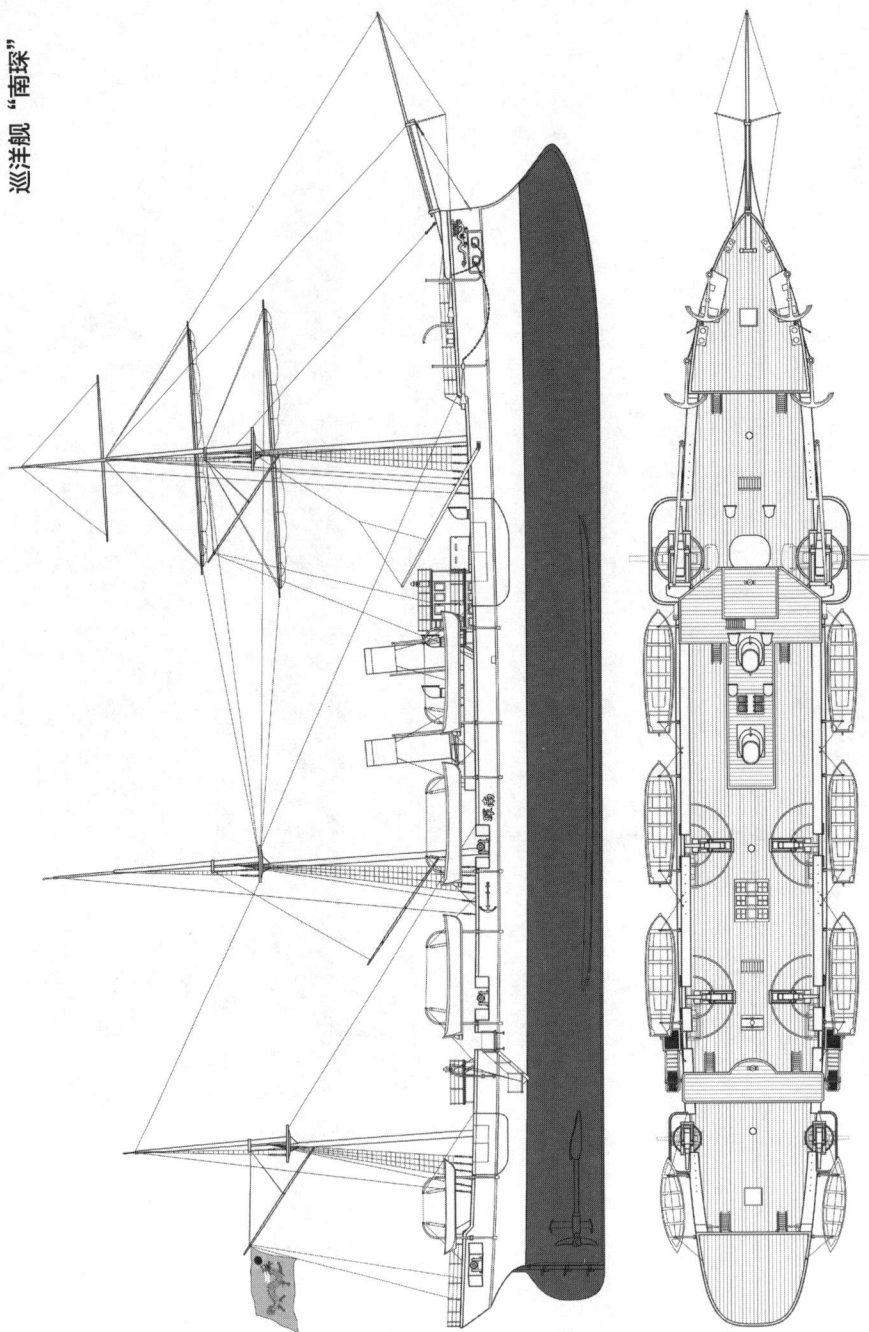

巡洋舰 "南琛"

战场决胜者

重骑兵千年战史(上)

公元前7世纪到公元7世纪

重铠、骑矛、马镫
斯基泰骑兵、马其顿伙伴骑兵、汉帝国重骑兵、
萨珊波斯重骑兵、罗马-拜占庭重骑兵、唐帝国玄甲军……
欧亚大陆重装骑兵们纵横驰骋的第一个千年!

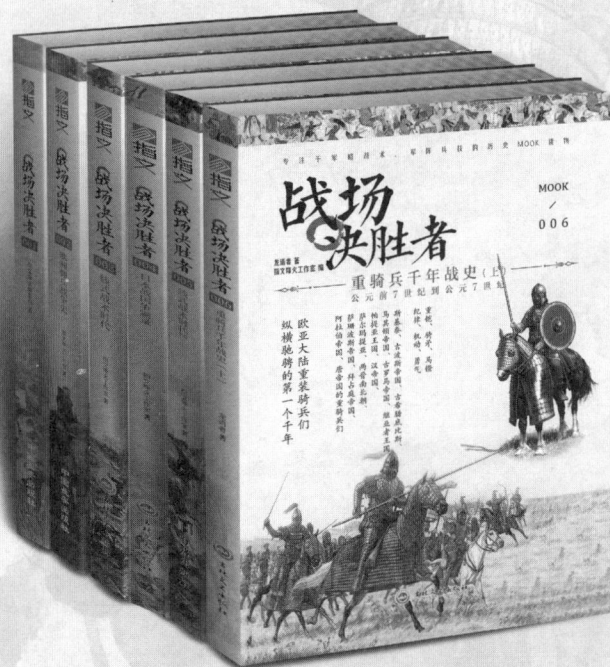

战场决胜者001:冷兵器时代
战场决胜者002:金钱与荣誉:欧洲佣兵战争史
战场决胜者003:线式战术时代

战场决胜者004:日本战国争霸录
战场决胜者005:线式战术时代2
战场决胜者006:重骑兵千年战史(上)

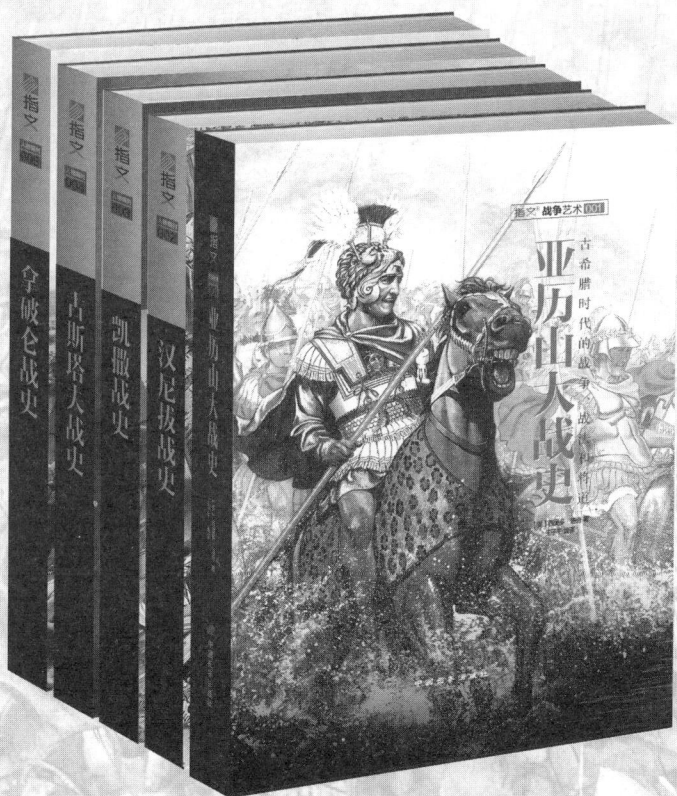

指文® 战争艺术

诞生于少数伟大统帅头脑中的战争艺术

会战战术、战争战略、战争国策……
它们既是科学，又是技艺。
谁掌握了战争艺术，谁就掌握了胜利！

反复阅读记载亚历山大、汉尼拔、凯撒、古斯塔夫、杜伦尼、欧仁亲王和腓特烈这些著名统帅的战史，使自己效法他们。这是成为伟大统帅和寻求兵法奥秘的唯一途径。

——拿破仑

指文图书官方网站 http://www.zven.cn

指文® 战争事典
WAR STORY

战争历史著名丛书品牌

专注历史、战争、文化，一套让你了解世界的MOOK读物
指文图书倾力打造，资深历史、战史作家群创作

001 1453君士坦丁堡的陷落·岛原之战·二二六兵变
002 勃艮第战争·郑成功平台之役·澎湖海战
003 最后的十字军·庆长出羽合战探本
004 英国王室一战秘史·晚清将帅志
005 英法百年战争·唐末江淮藩镇战争
006 第一次英荷之战·南明桂川湘大反攻
007 秦赵争霸中的军事地理学·拜占庭统军帝王传
008 甲申遗恨·后唐灭后梁之战复盘
009 桂陵、马陵之战·侯景之乱
010 波兰卫国战争·唐武宗平定刘稹·佛兰德斯战争
011 唐代中期军事挫折·19世纪过渡期的步枪
012 两晋南北朝中原遗脉·加泰罗尼亚战纪
013 爱尔兰独立战争·中国古代战车、火器、车营
014 地中海三国演义·南北战争中的伙食
015 土耳其新军·圣殿时代的耶路撒冷
016 朱棣克复安南·西班牙再征服运动·赵匡胤平李筠
017 特伦顿战役·萨珊王朝兴亡简史
018 法王路易十四·宋金太原血战·南非马塔贝莱兰战争
019 千年俄土恩怨·图拉真的帕提亚战争
020 大变革时代·丝绸之路·难民·军改

021 欧洲列强殖民北美·普鲁士总参谋部改革
022 不列颠被征服简史·岳飞抗金战史·英国威灵顿公爵
023 日不落的光辉岁月·立花道雪·中世纪晚期的火门枪
024 黄金家族的内斗·哈布斯堡与七年战争·萨摩藩维新
025 法国元帅贝当传·甲午陆战之缸瓦寨战斗·北齐开国
026 胡斯战争·17世纪的中俄较量·西夏立国
027 左宗棠收复新疆·明末吴桥兵变·巨型桨帆战舰
028 第三次十字军东征·美国长江巡逻队
029 明荷战争·大非川之战·1444年瓦尔纳战役
030 塞人的最后荣光·怛罗斯之战·清口战役
031 司马允与八王之乱·明末贵阳围城战·俄国1612年动乱
032 清朝准噶尔战争·秋山好古与日本骑兵
033 一战早期毒气战·第二次鸦片战争始末·卢象升传
034 荷兰立国·克里奥门尼斯战争·朱棣征漠北
035 保加利亚西美昂征战史·李鸿章入援上海·趣谈姜维
036 汉匈的战与和·阿西诺二世·镇南关大捷
037 南明弘光之覆亡·乌克兰哥萨克起义·秦帝国的崩溃
038 与奥斯曼鏖战 25 次的斯坎德培·万历征播州·日俄大海战
039 安史之乱·印加帝国覆灭记·普鲁士海军军官佩剑史
040 泰国东进之路·英国海军刀剑·尼罗河口海战

战争事典特辑系列
之欧美篇

THE HISTORY OF
医院骑士团全史
THE KNIGHTS HOSPITALLER

国内首部医院骑士团全史，填补空白之作，数年磨一剑
一个复杂多面的骑士团，流转于耶路撒冷、阿卡、罗德岛、马耳他，
跨越近千年的时间谱写一首令人叹服的史诗

《枭雄录：古代欧洲卷》
本书中记载的人物均可谓一时之人雄，前事不忘后事之师，因此不妨翻开本书，一览这些欧洲古代历史上枭雄人物的崛起、兴盛、争雄、败亡的精彩篇章

《勇士中的勇士：拿破仑最富争议的元帅米歇尔·奈伊传》
他是拿破仑手下最出色、最必不可少的将领，他的顽强、坚毅、果敢使他成为拿破仑口中的"勇士中的勇士"

《帝国强军：欧洲八大古战精锐》
用宏大的世界观、生动的语言和严谨考究的态度，讲述这八支精锐的辉煌与雄姿：马其顿伙伴骑兵、罗马军团、中世纪诺曼骑士、马穆鲁克骑兵、英国长弓兵、瑞士步兵、奥斯曼禁卫军、波兰翼骑兵

《染血的王冠：不列颠王权和战争史》
以战争和王权更迭为视角，全境式展现英伦三岛四百年间的风云变幻，由诸侯争雄至资产阶级革命、君主立宪的漫长历程。《冰与火之歌》里所有"权力的游戏"都可在本书找到历史原型……

《欧洲民族大迁徙史话》
公元4世纪至6世纪，威震欧亚非、控制西方文明世界七百多年的罗马帝国，令人震惊地被蛮族败蹂躏
其废墟上先后建立起数十个日耳曼人"民族国家"，给欧洲未来的政治版图打开了全新局面，本书即讲述这一上承罗马帝国、下启中世纪的精彩时代

《拿破仑战记：战例、军略、武备考略》
以战争实例为切入点，全面剖析战略战术、武器装备、兵种特色、训练后勤，呈现一部真实、详尽的拿破仑战史
聚焦为欧亚大陆带来划时代变革的拿破仑战争

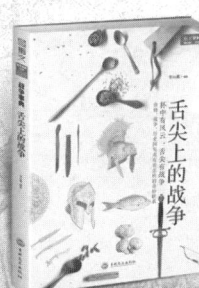

《舌尖上的战争》
杯中有风云，舌尖有战争。《舌尖上的战争》将谷物、牛奶、盐、酒、香料、蔗等食物引起的种种战争趣闻、历史轶事铺展而开，细述食物、战争、历史几者间的奇妙联系

《秘密战3000年》（共三卷）
描述人类三千年以来，在秘密战领域的秘闻与传闻
还原历史上各重大政治事件中秘密战斗争所起的作用

二战欧洲东线战场经典汉译文库

"指文东线文库"知名战略、战史学者王鼎杰总策划

STALINGRAD

斯大林格勒三部曲

苏德战争史学者戴维·M.格兰茨著

▼

斯大林格勒三部曲（第一部 兵临城下）：苏德战争1942年4月—8月
斯大林格勒三部曲（第二部 决战）：苏德战争1942年9月—11月
斯大林格勒三部曲（第三部 终局 卷一）：苏德战争1942年11月
斯大林格勒三部曲（第三部 终局 卷二）：苏德战争1942年12月—1943年2月

第二次世界大战的权威研究成果，人类战争史上惨烈的战役、二战的转折点——斯大林格勒战役史无前例的全面完整展示，代表西方此方面研究的首席专家戴维·M.格兰茨的全新力作《斯大林格勒三部曲》，它将取代过去关于此战的一切历史记述。
——军事历史杂志

即将上市

《泥足巨人：大战前夜的苏联军队》
《巨人重生：大战中的苏联军队 1941—1943》
《巨人的碰撞：苏联红军如何阻止希特勒》（增补修订版）
《巨人之间：第二次世界大战中的波罗的海战事》
《从胜利到僵局：1944年夏季西线的决定性与非决定性战役》
《从失败到胜利：1944年夏季东线的决定性与非决定性战役》

《列宁格勒战役 1941—1944》
《莫斯科之战1941：二战"台风"行动与德军第一次危机》
《从日托米尔到别尔季切夫：德军在基辅以西的作战行动 1943.12.24—1944.1.31（2卷本）》
《东线坦克战1941—1942：重点突破战术》
《东线坦克战1943—1945：红色压路机》
《库尔斯克会战》